本书是国家社会科学基金青年项目（项目编号：10CJL006）资助的最终研究成果

本书受中央财政支持地方高校发展项目“竞争力评价与发展战略创新团队”资助出版

本书是福建省首批高校特色新型智库——福建师范大学综合竞争力与国家发展战略研究院、福建省首批社科重点研究基地——福建师范大学竞争力研究中心的年度研究成果

竞争力

理论的百年流变及其在当代的拓展研究

黄茂兴◎著

Study on the Development and Changes in Competitiveness Theory during the Hundred Years and Its Expansion Nowadays

中国社会科学出版社

图书在版编目（CIP）数据

竞争力理论的百年流变及其在当代的拓展研究/黄茂兴著.
—北京：中国社会科学出版社，2017.5
ISBN 978-7-5203-0232-6

Ⅰ.①竞…　Ⅱ.①黄…　Ⅲ.①竞争力—研究　Ⅳ.①F271.3

中国版本图书馆 CIP 数据核字(2017)第 086598 号

出 版 人　赵剑英
责任编辑　王　曦
责任校对　王纪慧
责任印制　戴　宽

出　　版　中国社会科学出版社
社　　址　北京鼓楼西大街甲 158 号
邮　　编　100720
网　　址　http://www.csspw.cn
发 行 部　010-84083685
门 市 部　010-84029450
经　　销　新华书店及其他书店

印刷装订　北京君升印刷有限公司
版　　次　2017 年 5 月第 1 版
印　　次　2017 年 5 月第 1 次印刷

开　　本　710×1000　1/16
印　　张　18.25
插　　页　2
字　　数　269 千字
定　　价　99.00 元

凡购买中国社会科学出版社图书，如有质量问题请与本社营销中心联系调换
电话：010-84083683

前言

“物竞天择，适者生存”，竞争是市场经济的内在属性和不竭动力。200多年来，人类对竞争力理论的不懈探索，使这朵理论之花绽放夺目光彩并具有独特的芳香。从亚当·斯密以其《国富论》为经济学奠基开始，人类对竞争力来源的理论探讨就未停止过，距今已有200余年，涉及国际贸易、区域经济学、经济地理学、管理学等多学科、多领域，各有各的角度、各有各的切入点，然而无不鲜明地体现出社会经济发展演变的印记，无不深刻地反映了人类对竞争力理论探索不断深入的过程。截至目前，这个过程主要集中在两个方面展开研究：一方面，从经济学的角度研究竞争力理论。通过对竞争力的来源及影响因素、竞争力的研究对象、竞争力在社会生产中的作用等基础理论问题进行阐述。如亚当·斯密的自由竞争力理论内容十分丰富，包括“经济人”假设、竞争机制以及自然秩序等内容，成为经济学领域竞争力理论的基础。马克思的竞争理论也独树一帜，他把竞争看作历史的范畴，把竞争放在对资本主义生产关系的分析之中，并在对资本主义生产方式运动规律的揭示中进行系统研究，第一次揭示了在竞争现象背后所掩盖的经济关系本质。另一方面，从管理学的角度研究竞争力理论。管理学对竞争力理论的研究始于“战略管理理论”。这一理论的形成是多位学者共同努力的结果，霍弗和申德尔把张伯伦提出的“竞争优势”引入战略管理领域，后经菲利普·塞尔尼科、安索夫·安德鲁斯等的不断完善，形成了古典竞争战略理论。然而，真正意义上比较成熟、系统的竞争力理论应是以迈克尔·波特为代表的竞争战略理论的提出，他以创造性的思维提出了一系列竞争力分析的方法和技巧，为理解并指导竞争行为提出了较为完整的理论体系。20世纪 80 年代开始，世界经济论坛（World Economic Forum，WEF）和瑞士洛桑国际管理学院（International Institute for Management Development，IMD）开始将国家竞争力列入研究课题，提出了竞争力评价体系和方法，对竞争力研究以及竞争力理论的形成具有重大指导意义。

进入 21 世纪后，随着经济全球化进程的进一步加快，资源在全球范围内配置的格局促使各种市场主体之间的竞争趋向国际化，任何一个市场主体和经济区域都必须勇敢地面对竞争、积极参与竞争并在竞争中取得胜利。特别是在当前和今后一个时期，中国要继续应对国际金融危机及其后续影响，保持经济又好又快发展，最根本的就是增强综合国力，不断提升国家的国际竞争力。2012 年 12 月 9 日，中共中央总书记习近平同志在广州主持召开经济工作座谈会时强调，国际竞争历来就是时间和速度的竞争，谁动作快，谁就能抢占先机，掌控制高点和主动权；谁动作慢，谁就会丢失机会，被别人甩在后面。面对当前复杂多变的国际经济形势，我们必须坚定不移地推进体制创新、科技创新，落实创新驱动发展战略，推动经济发展方式转变，推进经济结构战略性调整，为推动科学发展增添新动力，提升我国综合竞争力，把握好在全球产业分工中的新定位，积极创造参与国际经济合作和竞争新优势。历史已经证明：只有不断增强中国综合竞争力，才能不断提升中国的国际影响力和竞争力。

鉴于此，为了适应国际竞争力发展和国内区域经济竞争格局的需要，2006 年 1 月，由福建师范大学联合国内相关单位成立了全国经济综合竞争力研究中心，同年，福建师范大学设立了分中心。该中心主要致力于中国省域经济综合竞争力、环境竞争力、国家创新竞争力、低碳经济竞争力、创意经济竞争力及其他竞争力问题的研究。十多年来，我先后担任该中心办公室主任、常务副主任，具体负责承担了上述一系列竞争力研究课题的研究工作，并已形成了三大系列——“中国省域经济综合竞争力蓝皮书”“中国省域环境竞争力绿皮书”“国家创新竞争力黄皮书”和五大“产品”——《中国省域经济综合竞争力蓝皮书》《中国省域环境竞争力绿皮书》《二十国集团（G20）国家创新竞争力黄皮书》《世界创新竞争力黄皮书》《全球环境竞争力绿皮书》，共30多部研究著作。这些成果已引起了各级政府、学术界和新闻界的广泛关注，产生了积极的社会反响。

由于有了前文我所提及的科研经历和学术积累，2010年，我主持申报的国家社会科学基金青年项目“竞争力理论的百年流变及其在当代中国的发展”获得立项资助，这个项目（项目编号：10CJL006）的成功申报，激励了我继续加强对竞争力理论问题的深化研究。在三年多的科研攻关中，我和课题组成员在借鉴国内外研究者相关研究成果的基础上，紧密跟踪竞争力的前沿研究动态，着力在竞争力理论挖掘上下功夫，为建构有中国特色的竞争力经济学做出自己的贡献。令我庆幸的是，2014年2月该项目最终成果《竞争力理论的百年流变及其在当代中国的发展》提交国家社科规划办公室申请结题时，获得免于鉴定的结题许可。值得一提的是，2012年7月至2015年4月，我有幸进入中国社会科学院理论经济学博士后科研流动站继续深造，在站期间，这项研究工作得到了博士后指导教师程恩富教授的悉心教导，许建康教授、胡乐明教授、邱海平教授、张旭教授、谢富胜教授对本研究也提出了十分宝贵的意见和建议。在此，一并向他们表示深深的敬意和谢意！

经过两年的不断修改、完善，这项最终成果出版时书名调整为《竞争力理论的百年流变及其在当代的拓展研究》，全书包括三大部分共八章，基本框架如下：第一部分，研究对象概述，即第一章，重点介绍竞争和竞争力的主要内涵和重点内容，分析竞争力的重要特征和构成要素。第二部分，理论部分，即第二章至第四章，分别从文本的角度梳理了竞争及竞争力理论的重要内容与主要特征，从学科的角度深入探讨了西方经济学与竞争力理论的演化、马克思主义经济学与竞争力理论的演化、管理学与竞争力理论的思想演化。第三部分，方法部分，即第五章至第八章，着重探讨了竞争力评价的理论模型以及目前各种竞争力评价方法的构建情况，包括国家竞争力评价研究、区域竞争力评价研究、产业竞争力评价研究和企业竞争力评价研究等。

本书是2010年我主持的国家社会科学基金青年项目（项目编号：10CJL006）资助的最终研究成果，在此，我由衷感谢全国哲学社会科学规划办公室给予的资助和大力支持。多年来，我力图在竞争力理论、方法研究和实践评价上做一些创新和突破，但受研究能力和占有资料有限等主客观因素的制约，在一些方面的认识和研究仍然不够深入和全面，需要进一步深化研究。我愿与关注这些问题的研究者一起，不断深化对竞争力理论和方法的研究，为建构有中国特色的竞争力理论体系做出应有的贡献。

黄茂兴（福建师范大学经济学院院长、教授、博士生导师）
2017 年正月初十于福建师范大学仓山校区文科楼

内容摘要

"物竞天择，适者生存"，竞争是市场经济的内在属性和不竭动力。200 多年来，人类对竞争力理论的不懈探索，使这朵理论之花绽放夺目光彩并具有独特的芳香。从亚当·斯密以其《国富论》为经济学奠基开始，人类对竞争力来源的理论探讨就未停止过，距今已有 200 余年，涉及国际贸易、区域经济学、经济地理学、管理学等多学科、多领域，各有各的角度、各有各的切入点，然而无不鲜明地体现出社会经济发展演变的印记，深刻地反映了人类对竞争力探索不断深入的过程。

本书着重探讨了竞争力理论的历史演变及其在当代中国的应用问题。全书由三大部分组成，共八章，基本框架如下：第一部分，研究对象概述，即第一章，重点介绍竞争和竞争力的主要内涵和重点内容，分析竞争力的重要特征和构成要素。第二部分，理论部分，即第二章至第四章，分别从文本的角度梳理了竞争及竞争力理论的重要内容与主要特征，从学科的角度深入探讨了西方经济学与竞争力理论的演化、马克思主义经济学与竞争力理论的演化、管理学与竞争力理论的思想演化。第三部分，方法部分，即第五章至第八章，着重探讨了竞争力评价的理论模型以及目前各种竞争力评价方法的构建情况，包括国家竞争力评价研究、区域竞争力评价研究、产业竞争力评价研究和企业竞争力评价研究等。

关键词： 竞争力；理论演化；评价模型

Abstract

"Natural selection, survival of the fittest", the competition is an inherent property and prodigiously dynamic of market economy. Human – beings have unremitting explorated on competitiveness theory since two hundred years. "Wealth of Nations", composed by Adam Smith, laying the foundation of economics, has discussed the sources of competitveness. We can also see that the competitiveness theory has been discussed in multi – field, eg. international trade, regional economics, economic geography, management and so on. Though all of them analyze the problems from different views, they all reflect the mark of the social and economic evolution and exposed the continuous study among competitiveness.

This book focuses on the historical evolution routes of the competitiveness thoughts and its application problems in contemporary China. Report consists of three parts, with a total of eight chapters. The basic framework is as follows: The first part, which is also the first part, an overview of the study, focuses on the main content and key content of competitiveness. The second part, namely the theoretical part, mainly from chapter 2 to chapter 4, it systematically analyzed the competitiveness evolutionary routes from the perspective of western economics, Marxist theory and management theory. The third part, which is the method section, from chapter 5 to chapter 8, it focuses on the theoretical model building competitive situation assessment and present a variety of competitiveness evaluation methods, including evaluation of national competitiveness, regional competitiveness, industrial competitiveness and enterprise competitiveness.

Key words: Competitiveness; Evolution Theory; Evaluation Model

目 录

第一章　竞争与竞争力概论

第一节　竞争的基本含义

竞争一词来源于拉丁文 Competere，意思是“一起努力或一起（com）寻找（petere）某些共同的兴趣”。基于该词的原始含义，真正的竞争是指在合作实现某个共同目标时，一起工作或努力。亚里士多德在《政治学》一书中就使用了“竞争”和“垄断”这一对范畴，并已认识到“垄断”是由于没有人“去同他竞争”①。在中国，“竞争”一词最早出现在《庄子·齐物论》中，文中有“有竞有争”之说。郭象注曰：“并逐曰竞，对辩曰争”，指互相争胜的意思。在古汉语中，从“竞”和“争”二字的古文字结构来看，“竞”的会意字指的是并立的两兄弟，“争”也是会意字，金文字形，上为“爪”（手），下为“又”（手），中间表示某一物体，是两手拽一物，即二人争夺一物的含义。从“竞”和“争”二字的词源来看，“竞”一般具有四种含义：①竞争之意；②比赛之意，如竞技、竞走等；③争逐之意，《说文》中指出，“竞，逐也”；④强劲之意。“争”有五种含义：①争夺之意，如争先、争胜等，如《说文》中指出，“争，彼此竞引物也”；②力求得到或者是达到，如力争上游、争分夺秒等；③争执之意，如争吵；④争论之意，如争端、意气之争；⑤争辩之意。“竞争”一词是“竞”和“争”的合成词，“竞”重在行文，

---

① 亚里士多德：《政治学》（中文版），商务印书馆 1965 年版，第 35 页。

“争”重在言辞，随着历史的演进，竞和争就逐渐变成一个词。

直到达尔文的《物种起源》出版后，竞争的本质和作用才为越来越多的人所认识。生物学意义上的竞争（Competition），是指同种或者不同种生物因争夺空间、食物等环境资源而发生的生存斗争，既包括种内竞争，又包括种间竞争。这一概念后来逐步被引入社会学、经济学等领域，学者们从不同的角度对竞争的定义进行了探讨，如表1－1所示，逐步显示出了其丰富的内涵。

表1－1　　　　经济学上竞争概念的含义比较

代表作者	竞争含义	来源
《辞海》编委会	商品生产者为争取有利的产销条件而进行的角逐，可以分为资本主义竞争和社会主义竞争	《辞海》
胡大立	在市场组织方面的相互独立的市场生产者，为了获得有利的产销条件或者投资领域而相互争夺、各竞其能的过程	《企业竞争力论》
裴光	两个或者两个以上的人或者集团追求同一目标的搏击行为	《中国保险竞争力研究》
张金昌	两个或者两个以上主体为了某一目标或者利益而进行的争夺或者较量	《国际竞争力评价的理论和方法》
编写组	一种发生在个体（团体或者国家）间的争胜行为，只要有两个或者两个以上的不同利益团体在为某种大家都达不到的目标而奋斗，就会有竞争	《新帕尔格雷夫经济学辞典》
郎诵真	两方或者两方以上的个人或者集团在一定范围内为了夺取他们所共同需要的对象而展开较量的过程	《竞争情报与企业竞争力》
Scottl Newbert	个人或者团体为了达到某种目的，努力争取其所需求的对象（包括物质和非物质），因此就会出现利益个体或者利益群体之间的争夺	“Empirical Research on the Resource－Base View Oo the Firm：An Assessment and Suggestion for Future Research”

资料来源：姜爱林：《竞争力与国际竞争力的基本问题》，《经济参考报》，http：//www.51kj.com.cn/news/20060712/n69122.shtml。

所谓竞争，是指两个或两个以上的不同主体为了实现某一目标或利益而进行的争夺或较量。在这里，首先，要存在两个或两个以上利益相对独立的主体，如果它们之间的利益不存在独立性，就不会为各自的利益而进行争夺或较量，也就不存在竞争问题。其次，还应当存在使双方走到一起来的竞争对象，如果没有竞争对象将竞争双方吸引到一起来，竞争也是不会发生的。最后，在争夺竞争对象的过程中，还存在着不同利益主体之间的利益分配问题，如果不存在利益上的再分配，双方也没有必要讨价还价、相互竞争。因此，一个竞争关系的成立应包含四个基本要素：一是竞争主体，或者称为竞争者和竞争对手，指参与竞争的当事各方，竞争行为的执行者和实践者，包括个人、组织（国家、政府、企业、学校、团体等）和群体（组织集团）。二是竞争对象或范围，或者称为竞争焦点、竞争领域，指竞争参与各方共同角力的点、范围或领域，即竞争所要获取的利益或资源。三是竞争结果，或称为竞争目的，指竞争主体参与竞争的主观愿望和动机。一般而言，获取资源（生存空间、生存资源和战略优势资源）、经济利益、军事利益，或者精神满足都是常见的竞争目的。① 四是竞争动因，即出现或产生竞争的客观根本原因。很显然，用于生存、发展和享受的资源的稀缺性以及成功机会的稀缺性是导致竞争的根本原因。可以说资源和成功机会的稀缺性是竞争得以存在和发生的必要条件。②

那么，经济学意义上的竞争是什么？它是指经济主体（个人、团体或者国家）在市场上为实现自身的经济利益和既定目标而不断进行角逐的过程。美国学者斯蒂格勒对“竞争”做了如下描述：“竞争系个人（或集团或国家）间的角逐，凡两方或多方力图取得并非各方均能获得的某些东西时，就会有竞争。”

---

① 张金昌：《国际竞争力评价的理论与方法》，经济科学出版社2002年版，第45页。

② 伍业锋：《竞争概念辨析及竞争理论初探》，《经济师》2005年第11期。

第二节　竞争的主要内容

一　竞争的基本属性

（1）普遍性

在自然界和现实社会中，竞争无处不在，无时不有，这就是竞争的普遍性。

（2）排他性

在面对共同需要且稀缺的竞争目标物时，竞争是一方排斥另一方的行为，“利己性”与“排他性”同时存在。虽然竞争是人与人之间的一种相互排斥或相互反对的关系，但这是一种间接的反对关系，而不是直接的反对关系。即竞争的目的主要在于获取目标，而不是反对其他竞争者。

（3）风险性

在竞争过程中，有些人或者组织可能会失败，因此，竞争具有风险性，这种风险的大小取决于竞争双方实力的大小、发展机遇的好坏、竞争目标的高低等。

（4）严酷性

竞争的结果是优胜劣汰，失败者既要付出一定的物质代价，更要承受巨大的精神压力。

（5）平衡性

竞争与合作相辅相成，部分竞争主体为了提升自身的竞争地位也会在某一特殊的历史时期内与竞争对手展开合作，如 2012 年 3 月优酷与土豆的合并。

（6）同一性

竞争是指人们对于同一目标的追求，目标不同就不会形成竞争。这也是竞争对象的具体体现。

（7）难得性

竞争所追求的目标必须是较少的和比较难得的。对于数量很多、轻而易举即可得到的目标的追求，没有必要进行竞争。

（8）规范性

竞争必须按照一定的社会规范进行。为了防止竞争发展成为人们之间的一种直接反对关系，就必须制定一些各方都必须遵守的规则。

二 竞争的功能

竞争是市场经济有效运行的前提和基础，竞争的功能是保证市场经济的有效运行，实现国民经济的健康发展。具体来说，竞争的功能主要体现在以下几个方面：

（1）竞争有利于促进社会进步

竞争可以激励生产者不断地开发新技术、新产品、新工艺，努力改善经营管理，从而促进社会技术的进步。竞争降低了社会成本，消费者可以以更低的价格得到相同的产品或者服务，从而促进社会福利的增长。竞争促进了优胜劣汰，经营者为了求得自身的生存和成长，以便适应市场的变化，就会不断地去引导和改变消费者的偏好，刺激生产者投资于研究开发新产品和技术革新。

（2）竞争有利于优化资源配置

在市场上，买卖双方成交的价格是按照市场的竞争机制确立的，当卖者与卖者相互竞争时，产品价格会下降，当买者与买者相互竞争时，产品价格会上涨，通过价格的涨跌调节着社会资源的分配。

当然，竞争也有消极的一面，它可能使某些获胜者滋生骄傲自大的情绪，使某些失败者丧失信心、产生自卑感；竞争的压力可能引起我们心情的过分紧张和焦虑；更严重的是，当虚荣心作怪的时候，会把别人的成绩看作一种威胁，产生怨恨别人超过自己的忌妒心理。恶性的竞争会导致资源的浪费、道德行为的败坏等现象滋生。

（3）竞争有利于激发个人潜能

竞争的排他性和同一性能最大限度地激发个人内在的潜能，以及个人的互动性和积极性，在竞争环境下，人的智力、能力和品质会得到积极的发挥，竞争可以提高人们学习和工作的效率，增强学习和生活乐趣，使人精力充沛、思维敏捷、反应灵活、想象力丰富。

三 竞争的类型

从不同的角度可以将竞争划分为不同的类型，下面，我们分别从竞争的主体、竞争的方式、竞争的范围等不同层面进行划分①。

（1）按照竞争主体划分

根据竞争主体的不同，可以分为国家间竞争、企业间竞争、政党间竞争等。一般地，竞争主体的性质，往往就决定了竞争的范围和所能采取的手段。例如，国家间竞争可以是政治、军事、经济、科技、文化等各领域的竞争，因而所能采取的措施和手段也相应就有诸多选择，如武力、外交谈判、经济贸易等。而企业间竞争，企业本身的性质就决定其竞争范围只能限定在经济和商务领域，所采取的正当的竞争手段显然不能包括武力或军事手段。

（2）按照竞争范围划分

按照竞争范围或领域的差异，也可以对竞争进行分类。如根据竞争空间范围的不同，可以分为国际竞争、国内竞争、地区内竞争；按照竞争领域的差异，可以分为科技竞争、产业竞争、文化竞争、军事竞争和经济竞争（这里将经济和军事看作竞争领域）。还有诸如宣扬式竞争、学术性竞争、制度竞争。

（3）按照竞争手段（竞争方式）划分

按照竞争主体所采取手段的不同，可以将竞争分为经济竞争和军事（武力）竞争等。经济竞争较为人们所认同和接受，许多经济学家认为国家和企业间经济竞争对社会整体是有益的。而军事竞争虽然无时无刻不存在，但一般学者对其研究相对较少。此外，在企业间的竞争里，通常可以分出很多具体的竞争手段和形式，如广告大战、价格大战、低成本竞争、品牌竞争等。

（4）按照竞争结果（结局）划分

按照竞争的结果（结局），可以分为良性竞争、中性竞争和恶性竞争。若结果是竞争各方获得了共赢（双赢或者多赢），则称其为良性竞争，这是社会所普遍欢迎和期望的。若竞争各方都得不到胜利和

---

① 伍业锋：《竞争概念辨析及竞争理论初探》，《经济师》2005 年第 11 期。

好处，如战争和恶性价格大战，就是恶性竞争，这是全社会应该力图避免的。中性竞争介于良性竞争和恶性竞争之间。

（5）按照多个标准的交叉分类

将以上多个标准进行交叉组合，可以对竞争类型进行更加细致的划分。例如将竞争主体与竞争范围（领域）结合起来考虑，就可以将其分为国家间（国际）经济竞争、国家间（国际）军事竞争、企业国际竞争、企业国内竞争、城市国际竞争等。其实，对任何竞争的深入考察，必然会涉及前述的基本要素和其他特征，一旦这些特征和要素得到确定，那么这种竞争就变得具体独特，甚至可以自成一类了。这种限定和确定过程，实际上就是一个不断交叉分类的过程，分类标准交叉的层级越多，则竞争就确定得越具体。

除此之外，按照双方之间的关系划分，还可以分为直接竞争和间接竞争，直接竞争是指参与竞争者，彼此把竞争的目标转到对方的身上所发生的交互作用。间接竞争是指参与竞争者，不必彼此直接发生接触，也不必彼此互相认识，而可以在不同地区发生竞争状态。[①] 按照是否有人为参与划分，可以分为自然竞争和人为竞争，生物体之间的竞争是一种没有人为干预的竞争，因此是自然竞争。在人类社会中，人与人之间、组织与组织之间甚至是国家与国家之间所发生的竞争难免有人为的干预，因此称为人为竞争。按照人为干预的程度和合理度分，竞争可以分为以下几组关系：有序竞争和无序竞争、公平竞争和不公平竞争、正当竞争和不正当竞争。

有序竞争是指在一个公平公开的市场体制之下，通过提高服务水平，增强企业的核心竞争力等促进企业和行业内部健康发展的竞争方式，而不是通过相互拆台的无序竞争方式来进行竞争。

公平竞争是指竞争者之间所进行的公开、公平、公正的竞争。公平竞争可以调动经营者的积极性，使他们不断完善管理，向市场提供质优价廉的新产品，它可以使社会资源得到合理的配置，并最终为消费者和全社会带来福利。

---

① “竞争”百度百科，http：//baike. baidu. com/view/89764. htm。

不公平竞争又称“不正当竞争”“非法竞争”，指在工商业领域采用不诚实或其他不正当的手段侵犯他人权利，牟取非法利益的行为。不公平竞争的形式包括：①非法使用竞争对手的专利、商标、商号、姓名、奖牌等；②向外界不真实地提供有关商品的品质、用途、制造方法等情报；③用行贿、受贿、敲诈等非法手段盗取竞争对手的营业秘密，收买竞争对手的职员或代理人为自己牟取暴利；④为了挤垮、吞并弱小的竞争对手，对同一货物的买卖提供不同的价格条件；⑤依仗垄断地位同买主签订不合理的买卖合同；⑥组合成某一集团的成员们，共同商定产量、价格、分配销售额、独占供应或采购的行为。

正当竞争是指经营者采用符合国家法律、遵守社会公认的商业道德、信守诚实信用原则的商业正当手段进行竞争的行为。正当竞争主要通过提高质量、改进技术、降低成本、创立名牌、提高信誉等手段取得。正当竞争具有保护国家、集体和消费者利益，提高劳动生产率，促进技术进步，有利于社会主义市场经济发展的社会效果，因而受到法律的保护和鼓励。

第三节 竞争力的内涵

竞争力与竞争是一对密切相关的概念，有竞争才有竞争力，没有竞争就没有竞争力。最早提出“竞争力”一词的是美国学者 Philip Selznick，他用 Distinctive Competence 一词来表述公司在执行战略时的相关技能，把竞争力等同于能力，“竞争力（Competence，也译为‘能力’）或技能（Skill）是所有成功行为的核心”。学者从不同角度对竞争力的概念进行了论述，具体如表 1－2 所示。

表 1-2　　　　　经济学上竞争力概念的含义比较

作者	含义	资料来源
樊纲	一国商品在国际市场上所处的地位。竞争力可以理解为"成本"的概念，即如何以较低的成本提供同等质量的产品	《论竞争力：关于科技进步与经济效益关系的思考》
张金昌	竞争主体在竞争过程中所表现出来的力量	《国际竞争力评价的理论和方法》
焦瑾璞	一个行为主体与其他行为主体竞争某种（些）相同资源的能力，即为某个利益主体的微观行为。这种微观行为不仅要靠自身的能力，还受到很多环境因素的制约	《中国银行业国际竞争力研究》
D. Salvatore	某种技术优势、规模优势的反映	《国际经济理论问题》
编写组	某一企业、某一部门甚至一个国家在经济效率上不被其他企业、部门或者国家所击败的能力	《贸易政策术语词典》
马尔森	在一个自由贸易的环境中，一个国家通过贸易使得实际收入的增长速度快于其贸易伙伴，则说明其有竞争力	" The Nexus Among Four Concepts"
埃瑟登	经济主体在发挥自己潜力并形成其优势的一个系统过程	《国际竞争力评价的理论和方法》
思克特	比竞争对手更快地提高收入并通过必要的投资将这种优势保持下去的能力	"Self-helpfora Worening Problem"
世界经济论坛（WEF）和瑞士洛桑国际管理发展学院	企业目前和未来在各国的环境中以比它们国内国外的竞争者更有吸引力的价格和质量水平进行设计、生产并且销售货物以及提供服务的机会和能力	《关于竞争力的报告》
世界经济论坛（WEF）和瑞士洛桑国际管理发展学院	一国或者一个企业在全球市场上均衡地生产出比竞争对手更多财富的能力	《国际竞争力报告》

资料来源：姜爱林：《竞争力与国际竞争力的基本问题》，《经济参考报》，http://www.51kj.com.cn/news/20060712/n69122.shtml。

和竞争概念一样，竞争力也可以看作是两个或两个以上竞争主体在追求一个或多个竞争目标过程中所表现出来的力量或能力，即竞争力就是竞争主体在竞争过程中所表现出来的能力。因此，竞争力包含以下四个层次的含义：一是竞争力是竞争主体之间相互比较、较量才有可能存在的一个概念，没有竞争主体之间的相互较量、竞争，也就不存在竞争主体的竞争力问题；二是竞争力是指某个竞争主体的竞争能力，从单个竞争主体自身的角度来讲，竞争过程中其所表现出来的竞争力量是它的能力或素质的表现；三是从竞争主体争夺的竞争对象或目标来看，竞争主体的竞争力是对竞争对象或目标的吸引力；四是从竞争力的结果来看，竞争力是竞争主体最终取得某种收益或某种利益的能力[①]。

综上所述，如表 1－2 所示，从相互比较的角度来看，竞争力就是某一竞争主体相对于另一竞争主体所具有的优势，即：

竞争力＝竞争主体 A 的优势－竞争主体 B 的优势

＝相对优势（比较优势＋竞争优势）

就竞争主体来看，竞争力就是其所拥有的一种能力，即：

竞争力＝竞争主体的能力

从竞争对象来看，竞争力是竞争主体所表现出来的对竞争对象的吸引力，即：

竞争力＝对竞争对象的吸引力

从竞争结果来看，竞争力是竞争主体获得所追求的收益的能力，即：

竞争力＝收益能力

将上述四个角度的定义综合起来分析，竞争力的完整定义为：

竞争力＝优势＋能力＋吸引力＝收益能力

可以说，竞争力是竞争主体的某种优势，这种优势可能是投入要素方面的优势，可能是竞争过程的行为优势，也有可能是投入产出的效率优势，还有可能是竞争主体所处的环境方面的优势。从竞争主体

① 张金昌：《国际竞争力评价的理论与方法》，经济科学出版社 2002 年版，第 45—46 页。

自身来看，竞争力是它的某种能力的表现，这种能力可能是盈利能力，也可能是组织能力，还有可能是销售能力等；从竞争过程来看，竞争力是竞争主体发挥自身的能力，将自身能力变成实际收益的一种过程，也是对竞争对象的吸引力；从竞争结果来看，竞争力最终要反映在其获得的收益的大小上，是一种获取收益的能力或收益水平。

从本质上讲，竞争力是竞争双方竞争能力之间的某种差距的表现，也即竞争力来源于竞争主体之间的某种差距。根据上述对竞争力的界定，从静态层面看，竞争力来源于竞争主体之间能力的差距；从动态层面看，竞争力来源于竞争主体在竞争过程中的行为的差距；从竞争对象看，竞争力来源于对竞争对象的吸引力的差距。决定竞争主体之间差距的因素，也就是决定竞争力来源的因素。

鉴于此，本报告所指的竞争力是指两个或者两个以上竞争者在竞争过程中所表现出来的相对优势、比较差距、吸引力和收益力的一种综合能力。

第四节　竞争力的主要特征

（1）对比性

竞争力是在竞争主体相互比较、相互较量基础上才有可能存在的概念，没有竞争主体之间的相互较量、相互比较、相互竞争，就不存在竞争主体的竞争力问题。

（2）多层次性

由于参与竞争的主体包括国家、地区、产业、企业等多个层次，因此竞争力具有多层次性。当然，各个主体之间对竞争力各有侧重，研究竞争力必须结合特定利益主体的特性。

（3）动态性

对一个竞争主体竞争水平的分析应该是从其所处的内外部环境展开的，而这些内外部环境处于不断的变化过程中，因此，竞争力具有动态性。

(4) 内生性

竞争力是指某个竞争主体的竞争力量，从单个竞争主体自身的角度来讲，竞争过程中其所表现出来的竞争力量是它的能力或素质的表现。

第五节　竞争力的分层和构成要素

一　竞争力的分层结构

按照不同的标准，竞争力可以有不同的分层结构。

经合组织（OECD，1992）将竞争力分为宏观竞争力（Macroeconomic Competitiveness）、微观竞争力（Microeconomic Competitiveness）和结构竞争力（Structural Competitiveness）。宏观竞争力是指国家法规、教育、技术层次的竞争力；微观竞争力是与企业取得市场和增加利润相关的竞争力；结构竞争力是与技术基础设施、投资结构、生产类型、外部性等相关的竞争力。①

法滋玻（Fajnzylber，1989）将竞争力分为虚假竞争力和真实竞争力。虚假竞争力（Spurious Competitiveness）是指与低工资、汇率变化、补贴出口和高利润相关联的竞争力；真实竞争力（Real Competitiveness）是与技术进步、生产率提高相关的竞争力。

莫夫卓基（Donald G. McFetridge，1995）将竞争力分为企业竞争力（Firm Competitiveness）、产业竞争力（Industrial Competitiveness）和国家竞争力（National Competitiveness）三个层次。

目前，学术界关于竞争力的研究已取得很大进展，竞争力研究的层面也从国家竞争力一直到产品竞争力。竞争力研究体系分为四个层次（如图1-1所示）：一是宏观层面，主要是研究国家竞争力；二是中观层面，主要研究产业竞争力和区域竞争力，在区域竞争力研究中，城市竞争力的研究引起较大关注；三是微观层面，主要研究各种

① Klaus Esserdeng，FRANK CASS&CO. LTD.，London：Great Britain，1996，P. 5.

组织的竞争力，其中，较多学者进行企业竞争力的研究；四是亚微观层面，主要研究产品竞争力。在产品与企业之间还有一个层面，即项目竞争力。

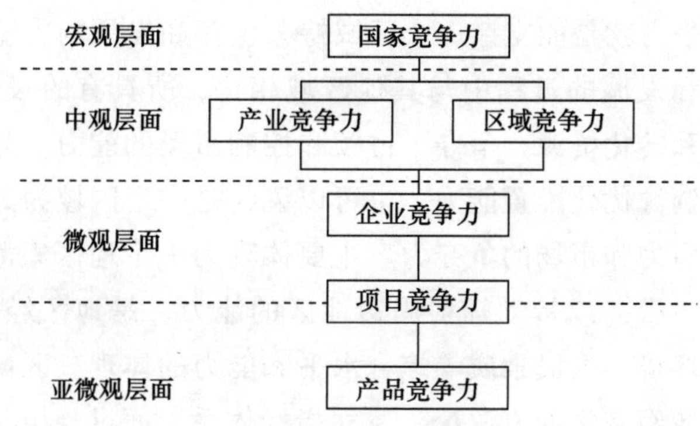

图 1-1 竞争力研究的对象层次

二 竞争力的构成要素

1. 国家竞争力

国家竞争力是一国所拥有的竞争实力、竞争潜力以及使得竞争潜力能够迅速、高效转换为竞争实力的机制，它不仅体现一国参与国际竞争能力的强弱，还体现该国各项能力的整体协调状况。

2. 产业竞争力

产业竞争力指某国或某一地区的某个特定产业相对于他国或其他地区同一产业在生产效率、满足市场需求、持续获利等方面所体现的竞争能力。一种情况是新旧产业（技术）的更迭，如四次技术革命造就了不同的产业；另一种情况是生产率不同导致产业收益的差异，资源从收益低的产业向收益高的产业移动。产业竞争力内涵涉及两个基本问题：一是比较的内容，二是比较的范围。具体来说，产业竞争力比较的内容就是产业竞争优势，而产业竞争优势最终体现于产品、企业及产业的市场实现能力。因此，产业竞争力的实质是产业的比较生产力。所谓比较生产力，是指企业或产业能够以比其他竞争对手更有效的方式持续生产出消费者愿意接受的产品，并由此获得满意的经济收益的综合能力。产业竞争力比较的范围是国家或地区，即产业竞争力是一个区域的概念。因此，产业竞争力分析应突出影响区域经济发展的各种因素，包括产业集聚、产业转移、区位优势等。

3. 区域竞争力

区域竞争力就是能支撑一个区域持久生存和发展的力量，即一个区域在竞争和发展的过程中与其他区域相比，所具有的吸引、争夺、拥有、控制和转化资源，争夺、占领和控制市场的能力，为其自身发展所具备的资源优化配置能力，也可以说，是一个区域为其自身发展对资源的吸引力和市场的争夺力。主要体现为一个地区集散资源、创造财富、提供服务以带动辐射周边地区的能力，是地区经济、社会、科技、文化环境、人民素质等综合水平和能力的体现。区域竞争力分析是基于比较经济学的方法论，建立指标体系，通过分析与评价，发现区域发展中的问题，找到提升竞争力的因素。其意义在于：拓宽了研究的视野，讨论如何提升区域竞争力，创造竞争优势，为本区域经济发展在大区域中进行资源优化配置，为区域经济战略与决策提供新思路。

4. 企业竞争力

企业竞争力是指在竞争性市场条件下，企业通过培育自身资源和能力，获取外部可寻资源，并加以综合利用，在为顾客创造价值的基础上，实现自身价值的综合性能力。企业竞争力是指在竞争性的市场中，一个企业所具有的能够比其他企业更有效地向市场提供产品和服务，并获得盈利和自身发展的综合素质。企业的竞争力分为三个层面：

第一层面是产品层，包括企业产品生产及质量控制能力，企业的服务、成本控制、营销、研发能力；这是表层的竞争力。

第二层面是制度层，包括各经营管理要素组成的结构平台、企业内外部环境、资源关系、企业运行机制、企业规模、品牌、企业产权制度；这是支持平台的竞争力。

第三层面是核心层，包括以企业理念、企业价值观为核心的企业文化、内外一致的企业形象、企业创新能力、差异化个性化的企业特色、稳健的财务、拥有卓越的远见和长远的全球化发展目标；这是最核心的竞争力。

核心竞争力（Core Competence）又称为核心能力，是1990年美国企业战略管理专家C. K. 普拉哈德和G. 哈默尔提出的，指企业组织中的积累性知识，特别是关于如何协调不同生产技能和整合多种技术的知识，并据此获得超越其他竞争对手的独特能力，即核心竞争力是建立在企业核心资源基础上的，企业的智力、技术、产品、管理、文化的综合优势在市场上的反映，简言之，指企业完成某一特定活动的能力。①

5. 产品竞争力

产品竞争力是指产品符合市场要求的程度，这种要求具体体现在消费者对产品各种竞争要素的考虑和要求上。一个产品是否具有竞争力体现在三个方面：一是产品在上市之前所具有的各种物理使用价值的竞争优势，如质量可靠、性能稳定、功能强大等；二是产品在市场上表现出来的市场价值竞争优势，如优惠价格、优质服务、独特的营销方式等；三是消费者对产品的感知价值，这部分价值会因消费群体、消费方式、消费数量的变化而变化。影响产品市场地位的因素包括竞争对手水平、行业状况，营销方法、企业规模、经济实力、竞争者数量等。影响销售情况的因素包括产品的生命周期、技术因素、价格和质量等。

产品竞争力是企业竞争力的基础和核心，企业竞争力最直接的表现就是产品竞争力，企业在其他方面的竞争都是围绕着产品竞争而展开的。

在竞争力体系中，产品竞争力是核心，国家竞争力是合力和结果，企业竞争力是基础和前提，产业竞争力是依托和场所。国家竞争力必须以产品、企业和产业的国际竞争力为基础。产业的竞争归根结底是企业和产品（或者服务）的竞争，而企业则是微观经济竞争的主体，所以企业的竞争力占据主导地位，产品是微观竞争的课题，企业

---

① 包昌火、谢新洲：《竞争战略与竞争优势》，华夏出版社2002年版。

与企业之间的竞争主要体现在产品的竞争上。

本章对竞争以及竞争力概念的由来、演化、内涵、特征、类型等进行了分析，为后面各章节的研究奠定了基础。

第二章　马克思主义经济学与竞争力理论演化

第一节　马克思、恩格斯关于竞争力的观点

马克思和恩格斯并没有对竞争理论进行独立和专门的论述，但是却把竞争关系视为资本主义经济关系中最一般的关系，特别在其价值理论和剩余价值理论中，在论述价值的形成和实现，以及剩余价值的生产和分配过程中，蕴含着丰富的竞争思想，形成了独特的竞争观。马克思和恩格斯的竞争理论吸收了古典竞争理论的科学成分，着眼于自由市场竞争，深入剖析了资本家之间的竞争、资本家与工人之间的竞争、工人之间的竞争、生产者与消费者之间的竞争等资本主义生产关系下不同主体之间的竞争行为，揭露了资本家的利润来源和资本主义生产的本质，揭示了竞争表象所掩盖的经济关系本质。马克思指出："只有了解资本的内在本性，才能对竞争进行科学的分析，正象只有认识了天体的实际的，但又直接感觉不到的运动的人，才能了解天体的表面运动一样。"① 马克思第一次揭示了竞争规律，并且认为竞争规律是资本主义生产方式运动规律的表现形式，"竞争，这个资产阶级经济的重要推动力，不能创立资产阶级经济的规律，而是这些规律的执行者。……是经济规律的必然性得到实现的表现形式"。② 马克思、恩格斯对竞争的论述始终着眼于动态的角度，着重于竞争的过程

---

① 《马克思恩格斯全集》第 23 卷，人民出版社 1972 年版，第 352 页。

② 《马克思恩格斯全集》第 46 卷（下），人民出版社 1980 年版，第 47 页。

分析，把竞争力视为竞争的结果和表现，认为资本主义加强竞争的过程就是提升竞争力的过程，马克思、恩格斯虽然没有提及竞争力，但是在对竞争广泛的分析中已经蕴藏着提升竞争力的思想。马克思、恩格斯关于竞争的观点主要包括竞争的产生、竞争的过程、竞争的结果三个方面。

一　马克思、恩格斯关于资本主义竞争产生的观点

马克思是从商品货币关系开始分析资本主义经济规律的，对竞争问题的讨论也以此为出发点，在分析资本主义竞争的本质和规律时，马克思、恩格斯首先分析了竞争是如何产生的，他们认为竞争是商品生产的必然结果，竞争规律存在于一切商品经济中。

（1）竞争是商品经济的必然结果

商品经济虽然是资本主义社会的主要经济形态，但是早在原始社会末期就已经萌芽了，马克思、恩格斯认为，竞争与商品生产是紧密联系在一起的，竞争是商品经济发展的必然结果，必须从商品经济中来分析和把握竞争。马克思在《哲学的贫困》一书中已经指出了竞争是生产力和生产关系发展到一定历史阶段的产物，他在反对普鲁东的唯心主义和形而上学中指出："经济范畴只不过是生产方面社会关系的理论表现；即其抽象。……这些观念范畴也同它们所表现的关系一样，不是永恒的，它们是历史的暂时的产物。"[①] 竞争作为一种经济范畴也是历史的产物，是经济发展到一定阶段后才出现的，"普鲁东先生不懂得，竞争的形成同18世纪人们的现实发展有联系，他把竞争变成（在真正显示以外的）人类灵魂的某种必然要求"。[②] 恩格斯在为《哲学的贫困》所做的序言《马克思与洛贝尔图斯》中批判了洛贝尔图斯的谬论，得出了竞争与商品生产是不可分离的关系，竞争在商品经济发展中是客观必然存在的，"只有通过竞争的波动从而通过商品价格的波动，商品生产的价值规律才能得到贯彻，社会必要劳动

① 《马克思恩格斯全集》第4卷，人民出版社1958年版，第143—144页。

② 《马克思恩格斯全集》第1卷，人民出版社1958年版，第175页。

时间决定商品价值这一点才能成为现实”[①]，“竞争使商品生产的价值规律在进行交换的商品生产者的社会里发生作用”。[②]

社会分工和劳动产品归不同的劳动者所有是商品经济产生的两大条件，马克思和恩格斯论述了商品经济产生的两大条件中就蕴藏着竞争。其中，社会分工是前提条件，社会分工“使独立的商品生产者相互对立，他们不承认任何别的权威，只承认竞争的权威，只承认他们互相利益的压力加在他们身上的强制，正如在动物界中一切反对一切的战争多少是一切物种的生存条件一样。”[③] 在促成商品经济产生的社会分工中，马克思就论述了不同的商品生产者已经开始注重竞争的作用。劳动产品归不同的所有者所有即生产资料私有制是商品经济产生的决定性条件，恩格斯在其第一部经济学著作《政治经济学批判大纲》中就指出了竞争是以私有制为前提的，“只要私有制存在一天，一切终究都会归结为竞争”，“由于私有制把每个人孤立在他自己的粗鄙的独特状态中……所以在这种共同的利害关系的敌对状态中，人类目前状况的不道德达到了登峰造极的地步，而竞争就是顶点”。[④] 在私有制经济社会里，各个独立的商品生产者都有其特殊的经济利益，为了确保自身利益的实现，彼此之间便展开了激烈的竞争，只要生产资料归不同的所有者所有，都必然会产生竞争。

（2）竞争规律存在于一切商品经济中

马克思和恩格斯不仅论述了竞争在商品经济关系中广泛存在，而且同时还分析了竞争规律的作用。在对商品经济分析中，马克思和恩格斯认为，价值规律是商品生产的基本规律，而竞争规律是价值规律的重要表现和作用形式，竞争不仅促成了商品社会价值的实现，而且在商品交换中促进了各个生产者对生产的调整。恩格斯认为：“商品生产同任何其他生产形式一样，有其特殊的、固有的、和它分不开的规律……这些规律在唯一保留下来的社会联系形式即交换中表现出

---

① 《马克思恩格斯全集》第 21 卷，人民出版社 1965 年版，第 215 页。

② 同上。

③ 《资本论》第一卷，人民出版社 2004 年版，第 412 页。

④ 《马克思恩格斯全集》第 1 卷，人民出版社 1960 年版，第 612 页。

来，并且作为强制性的竞争规律作用于各个生产者。”①

在一切商品经济形态中，价值规律是普遍存在的，而竞争是价值规律作用发挥的重要途径，恩格斯指出：“竞争使商品生产的价值规律在进行交换的商品生产者的社会里发生作用，从而也就使得在这种条件下唯一可能的社会生产组织和制度得以实现。”②“只有通过竞争的波动从而通过商品的价格波动，商品生产的价值规律才能得到贯彻，社会必要劳动时间决定商品价值这一点才能成为现实。……因此，在一个进行交换的商品生产者的社会里，如果谁想把劳动时间决定价值这一点确立起来，而又禁止用竞争加压力于价格的办法，即一般说来是唯一可行的办法来确立这种对价值的决定，那就不过是证明至少在这方面，他采取了空想主义者惯用的轻视经济规律的态度。”③价值规律是通过竞争实现的，竞争促进商品的个别价值转化为社会价值，在市场交换中，商品的价格由价值决定，但竞争会引起价格围绕价值波动，不承认竞争规律对商品价格波动的影响就是不承认经济规律，是唯心的空想主义者。可见，马克思和恩格斯已经把竞争规律视为存在于一切商品经济中，竞争是促进商品经济发展的重要因素。

马克思和恩格斯在对未来共产主义社会的设想中否认商品经济的存在，从而到了共产主义社会，作为商品经济范畴的竞争也会归于灭失，“一旦社会占有了生产资料，商品生产将被消除，而产品对生产者的统治将随之消除。社会生产内部的无政府状态将为有计划的自觉的组织所代替，个体生存斗争停止了。”④因为“在共产主义社会，任何人的利益并不是彼此对立的，而是一致的，因而竞争就消灭了。”⑤可见，马克思和恩格斯始终把竞争与商品经济紧密联系在一起，认为竞争是以商品经济为基础和条件的，商品经济不存在了，竞争也就不存在了。

二 马克思、恩格斯关于资本主义竞争过程的观点

竞争是资本主义生产方式中重要的因素和机制，资本主义整个生

① 《马克思恩格斯全集》第 20 卷，人民出版社 1973 年版，第 297 页。

②③ 《马克思恩格斯全集》第 21 卷，人民出版社 1965 年版，第 215 页。

④⑤ 《马克思恩格斯全集》第 3 卷，人民出版社 1965 年版，第 633 页。

产和再生产过程都是伴随着竞争完成的，可以将整个生产阶段的竞争分为价值形成过程的竞争、价值实现过程的竞争和价值分配过程的竞争三个阶段，从而也引发了在不同阶段生产者之间、消费者之间以及生产者和消费者之间等不同主体间的竞争。

（1）价值形成过程的竞争——追求剩余价值是资本家竞争的永恒动力

马克思首先分析了竞争在同一部门内部是如何促成个别价值转化为社会价值的，不同商品生产者由于劳动生产率不同，生产同一种商品所耗费的时间也不同，但商品的价值不是由个别劳动时间决定，而是由社会必要劳动时间决定的，社会必要劳动时间正是在竞争的作用下实现的，马克思指出："竞争首先在一个部门内部实现的，是使商品的各种不同的个别价值形成一个相同的市场价值和市场价格。"① 在资本主义生产中，资本家看重的不是价值，而是剩余价值，"生产剩余价值或赚钱，是这个生产方式的绝对规律"，② 为了追求更多的剩余价值，资本家之间展开了残酷的竞争，从追求绝对剩余价值到相对剩余价值再到超额剩余价值，资本家一刻也没有放缓他们获取剩余价值的步伐。马克思深刻地剖析竞争与剩余价值以及积累之间的关系："资本主义生产的发展，使投入工业企业的资本有不断增长的必要，而竞争使资本主义生产方式的内在规律作为外在的强制规律支配着每一个资本家。竞争迫使资本家不断扩大自己的资本来维持自己的资本，而他扩大资本只能靠累进的积累。"③ 资本家通过牺牲短期的消费，将剩余价值通过积累不断转化为资本，谋求更大的剩余价值，而竞争是重要手段，竞争推动资本家不断提高劳动生产率，缩短必要劳动时间以降低劳动力相对剩余价值，从而相对延长剩余劳动时间，相对剩余价值的生产成为资本家剥削更加隐蔽的手段。

相对剩余价值是资本家为追求超额剩余价值而展开竞争的结果。

---

① 《马克思恩格斯全集》第25卷，人民出版社1974年版，第201页。

② 《资本论》第一卷，人民出版社2004年版，第714页。

③ 同上书，第683页。

商品的个别价值低于社会价值的差额部分就是超额剩余价值，资本家为了能在竞争中取胜，总是试图通过改进技术、提高劳动生产率、改善经营管理等方式来改善生产过程，尽可能使生产商品的个别劳动时间低于社会必要劳动时间，从而把握更大的竞争优势。“价值由劳动时间决定的规律，既会使采用新方法的资本家感觉到，他必须以低于商品的社会价值来出售自己的商品，又会作为竞争的强制规律，迫使他的竞争者也采用新的生产方式。”① 各个资本家为了追求超额剩余价值，都自觉地加快了技术进步的步伐，这种代表更高水平的竞争也客观上推动了技术进步，促进了社会生产力发展，因为“虽然竞争经常以其生产费用的规律迫使资本家坐卧不安，把他制造出来对付竞争者的一切武器倒转来针对他自己，但资本家总是想方设法在竞争中取胜，孜孜不倦地采用价钱较贵但能进行廉价生产的新机器，实行新分工，以代替旧机器和旧分工，并且不等到竞争使这些新措施过时，就这样做了”。②

可见，在商品价值形成过程中，资本家对剩余价值无尽追求的贪婪本性使竞争成为商品经济发展中的自觉行动，剩余价值成为资本家在竞争中获胜的报酬，而且随着生产力的发展，这种竞争会更加激烈。

（2）价值实现过程的竞争——价格是生产者与消费者相互竞争的外在表现

劳动凝结在商品中的价值，必须在市场上将商品按价值销售出去才能全部实现，商品在市场上是按照由价值决定的价格销售的，但价格又受供求波动的影响，从而影响了价值的实现程度。当供大于求时，价格会低于价值，当供小于求时，价格会高于价值，只有在供求平衡的情况下，即耗费在某种商品上的社会劳动总量和对这种商品需求的社会总量相等的情况下，商品的价值和价格才相等。供求的波动引起的价格与价值之间的矛盾是通过生产者与消费者之间的竞争来解

① 《马克思恩格斯全集》第23卷，人民出版社1972年版，第354—355页。

② 《马克思恩格斯全集》第6卷，第人出版社1961年版，第502页。

决的。“要使一个商品按照它的市场价值来出售，也就是说，按照它包含的社会必要劳动来出售，耗费在这种商品总量上的社会劳动的总量，就必须同这种商品的社会需要的总量相适应，即同有支付能力的社会需要的总量相适应。竞争，同供求关系的变动相适应的市场价格的波动，总是力图把耗费在每一种商品上的劳动的总量归结到这个标准。”[①] 因此，在价格低于价值时，一部分社会价值无法实现，生产者会加强竞争力度，控制供给，提高价格；当价格高于价值时，一部分社会价值实现空间无法满足，消费者会加强竞争力度，压低价格。“供给者之间的竞争和需求者之间的竞争构成购买者和出卖者之间斗争的必然要素。”[②] 生产者与消费者之间竞争的波动最终会使价格朝着与价值相适应的方向发展，在这一过程中，商品价值也实现了。

生产者和消费者之间的竞争引起的供求变化也正是价值规律作用的表现，虽然从短期来看，价格与价值会发生偏离导致价值实现程度不同，但是从长期来看，价格与价值是会趋向一致的，平均的价格会等于价值，“实际市场价格的平均数，就是表现市场价值的市场价格。”[③] 此外，价值和价格的变化也会在生产者和消费者之间的竞争中反作用于供求关系。

（3）价值分配过程的竞争——竞争促进了利润率的平均化

在资本主义自由竞争阶段，资本家进行投资的选择是自由的，资本的逐利性使得资本家总是趋向于向利润率高的部门进行投资，于是，资本主义的竞争也从部门内部转向不同部门之间。不同部门的资本家为了争夺更高的利润率和更加有利的投资场所而展开激烈的竞争，这种竞争会推动资本从利润率低的部门流向利润率高的部门，资本在不同部门之间的转移引起了不同部门之间的相对扩大和缩小，进而影响了利润率的变化，最后会使不同部门获得的利润率趋向一致，这就是利润率的平均化。“不同生产部门中占统治地位的利润率，本

---

① 《马克思恩格斯全集》第25卷，人民出版社1974年版，第215页。

② 《马克思恩格斯全集》第4卷，人民出版社1958年版，第87页。

③ 《马克思恩格斯》第26卷，人民出版社1973年版，第227页。

来是极不相同的。这些不同的利润率，通过竞争而平均化为一般利润率。"[①] 利润率平均化的过程就是不同部门资本家相互竞争的过程，由于等量资本可以获得等量利润，最后，社会生产各个领域都有资本家愿意进行投资，利润率平均化的过程实质上是剩余价值在不同部门的资本之间进行再分配。"总之，通过资本在不同部门之间根据利润率的升降进行的分配，供求之间就会形成这样一种比例，以致不同生产部门都有相同的平均利润，因而价值也就转化为生产价格。"[②]

随着利润转化为平均利润，价值也转化为生产价格，剩余价值的分配也不按照实际创造的多少，而是按照资本的大小，但是"一切不同生产部门的利润的总和，必然等于剩余价值的总和；社会总产品的生产价格的总和，必然等于它的价值的总和。"[③] 利润率的平均化也不妨碍部门内部个别资本为获取超额剩余价值的竞争，资本家在改进技术的过程中也不断试图使个别生产价格低于部门平均生产价格，这之间的差额也就是超额剩余价值。正是由于不同部门之间的竞争才使得整个社会的不同部门都有生产者愿意投资，生产出的商品能满足社会多样化的需求，社会再生产也能继续进行，马克思正是运用竞争的原理解释了自由竞争资本主义经济中等量资本是如何获得等量利润的。

三　马克思、恩格斯关于资本主义竞争结果的观点

马克思、恩格斯在《德意志意识形态》一书中阐述了竞争对推动社会经济发展的重要作用，"按照我们的观点，一切历史的冲突都根源于生产力和交往形式之间的矛盾。此外，对于某一个国家内部冲突的发生来说，完全没有必要等这种矛盾在这个国家本身中发展到极端的地步。由于同工业比较发达的国家进行广泛的国际交往所引起的竞争，就足以使工业比较不发达的国家内产生类似的矛盾。"[④] 生产力与生产关系的矛盾是推动社会发展的重要动力，但竞争会加速这一矛盾的运动，推动形成新的生产力阶级和社会集团，也会推动国与国之间

---

① 《马克思恩格斯全集》第25卷，人民出版社1974年版，第177页。

② 同上书，第218—219页。

③ 同上书，第193页。

④ 《马克思恩格斯全集》第3卷，人民出版社1956年版，第83页。

的竞争。但是马克思、恩格斯在肯定竞争带来积极作用的同时，也看到了竞争会引发经济危机和垄断等消极作用，“竞争和个人经营工业生产已经变成大工业的枷锁”。他们从积极和消极两个层面分析了资本主义竞争的结果，把握了资本主义竞争的发展趋势，对资本主义竞争结果的论述主要包括以下几个方面：

1. 促进社会生产力发展，推动社会进步

剩余价值生产是资本主义生产的直接目的和决定性动机，不管是部门内部还是部门之间的竞争，马克思和恩格斯都充分肯定了竞争是资本家获取更大剩余价值的重要手段。众多资本家在追求超额剩余价值过程中会主动地改进技术、改善经营管理、提高劳动生产率，其结果必然是推动整个社会技术进步，促进社会生产力水平不断提高，因为竞争“这个规律不让资本有片刻的停息，老是在它耳边催促说：前进！前进！”① 资本家为了榨取更多的剩余价值以便在市场竞争中取胜，总是想方设法地牺牲暂时的消费而将更多的剩余价值转化为资本积累，为整个社会生产的发展积累起庞大的物质财富基础。“竞争迫使他不断扩大自己的资本来维持自己的资本，而他扩大资本只能靠累进的积累。”② “随着资本主义生产和积累的发展，竞争和信用——集中的两个最强有力的杠杆，也以同样的程度发展起来。同时，积累的增进又使可以集中的材料即单个资本增加，而资本主义生产的扩大，又替那些要有资本的预先集中才能建立起来的强大工业企业，一方面创造了社会需要，另一方面创造了技术手段。”③ 可见，资本家为了争夺剩余价值的竞争丰富了市场的商品供给，同时又极大地推动了社会技术进步，使得“资产阶级在它不到一百年的阶级统治中所创造的生产力，比过去一切世代创造的全部生产力还要多”。正是竞争创造了资本主义发展的商业奇迹，推动人类进入了工业时代，拉开了人类工业文明的大幕。

---

① 《马克思恩格斯全集》第6卷，人民出版社1961年版，第501页。

② 《资本论》第1卷，人民出版社2004年版，第683页。

③ 同上书，第722—723页。

2. 激化资本主义基本矛盾，引发经济危机

生产社会化和生产资料资本主义私人占有的矛盾是资本主义经济发展不可克服的基本矛盾，当这一矛盾激化时，就会引发经济危机。自1825年英国棉纺织业爆发第一次经济危机以来，经济危机就像资本主义经济发展挥之不去的梦魇，每隔若干年就要爆发一次，而且还会传到其他资本主义国家，引发世界性经济危机。马克思和恩格斯认为竞争会激化资本主义基本矛盾，恩格斯早在《政治经济学批判大纲》中就考察了经济危机，认为商业危机“像彗星一样有规律地反复出现”。[①] 经济危机是生产资料私有制、竞争以及生产无政府状态下的必然结果，资本家对剩余价值的过度追求必然引发生产的盲目性，以及对价值规律的过度信任，政府采取的不干预政策使得资本家之间往往存在着恶性竞争，引发经济危机，造成社会资源的大量浪费，产生了大量的失业人口，破坏了社会生产力水平，“会使更多的小资本家破产，使专靠劳动为生的阶级人数剧增，因而也必然使急待就业的人数显著地增加”。[②] 马克思和恩格斯指出，由于竞争引发经济危机还可能会引发社会革命，使社会产生质的飞跃，这也是马克思和恩格斯对资本主义社会必将为社会主义社会所取代的预示。

3. 在一定程度上引发垄断，不利于自由竞争开展

竞争会造成资本主义各生产者生产能力的分化，一些在竞争中不断积累起竞争优势的资本家势必会通过资本集中的方式扩大生产规模，于是在大企业吞并中小企业过程中就会引发垄断。“竞争斗争是通过使商品便宜来进行的。在其他条件不变时，商品的便宜取决于劳动生产率，而劳动生产率又取决于生产规模。因此，较大的资本战胜较小的资本。”[③] 而且，“竞争的激烈程度同互相竞争的资本的多少成正比，同互相竞争的资本的大小成反比。竞争的结果总是许多较小的资本家垮台，他们的资本一部分转入胜利者手中，一部分归于消

---

①② 《马克思恩格斯全集》第1卷，人民出版社1960年版，第614页。

③ 《马克思恩格斯全集》第23卷，人民出版社1972年版，第686—687页。

灭。"[①] 垄断与竞争是相互对立的，竞争会导致垄断，而垄断的高额利益诱惑也会促使竞争更加激烈，恩格斯在《政治经济学批判大纲》中指出："即竞争转为垄断。另外，垄断也挡不住竞争的洪流；而且，它本身还会引起竞争。"[②] 马克思在《1844 年经济学哲学手稿》中也提到："竞争的必然结果是资本在少数人手中积累起来，也就是垄断的更可怕的恢复。"[③] 19 世纪末，资本主义从自由竞争阶段逐步过渡到垄断阶段，恩格斯在 1891 年出版的《社会主义从空想到科学的发展》中较早地分析了这一现象："国内同一工业部门的大生产者联合为一个'托拉斯'，即一个以调节生产为目的的联盟……在托拉斯中，自由竞争转为垄断。"[④] 在编辑《资本论》第三卷时，恩格斯增补了竞争与垄断的关系，指出了垄断已经取代了竞争成为资本主义发展的新特点，"历来受人称赞的自由竞争已经日暮途穷，必然要自行宣告明显的可耻的破产"。[⑤] 但是垄断也并不是对竞争的否定，一旦资本主义的风暴来临，垄断组织往往就会分崩离析。恩格斯始终以辩证的眼光来分析资本主义出现的垄断现象，始终把垄断与竞争的思想结合在一起。

4. 推动资本主义信用的产生和信用制度的确立，产生新的生产组织方式

信用的产生和信用制度的确立是资本主义经济发展到一定历史阶段的产物，而竞争在其中起着"加速器"的作用，马克思曾生动地描述了竞争是如何推动资本主义信用发展的，"一种崭新的力量——信用事业，随同资本主义的生产而形成起来。起初，它作为积累的小小的助手不声不响地挤了进来，通过一根根无形的线把那些分散在社会表面上的大大小小的货币资金吸引到单个的或联合的资本家手中；但是很快它就成了竞争斗争中的一个新的可怕的武器；最后，它变成一

---

① 《马克思恩格斯全集》第 23 卷，人民出版社 1972 年版，第 687 页。
② 《马克思恩格斯全集》第 1 卷，人民出版社 1960 年版，第 612 页。
③ 《马克思恩格斯全集》第 42 卷，人民出版社 1979 年版，第 89 页。
④ 《马克思恩格斯选集》第三卷，人民出版社 1965 年版，第 435 页。
⑤ 《马克思恩格斯全集》第 25 卷，人民出版社 1974 年版，第 495 页。

个实现资本集中的庞大的社会机构"①。可见，马克思将竞争视为推动信用发展的强大动力，一开始，资本家将闲散的资金集中起来发展生产，集中起来的资金成为资本家扩大再生产和参与竞争的规模愈加庞大的资本，而且随着信用的发展，资本家也分化为两部分，一部分是借贷资本家，另一部分是职能资本家，随着整个社会信用制度的确立，信用已经成为一个社会机构，如银行的产生、国家的信用等。在信用制度的发展中，马克思还特别强调了股份公司的产生和作用，认为股份公司是"资本在它的最适当形式中的最终确立"②。"信用制度是资本主义的私人企业逐渐转化为资本主义股份公司的主要基础。"③可见，马克思和恩格斯已经将银行、国家等信用的产生与竞争紧密联系在一起，并且论述了这种结果是产生了股份公司等新的生产组织方式，极大地促进了社会生产力的发展。

5. 竞争从国内向国际延伸，推动国际竞争的兴起

随着国际贸易的开展，资本主义商品市场从国内扩展到国际，资本对剩余价值的剥削也从国内市场向国际市场延伸，为了抢占更高的国际地位，竞争开始从国内向国际拓展，国家与国家之间的竞争也以不同的形式开展起来了。各个国家为了占领更大的国际市场，生产商品的劳动时间不仅要低于国内的社会必要劳动时间，而且要低于世界平均劳动时间，以便获取在国际市场上的竞争优势。价值规律在国际市场上仍然发挥着重要作用："价值规律在国际上的应用，还会由于下述情况而发生更大的变化：只要生产效率较高的国家没有因竞争而被迫把它们的商品的出售价格降低到和商品的价值相等的程度，生产效率较高的国民劳动在世界市场上也被算作强度较大的劳动。"④"一个国家的资本主义生产越发达，则其国民劳动的强度和生产率就越超过国际水平。因此，不同国家在同一劳动时间内所生产的同种商品的不同量，有不同的国际价值，从而表现为不同的价格，即表现为按各

---

① 《马克思恩格斯全集》第23卷，人民出版社1972年版，第687页。

② 《马克思恩格斯全集》第46卷（下），人民出版社1980年版，第167页。

③ 《马克思恩格斯全集》第25卷，人民出版社1974年版，第498页。

④ 《马克思恩格斯全集》第23卷，人民出版社1972年版，第614页。

自的国际价值而不同的货币额。”[①] 生产更便宜商品的国家能够在国际市场竞争中取胜，实现本国商品的价值，并在国际市场上实现更多的价值分配。

“投在对外贸易上的资本能提供较高的利润率，首先因为这里是和生产条件较为不利的其他国家所生产的商品进行竞争，所以，比较发达的国家高于商品的价值出售自己的商品，虽然比它的竞争国卖得便宜。”[②] 国际竞争也会形成国际垄断：“竞争很快就迫使每一个不愿丧失自己的历史作用的国家，为了保护自己的工场手工业而采取新的关税措施，并随即在保护关税的保护下开办大工业。尽管有这些保护措施，大工业仍使竞争普遍化了，创造了交通工具和现代的世界市场，控制了商业，把所有的资本都变成了工业资本，从而使流通加速、资本集中。大工业通过普遍的竞争迫使所有人的全部精力极度紧张起来。”[③] 在国际竞争的推动下，各个国家为了更好地巩固自己的竞争优势和地位，贸易保护主义也开始盛行了。

第二节　列宁关于竞争力理论的继承和发展

19 世纪末 20 世纪初，资本主义从自由竞争进入垄断阶段，列宁概括了这一时期的资本主义发展中生产和资本集中的典型特征，形成了其著名的垄断理论。《帝国主义是资本主义发展的最高阶段》一书中，列宁对垄断理论进行了系统的阐述，并且分析了竞争是如何转化为垄断的，列宁有关竞争的思想便蕴含在其垄断理论中。列宁的垄断理论是建立在霍布森、希法亭、马克思等马克思主义学者共同研究的成果基础上的，揭示了帝国主义的实质及其运动规律。马克思在研究资本主义经济新现象时，就已经阐明了自由竞争和垄断的关系，认为

---

① 《马克思恩格斯全集》第 23 卷，人民出版社 1972 年版，第 614 页。

② 《马克思恩格斯全集》第 25 卷，人民出版社 1974 年版，第 264 页。

③ 《马克思恩格斯全集》第 3 卷，人民出版社 1956 年版，第 67—68 页。

“现代的垄断就是由竞争产生的”,[①] 并详细论述了资本集中和垄断的关系：“竞争的激烈程度同互相竞争的资本的多少成正比，同相互竞争的资本的大小成反比，竞争的结果总是许多较小的资本家垮台，他们的资本一部分转入胜利者手中，一部分归于消失。”[②] 由于信用的发展加速了资本集中，这种集中发展到一定程度“便达到了极限”[③]，即形成了垄断。恩格斯在整理和编辑出版《资本论》第三卷时，也补充了很多有关垄断方面的论述，包括自由竞争必然会发展为垄断、股份公司是主要的垄断组织形式等。这些思想和理论成为列宁垄断理论的重要基础和来源，列宁揭示了帝国主义的本质、特征和矛盾，捍卫和发展了马克思主义，通过对垄断的分析使对自由竞争的发展趋势和本质的分析更加深入。

一 自由竞争发展到垄断是资本主义发展的基本规律

列宁根据20世纪初垄断资本主义的发展，认为自由竞争广泛存在于资本主义经济形态中，为了获得超额利润，资本家增加积累，采用新技术，扩大生产规模，力求个别生产价格低于社会生产价格，在追求规模的同时引起的资本集聚和资本集中是自由竞争的后果，在优胜劣汰的过程中形成垄断。列宁指出：“德国采矿工业确切地证实了卡尔·马克思关于集中的学说是正确的。”[④] “集中发展到一定阶段，可以说就自然而然地走到垄断……这种从竞争到垄断的转变，不说是最新资本主义经济中最重要的现象，也是最重要的现象之一。”[⑤] 到了帝国主义阶段，垄断将要取代竞争成为最基本的经济形式。列宁认为“集中已经达到了这样的程度，可以对本国的，甚至像下文所说的，对许多国家以至全世界所有的原料来源（如蕴藏铁矿的土地）做出大致的估计。现在不但进行这样的估计，而且这些来源被完全操纵在一

---

① 《马克思恩格斯全集》第4卷，人民出版社1972年版，第177页。

② 《马克思恩格斯全集》第23卷，人民出版社1972年版，第687页。

③ 同上书，第688页。

④ 列宁：《帝国主义是资本主义的最高阶段》（单行本），人民出版社2011年版，第12页。

⑤ 同上书，第11页。

些大垄断同盟的手里。这些同盟对市场的容量也进行大致的估计，并且根据协议‘瓜分’这些市场。……帝国主义阶段的资本主义紧紧接近最全面的生产社会化，它不顾资本家的愿望与意识，可以说是把他们拖进一种从完全的竞争自由向完全的社会化过渡的新的社会秩序。”[①] 列宁还进一步分析认为，资本主义由自由竞争发展到垄断阶段会经历三个基本时期：“（1）19 世纪 60 年代和 70 年代是自由竞争发展的顶点即最高阶段。这时垄断组织还只是一种不明显的萌芽。（2）1873年危机之后，卡特尔有一段很长的发展时期，但卡特尔在当时是一种例外，还不稳固，还是一种暂时现象。（3）19 世纪末的高涨和 1900 年到 1903 年的危机时，这时卡特尔已经成为全部经济生活基础之一。资本主义转化为帝国主义。”[②] 之后，垄断组织出现了多种表现形式。

二 垄断与竞争并存是帝国主义的本质

列宁在分析帝国主义的垄断的同时并没有否定和排斥竞争，而是把竞争和垄断有机地统一在一起，进一步论述和发展了垄断和竞争关系的理论。列宁指出：“从自由竞争中成长起来的垄断并不消除竞争，而是凌驾于竞争之上，与之并存，因而产生尖锐甚至特别剧烈的矛盾、摩擦和冲突。”虽然垄断大大地推动了生产社会化，但是并没有改变其垄断资本主义私有制的属性，因而也不可能消灭竞争。在私有制的商品经济中，垄断和竞争总是并存的，“正是竞争和垄断这两个互相矛盾的‘原则’的结合才是帝国主义的本质”。[③] 列宁还概括了垄断条件下竞争的特征和变化，垄断竞争的目的、手段、范围和后果，都有了较大的变化，因而竞争也更加复杂、激烈，更具破坏性。“现在已经不是小企业同大企业、技术落后的企业同技术先进的企业竞争，现在已经是垄断者扼杀那些不屈服于垄断、不屈服于垄断的压

① 中共中央编译局：《列宁专题文集》（论资本主义），人民出版社 2009 年版，第 115—116 页。

② 列宁：《帝国主义是资本主义的最高阶段》（单行本），人民出版社 2001 年版，第 15 页。

③ 《列宁全集》第 29 卷，人民出版社 1985 年版，第 480 页。

迫和摆布的企业了。”[①] 在垄断阶段，竞争的主体更加多样化，表现为垄断组织内部，不同资本家为了争夺更高的领导权和支配权进行着激烈的斗争；而不同的垄断组织之间为了夯实垄断组织实力也进行着激烈的斗争。垄断组织之间竞争的手段与过去自由竞争的竞争手段相比更加直接和残酷，如剥夺原料、剥夺劳动力、剥夺运输工具、剥夺销路、剥夺信贷、宣布抵制等。“垄断组织在一切地方用一切办法为自己开辟道路，从偿付‘微薄的’出让费起，直到像美国那样‘使用’炸药对付竞争者为止。”[②]

三 垄断在一定程度上也会加剧竞争

垄断与竞争是相互对立的，但是两者也不是绝对排斥，虽然列宁论述了从自由竞争发展到垄断是资本主义发展的必然趋势，但是垄断并没有消灭竞争，垄断会在一定程度上通过加速生产社会化和加深经济危机间接促进竞争的发展。

列宁提出了竞争转变为垄断使得生产社会化的过程有了巨大的进展，特别是技术发明和改良的过程也开始社会化了。在自由竞争的阶段，各个生产者之间的竞争是分散的，但是到了帝国主义阶段，“资本主义仅仅接近最全面的生产社会化，它不顾资本家的愿望和意识，可以说是把他们拖进一种从完全自由竞争过渡到完全社会化的新的社会秩序”。[③] 生产社会化了，但是生产资料的占有仍然是私有制的，仍然掌握在少数人的手中，自由竞争依然存在。生产社会化会加剧垄断组织和非垄断组织之间的竞争，并且造就了有组织的、投机的活动，列宁认为这种投机的基础就是生产社会化，并且还论述了那些对资本帝国主义作市侩式的反动批评的人，怎样“根据这一点”而梦想恢复“自由”“和平”“诚实”的竞争。列宁还特别强调了垄断会加深危机，而危机反过来又会促进竞争，大大强化生产集中和垄断。“在几个工业部门中形成的垄断，使整个资本主义生产所特有的混乱现象更

---

① 列宁：《帝国主义是资本主义的最高阶段》（单行本），人民出版社 2001 年版，第 19 页。

② 同上书，第 21 页。

③ 同上书，第 19 页。

加厉害，更加严重。作为一般资本主义特点的农业和工业的发展不相适应的现象变得更加严重了。”① 在经济危机期间，竞争更加剧烈，许多中小企业纷纷破产，大企业乘机吞并中小企业。

列宁并没有直接论述垄断会加剧竞争，而是分析垄断会推动生产社会化和加深危机，间接地促进竞争，在列宁的眼里，帝国主义虽然是垄断资本主义高度发达的阶段，但还是存在着竞争，垄断与竞争并存是一种常态现象。

四 小结

列宁的竞争力理论继承和发展了马克思和恩格斯有关垄断与竞争的观点，结合资本主义发展的新情况和新现象，进一步论述了资本主义发展由竞争阶段向垄断阶段过渡所出现的新特征，不仅论述了自由竞争必然会走向垄断，而且还论述了资本主义进入了以垄断为主要特征的帝国主义阶段。垄断也进一步从私人垄断发展到国家垄断，从国内垄断延伸至国际垄断，凭借着垄断的手段，资本主义对内加强了对人民的剥削和压迫，对外加快了对全世界奴役和掠夺的步伐。但是，列宁也看到了垄断并没有消灭竞争，在垄断组织与非垄断组织之间，垄断组织与垄断组织之间，竞争仍然广泛存在。列宁虽然没有专门对竞争力理论进行分析，而是在其论述垄断理论中剖析竞争理论，但是这些理论与马克思和恩格斯的竞争理论是一脉相承的，为抨击垄断资本的统治、为无产阶级的革命运动和揭示帝国主义的本质提供了强大的理论武器。

第三节 当代中国对竞争力理论的深化与创新

国内学术界、理论界对竞争力的研究起步较晚，从 20 世纪 80 年代开始学习借鉴西方经济学相关研究成果，结合中国的实践不断进行

① 列宁：《帝国主义是资本主义的最高阶段》（单行本），人民出版社 2001 年版，第 24 页。

深入研究，走的是一条先研究综合国力、国际竞争力，后研究产业（企业）竞争力，再向城市竞争力、区域竞争力、省域竞争力等不同研究领域拓展的研究路线，最终形成一系列研究成果。我国对竞争力问题的理论研究基本建立在西方相关理论研究的基础上，借鉴并融入了一些新的研究方法，在理论研究和评价分析上都取得了较大的创新和突破，一些研究成果具有鲜明的中国特色和新的理论拓展。梳理当代中国对竞争力理论的分析，主要是沿着两条思路展开的：一是从纵向的角度按地域范围研究国际竞争力（国家竞争力）、区域竞争力、省域竞争力、城市竞争力、县域竞争力等；二是从横向的角度按行业部门研究产业（企业）竞争力、财政竞争力、金融竞争力、环境竞争力等。当然，大多数学者并不是把这两条研究思路独立起来，而是相互渗透融合，如研究国家产业竞争力、区域金融竞争力等。竞争力研究的理论和评价运用已经广泛渗透到我国经济发展的各个领域。

一 纵向思路上竞争力理论的深化与创新

我国对竞争力问题研究的兴起主要是借鉴了当代西方经济学竞争力理论研究的成果，特别是迈克尔·波特的竞争力理论以及 WEF 和 IMD 对全球竞争力的评价研究，因此，我国对竞争力理论的研究也是从研究国际竞争力（国家竞争力）开始的，之后再不断向其他区域层面研究拓展。

1. 国际竞争力（国家竞争力）研究

1989 年原国家体改委开始与世界经济论坛、洛桑国际管理学院就我国的国际竞争力进行合作研究，并于 1993 年将中国的部分数据纳入《全球竞争力报告》，1994 年中国加入该报告的分项目比较，1995 年中国进行该报告的全部项目比较并参与全球竞争力排序。中国在国际竞争力评价上的参与也引发了不少学者和研究机构开展对我国的国际竞争力研究，较具代表性的主要有：

1991 年，狄昂照、吴明录等承担了国家科委的重大软课题“国际竞争力的研究”，并出版了第一本国内较为系统地研究国际竞争力的专著《国际竞争力》。该书研究了国际竞争力的概念、定义及度量方法，提出决定一个国家国际竞争能力强弱的主要有八项因素：经济活力、工业效能、财政活力、人力资源、自然资源、对外经济活动活力、创新能力、国家干预，并设立了这些决定因素的评价指标，从国际市场占有率和国际竞争能力两个方面对亚太地区 15 国（地区）国际竞争能力进行了比较。①

1996 年，原国家体改委经济体制改革研究院、深圳综合开发研究院及中国人民大学联合组成中国国际竞争力研究课题组，运用《世界竞争力年鉴》的方法对中国的国际竞争力进行了研究，并于 1997 年出版了《中国国际竞争力发展报告（1996）》。后来，以赵彦云教授为核心的中国人民大学竞争力与评价研究中心在国际竞争力方面做出了许多研究成果，以不同的主题出版了一系列国际竞争力研究报告。

王与君于 2000 年在对 IMD 和 WEF 的国际竞争力模型研究基础上提出了“1122”国际竞争力评价体系，分别指的是：一个模型——从国家和企业两个层面上相互贯通构造的国际竞争力模型；一个公式——国际竞争力 = 竞争力资产 × 竞争力过程；两个基础——资产基础（含金融资产和基础资产）和过程基础（含经济体制和人力资本）；两个核心——金融实力和技术转换能力。②

张金昌在国际竞争力研究方面主要从竞争的主体、对象和结果三个方面给出了竞争力的定义，即竞争力 = 优势 + 能力 + 吸引力 = 收益能力。从本质上来讲，竞争力是竞争双方竞争力量之间的某种差距的表现，竞争力来源 = 竞争主体之间的差距。从静态来看，竞争力来源于竞争主体之间能力的差距；从动态来看，竞争力来源于竞争主体在竞争过程中的行为的差距；从竞争对象角度来看，竞争力来源于对竞争对象的吸引力的差距。在此基础上，他从国家、产业和企业不同层面开展了国际竞争力评价。③

曹远征、赵彦云在对国际竞争力的长期研究中建立了“三力”评

① 狄昂照、吴明录等：《国际竞争力》，改革出版社 1992 年版。
② 王与君：《中国经济国际竞争力》，江西人民出版社 2000 年版。
③ 张金昌：《国际竞争力评价的理论和方法》，经济科学出版社 2002 年版。

价体系，认为在国际竞争力发展的构成要素中，不仅包括竞争力实力要素，而且包括竞争力潜在的要素；不仅包括竞争力的硬要素，而且包括推动竞争力成长的软要素。竞争力是一个整体的竞争水平的系统提高，基本公式为：国际竞争力 = 核心竞争力 + 基础竞争力 + 环境竞争力，并由此建立了“三力”评价模型。①

此外，有不少学者从国际贸易、国际投资等角度开展对国际竞争力的分析，多数学者研究的思路都是通过构建国际竞争力的模型开展评价比较研究。从这些研究结果来看，我国在国际竞争力研究方面充分借鉴了国际研究机构的研究成果，但是在理论模型的构建上融入了更加全面的因素，在评价指标上不仅有硬指标，还加入了环境、制度等软指标的设计，客观上也推动国际上对国际竞争力的研究更加全面深入。

2. 区域竞争力研究

国内研究机构和学者对区域竞争力的研究大多数是脱胎于国家竞争力的研究，从该理论上理解，国家和区域都是一个不同行政管理层次的地域概念。我国区域竞争力研究始于 1996 年，基于对国际竞争力的研究，将国际竞争力研究从国家层面拓展到区域层面。同时，一些专家学者对区域竞争力理论及其相关问题进行研究，研究成果最早见于《浙江经济》1996 年第 8 期刊载的《区域竞争力若干问题探讨》一文。之后，伴随着对区域经济问题研究的拓展，一些专家学者开始开展对区域竞争力的理论和评价研究。

在理论研究上，学者们从不同的角度对区域竞争力的内涵和要素进行界定，归纳起来具有代表性的观点主要有：①从资源优化配置的角度。持这种观点的专家学者认为，区域竞争力就是一个区域争夺大区域市场和资源的能力，或者可以说，区域竞争力是一个区域在其所从属的大区域中的资源优化配置能力。② ②从经济实力角度。一些专

① 曹远征：《中国国际竞争力研究发展报告（1999）——科技竞争力主题研究》，人民出版社 1999 年版。

② 王秉安：《区域竞争力研究——理论探讨》，《福建行政学院福建经济管理干部学院学报》1999 年第 1 期。

家学者认为，区域竞争力是指一个地区与国内其他地区在竞争某些相同资源时所表现出来的综合经济实力的强弱程度，“区域经济实力即区域竞争力”。[①] ③从财富创造角度。持这种观点的专家学者认为，区域竞争力是指一个区域“在一定的社会经济制度和人文自然条件下，创造出比其他地区更多的有效经济财富增加值的能力”。[②] ④从产品提供角度。有些研究者将区域竞争力定义为区域向大区域提供产品与服务的能力，认为不同区域提供相同产品给同一市场，于是就会出现竞争，[③] 则必然产生竞争力问题。这些从不同角度对区域竞争力的定义都反映出区域竞争力是一种能力，是国际竞争力在区域层面的新的解释和定义。

在对区域竞争力的定义及其相关理论问题进行研究的同时，一些专家学者还对区域竞争力的评价方法及其指标体系的建立进行了研究。较具代表性的有深圳综合开发研究院华南及深港经济研究中心于1998 年首度尝试对京九沿线各地区综合竞争力进行实际测算时建立的评价指标体系。该评价指标体系将影响区域竞争力的指标体系分解为8 项一级指标（资源、经济实力、经济开放性、经济效率、经济发展潜力、政府调控能力、生活质量、社会发展）和 35 项二级指标。福建行政学院的王秉安教授及其同人于 2000 年提出了由 3 个直接竞争力因素和支撑它们的 4 个间接竞争力因素构成的区域竞争力模型。3 个直接竞争力因素是产业、企业和涉外竞争力；4 个间接竞争力因素是经济综合实力、基础设施、国民素质和科技竞争力。2001 年，国家经贸委办公厅赵晓博士在《区域竞争力指标体系设计与比较》一文中，设计了一个包括 8 个方面，大、中、小 3 个层次以及 120 个指标的区域竞争力评价体系，不过这一指标体系仍然以世界经济论坛（WEF）和瑞士洛桑国际管理学院（IMD）的评价体系为主体，只对

① 苏晓红：《抓住西部开发机遇提升河南区域竞争力》，《河南社会科学》2002 年第 2 期。

② 王国贞等：《河北省地区竞争力评价与分析》，《经济师》2001 年第 12 期。

③ 费洪平：《中国区域经济发展》，科学出版社 1998 年版。

其中的个别指标略作调整。[①]

3. 省域竞争力研究

省域是区域的一个重要组成部分，由于我国对省域有明确的行政区划，因此在政策实施、宏观调控、相关数据统计等方面都较为明确，开展省域竞争力的比较和评价研究既适应我国国情需要，也符合我国各个省区的竞争实际。在研究区域竞争力的同时，一些机构和研究学者也开始研究省域竞争力。由于省域也属于区域，因此，区域竞争力研究的理论和方法也适用于对省域的研究。

较早开展省域竞争力研究的是王秉安、李闽榕，他们在《福建经济综合竞争力研究》中，首次对省域竞争力研究提出经济综合竞争力概念，认为一个较为完善、合理的区域综合经济竞争力概念至少应包含如下几层含义：这个竞争力是一种立足现在、面向未来的能力，是一种相对性的能力，是一种综合性的能力。天津财经大学统计学系竞争力研究室采用柔性系统设计思想，将竞争力要素分解为若干子要素，其指标体系中由九大要素构成省级区域竞争力模型：总体经济、对外开放、产业、政府管理、基础设施、环境管理、科技、人力资源与生活质量，这一评价指标体系是对 IMD 和 WEF 指标体系的发展与完善，同时使用了硬指标和软指标，并对两者的比例进行了较合理的配置。

在省域竞争力研究方面影响最大的当属全国经济综合竞争力研究中心福建师范大学分中心，该中心从 2006 年开始致力于省域经济综合竞争力研究，每年出版一部研究报告。该中心认为省域经济综合竞争力是“一个省（市、区）域在全国范围内对资源的吸引力和对市场的争夺力，也是一个省（市、区）域对本区域内外资源的优化配置能力。”[②] 由此建立了一个包括 1 个一级指标、9 个二级指标、25 个三级指标和 207 个四级指标的指标评价体系，该指标体系目前在全国竞

① 赵晓：《区域竞争力指标体系设计与比较》，中国开发区网，2001 年 8 月 20 日。

② 李建平、李闽榕等：《中国省域经济综合竞争力发展报告（2005—2006）》，社会科学文献出版社 2007 年版。

争力评价中指标个数最多、涵盖范围最广，包括了宏观经济、产业经济、可持续发展、财政金融、知识经济、发展环境、政府作用、发展水平、统筹协调九大方面，并对全国31个省（市、区）以及港、澳、台地区的经济综合竞争力进行了评价。同时，该中心还开展了对省域环境竞争力的评价，将对省域竞争力的研究向中观和微观层面拓展。

4. 城市竞争力研究

20世纪90年代末以来，对城市竞争力的研究也逐渐开展起来，一些地方政府和机构合作，对城市竞争力的概念和含义、城市竞争力测度的指标体系及其评价方法、中国城市的竞争力状况、影响中国城市竞争力的关键因素及提高城市竞争力的手段和措施等一系列问题展开深入研究，代表性的研究成果有：（1）资源配置论。不少专家学者将城市竞争力定义为城市配置资源的能力，认为城市竞争力是指“一个城市在竞争和发展过程中与其他城市相比较所具有的吸引、争夺、拥有和控制、转化资源，争夺、占领和控制市场，以创造价值，为其居民提供福利的能力”①。（2）产品提供论。有些学者提出“城市竞争力是一个城市生产适应大区域、国内、国际市场需求的产品和服务，同时增加实际收入、改善居民生活质量和促进社会可持续发展的能力”②，“是一个城市在一定区域范围内集聚生产要素，提供产品和服务的能力”③。（3）综合能力论。郝寿义认为，城市竞争力“是一个城市在国内外市场上与其他城市相比所具有的自身创造财富和推动地区、国家或世界创造更多社会财富的现实的和潜在的能力”④，“无论从哪一个方面理解，它都不应该是片面的，因为城市竞争力体现的是一个城市的综合能力”。周振华则认为，城市综合竞争力的本质特征是综合服务功能。⑤（4）城市价值链论。北京国际城市发展研究院

① 朱铁臻：《经营城市：提高城市竞争力的新理念》，《江海学刊》2002年第2期。

②③ 姚士谋：《城市化问题的深度认识——关于提升南京城市竞争力》，《南京社会科学》2001年增刊。

④ 郝寿义：《中国城市竞争力研究——以若干城市为例》，《经济科学》1998年第3期。

⑤ 倪鹏飞：《中国城市竞争力理论研究与实证分析》，中国经济出版社2001年版。

（IUD）的一些专家学者，力图运用“城市价值链理论”来解释提升城市竞争力的问题及建立其解决方案。他们认为城市竞争力是一个国家的城市在全球经济一体化背景下，在要素流动过程中抗衡甚至超越现实的和潜在的竞争对手，以实现城市价值所具有的各种竞争优势的系统合力。（5）弓弦理论。在我国研究城市竞争力影响最为广泛的当属以倪鹏飞为组长的中国社会科学院城市竞争力课题组，他们每年定期发布的《中国城市竞争力报告》形成了我国城市问题研究的一大特色。城市竞争力可以分为硬竞争力、软竞争力两个部分，用公式表示为：城市竞争力 = F（硬竞争力、软竞争力）= 城市产业竞争力之和；硬竞争力 = 人才竞争力 + 资本竞争力 + 科技竞争力 + 结构竞争力 + 基础设施竞争力 + 区位竞争力 + 环境竞争力 + 聚集力；软竞争力 = 秩序竞争力 + 文化竞争力 + 制度竞争力 + 管理竞争力 + 开放竞争力。如果把硬竞争力比作弓，把软竞争力比作弦，把城市产业比作箭，它们相互作用，弓弦质量越好，搭配越恰当，所形成的力越大，产业箭射得越远，获得的价值越大。这一理论也被称为城市竞争力的弓弦模型。①

二　横向思路上竞争力理论的深化与创新

随着对竞争力理论研究的不断深入，竞争力理论和方法的应用也得到不断拓展，不仅可以适用于对不同区域的比较评价，也渗透到了各个行业领域，于是，许多研究机构和学者开展了对不同行业领域的竞争力研究，如产业竞争力、企业竞争力、科技竞争力、文化竞争力等，只要有不同主体竞争的地方都可以开展竞争力的研究，形成了一批研究中国竞争力问题的研究成果。由于当前我国对行业部门竞争力问题研究非常宽泛，本书仅介绍研究相对较多、较为成熟的产业（企业）竞争力和科技竞争力。

1. 产业（企业）竞争力研究

产业是一个中观概念，包括农业、工业、服务业等。相对于其他行业部门竞争力研究，我国较早开展了对产业竞争力研究，而企业竞争力又往往和产业竞争力研究交织在一起。

---

① 倪鹏飞：《中国城市竞争力理论研究与实证分析》，中国经济出版社 2001 年版。

从20世纪90年代起，国内一些研究机构和专家学者就对中国产业竞争力和企业竞争力进行了大量的理论与实证研究。完全从产业层面对竞争力进行的探讨，始于中国社会科学院工业经济研究所1995年由金碚组织的中国工业品国际竞争力的比较研究。金碚在1997年出版的《中国工业国际竞争力——理论、方法与实证研究》一书中，确定了企业异质性的假定前提，为企业和产业竞争力研究提供了理论的出发点；提出了进行产业国际竞争力分析的理论基础、分析范式和分析方法，在对中国工业品总体竞争力分析的基础上对工业内部各产业的国际竞争力进行了实证研究。在企业竞争力计量方面，提出了不同于美国波特教授有关企业竞争优势的成本、差异化和聚焦“三来源”的规模、效益、人气指数的模式，建立了“中国企业竞争力监测指标体系”，对中国的上市公司竞争力进行了监测评估，出版了《中国企业竞争力报告》，是国内第一本关于企业竞争力的报告。①

中国社会科学院裴长洪研究员就利用外资和产业国际竞争力问题进行了研究，对国际竞争力的来源（特别是马克思经典著作关于竞争力的来源）、产业竞争力分析的主要方法进行了探讨，提出了显示性和分析性两类竞争力评价指标，前者用来说明产业国际竞争力的结果，后者用来解释产业国际竞争力的原因。②

张金昌比较全面地剖析了波特的产业国际竞争力理论并提出了自己的产业竞争力分析框架和评价指标。他认为产业实现利润总额、资产利润率、产业增加值、产业生产率以及产业出口份额等是进行产业竞争力评价的比较好的指标；一国产业的竞争力，是由发展该产业所需的资源条件、将这些资源变成竞争优势的能力以及与其相适应的环境条件所决定的。③

2003年，中国人民大学竞争力与评价研究中心分别发表《中国31省市农业竞争力评价报告》《中国31省市制造业竞争力评价报告》

---

① 金碚：《中国工业国际竞争力——理论、方法与实证研究》，经济管理出版社1997年版。

② 裴长洪：《利用外资与产业竞争力》，社会科学文献出版社1998年版。

③ 张金昌：《国际竞争力评价的理论和方法》，经济科学出版社2002年版。

《中国31省市服务业竞争力评价报告》《中国31省市旅游业竞争力评价报告》，建立了中国产业竞争力的评价体系。

2. 科技竞争力研究

随着竞争力研究在国内的兴起，针对科技竞争力研究的成果也不断增加。经济体制改革研究院、中国人民大学、深圳研究开发研究院共同研究发表的《中国国际竞争力发展报告（1999）——科技竞争力主题研究》，以科技竞争力为研究主体，全面描述和分析了中国科技竞争力状况以及科技竞争力同其他国家竞争力要素之间的相互作用关系；李阳主编的《福建省科技竞争力比较分析》一书中，构建了科技竞争力评价指标体系，包含4个一级指标、10个二级指标、45个三级指标；艾国强、杜祥瑛（2000）对16个样本国家科技竞争力进行综合评价和国际比较，论述了我国科技竞争力在世界所处的地位，就若干指标与印度、巴西进行比较；游光荣、狄承锋（2001）提出了我国地区科技竞争力评价指标体系，并与地区经济实力评价结合，评析了我国东、中、西部地区的科技竞争力；刘国新、李明充等（2002）在搜集大量相关数据基础上，应用层次分析法将中国科技竞争力和五个发达国家及四个发展中国家进行了比较，提出了提高中国科技竞争力的相关建议；徐元旦（2005）通过对中国科技创新能力、科技投入以及人才状况等方面的国际比较分析，参考国际先进科技体制和政策的经验，对建设我国国家创新体系、增强科技竞争力提出了若干对策建议；曹俊文（2009）运用层次分析法对我国30个省（市、自治区）进行了科技竞争力分析，并对各省（市、自治区）科技竞争力进行分类和排序。当前，我国对科技竞争力的研究集中表现在以下几个方面：一是针对每年WEF和IMD发布的报告中我国科技竞争力的排名进行分析，探讨排名变动的原因；二是从区域或省域的角度对科技竞争力进行评价和比较的比较多；三是较多的研究是具体针对某个省（市、自治区）或某个产业的科技竞争力的分析。

三　当代中国对竞争力理论研究的评价

中国对竞争力问题的研究是建立在国外较为成熟的理论和方法的基础上的，研究的思路基本上是先从理论上对研究的对象进行概念和范围的界定，然后依据现实构建理论模型和评价指标体系，再根据不同的评价方法对研究对象进行具体的评价，得出相应的结论。虽然我国的研究机构和学者的研究思路与国际上的研究思路相似，但是也体现了一些适合我国国情的研究特色。如我国的竞争力问题研究大多立足于我国的国情，从社会主义市场经济的实际出发，研究我国经济发展中特有的问题；我国地大物博，经济发展内容丰富而复杂，这也为我国竞争力问题研究提供了宽泛的素材和丰富的研究对象；中华民族五千年的文明和灿烂的文化中也不乏竞争的思想和演绎，这些思想与西方经济学的思想截然不同，也为我国竞争力问题研究注入了不同的文化元素和思维方式。正是这些独有的特征使我国对竞争力问题的研究不断创新，开创出了具有中国特色的竞争力问题研究之路，由于我国研究起步晚，在该问题研究上也存在诸多不足。

（一）当代中国对竞争力理论研究的创新

经过了几十年的研究进展，我国从一开始主要沿用国际上的竞争力理论和评价体系，到逐渐进行改造创新，试图构建适合我国国情的竞争力研究理论和方法体系，取得了较大的进展和突破。归纳起来，当代中国对竞争力理论研究的创新主要体现在以下几个方面：

（1）适应了我国社会主义市场经济发展的要求

竞争是市场经济发展的本质属性，是推动市场经济发展的不竭动力，只要有市场经济存在的地方就一定会有竞争。社会主义市场经济也具有市场经济的一般特征，也充分尊重市场规律的自由竞争、资源配置等作用，但是社会主义市场经济也强调必要的干预和调节。当前，我国竞争力问题的研究既强调市场主体之间的自由竞争，着重考察各个竞争主体竞争能力的强弱，又充分认识到我国正处于社会主义初级阶段，社会主义市场经济发展还很不成熟和完善，各个竞争主体竞争能力的发挥还有很大的空间。如我国开展的区域经济竞争力、省域经济竞争力、城市竞争力等问题的研究就是着眼于我国经济发展的行政区划，因为在我国经济体制转轨时期，行政区域经济仍然是推动中国经济发展的重要动力源，行政区域对资源的争夺力是市场经济发展中异常活跃的因素。因此，在对我国的竞争力理论分析中，政府的作用往往是竞争力来源的重要组成部分，也使得竞争力问题研究更加适合我国的国情。

（2）大大拓宽了竞争力研究与评价的范围

国外开展竞争力研究与评价从地域范围来看，主要是开展国际或国家竞争力问题研究，从行业部门来看，开展产业竞争力和企业竞争力研究居多，因为国外地域范围划分比较简单，而且开展竞争力研究主要是发达国家，这些国家经济发展已经达到较高层次和水平，它们更注重在世界范围内谋求竞争地位的提升。我国对竞争力研究和评价的范围相对而言宽泛得多，我国还处于发展中国家阶段，国内区域经济发展不平衡，各区域、各行业为了争取更多的政策资源展开了激烈的争夺，无论在国内还是在国际上，我国经济发展都充斥着竞争。这也大大地拓宽了我国竞争力研究与评价的范围，不仅有研究国际竞争力的，还有研究国内区域竞争力、省域竞争力、城市竞争力、县域竞争力等不同区域范围的，不仅有研究宏观经济竞争力的，还有研究中观层面、微观层面的，共同构成了我国丰富的竞争力研究体系，也能从更加广阔的视角来理解不同层面的竞争力内涵，为推动竞争力理论体系的发展注入更多新鲜因素。

（3）竞争力评价指标体系内容更加丰富

对竞争力强弱的判断必须建立一套客观的评价指标体系和评价标准，无论是国际还是国内的研究中，建立一套科学的评价指标体系至关重要，竞争力评价指标体系的研究是竞争力理论研究的重要组成部分。我国在竞争力评价指标体系研究上主要有两种方式：一种是在充分借鉴 WEF 和 IMD 评价指标体系基础上，结合研究对象实际情况进行相应指标的增减和改造，基本上还是援引了国际上主流的评价指标体系框架；另一种是从我国国内的实际出发建立评价指标体系，力求指标体系能更加切合我国经济发展的实际，客观上了也推动了我国竞争力评价指标体系的创新。与国际上竞争力评价指标体系相比，我国竞争力评价指标体系内容更丰富，有些研究机构和学者建立的指标体系中四级指标达 200 多个，而且在指标体系中，不仅包括硬指标，还有软指标，不仅考虑到外部环境因素，也充分体现了内部的影响因素。指标体系涵盖的范围更广，考虑更加全面，也使得评价结果更加客观。

（4）有力地促进了经济学学科的融合与发展

从竞争力理论的产生和发展历程来看，竞争力理论萌芽于经济学学科领域，但是其发展沿着两条线展开：一条是在经济学学科领域的发展与创新，另一条是在管理学学科领域的拓展与创新。从经济学角度来看，西方经济学的竞争力理论一直是从属于微观经济、市场经济理论体系的。我国在竞争力理论的探索和发展中，由于竞争力研究的领域更为宽泛，方法更加多样，广泛地融入了宏观经济学、微观经济学、计量经济学、产业经济学、发展经济学等多门经济学科的理论知识和分析方法，推动了竞争力理论研究融入经济学学科多门知识，以竞争力研究为纽带，客观上促进了经济学多门学科知识的融合。在汲取多门学科知识基础上融入竞争力理论研究的独有理论，竞争力经济学的学科分支呼之欲出，可以预见，竞争力经济学作为一门独立的学科将会取得很大的发展，这也将大大丰富经济学学科体系。

（二）当代中国对竞争力理论研究的不足

虽然我国对竞争力理论研究取得了较大的突破和进展，竞争力的理论体系不断丰富完善，但是毕竟我国对竞争力的研究起步晚，相对于西方国家几百年的研究历史而言，我国的研究只有几十年。理论研究是一个长期积累和沉淀的过程，当前我国对竞争力理论研究还有很多值得努力和深化的地方。

（1）开展竞争力评价研究多于理论研究

虽然当前我国竞争力研究非常广泛，研究的机构和学者也很多，但是从大量的研究成果可以看出，竞争力研究中开展评价研究多，而开展理论研究相对较少。很多研究是建立在国外竞争力理论基础上或是其他学者的理论框架上，只是把分析的对象换成了国内的情况而已，即使进行理论上的探讨，也仅仅是对概念或定义进行界定，很少建立相应的理论框架或理论模型。这就使得大量的竞争力研究成果变成了竞争力的评价结果，理论价值低，推广应用的价值也低，在没有相关理论体系支撑下而得出的结果，其准确度和实用性也大打折扣，这样的研究实质是毫无意义的。评价只是一种方法和手段，更重要的是要建立起一种普遍适用的理论框架，探寻竞争的规律性，因此，未来的竞争力研究应更加着重于理论研究层面的拓展。

（2）评价指标体系创新不足

当前我国的竞争力研究中，虽然开展评价研究的多，而且多数学者都会通过建立相应的评价指标体系进行尽可能科学客观的评价，但是从这些指标体系来看，创新依然不足。早期的竞争力评价指标体系基本上是沿用了 WEF 和 IMD 的评价指标体系，虽然这两大国际研究机构的指标体系具有较高的权威性，但是并不完全适合我国国情，也有一部分学者对指标体系进行改造，但基本上不能跳出整体评价框架的束缚。在近年来的竞争力研究中，开展竞争力研究的学者越来越多，但是科学性和严谨度也受到质疑，很多学者建立的评价指标体系带有很大的任意性，经不起推敲，仅仅是为评价而评价，而不注重评价的理论价值和应用价值。因此，要提高竞争力评价结果的科学性和准确性，还应进一步从中国的实际出发，从当前社会主义市场经济出发对评价指标体系进行不断的探索和反复验证。

（3）过于偏重竞争力结果的分析

开展竞争力研究目的是通过对竞争力的比较评价探寻竞争力演变的规律，从变化规律中总结竞争力变化的动因，进而找到提高竞争力的对策。竞争力的评价只是一个过程和手段，并不是研究的最终目的。然而，我国当前竞争力研究中多数研究过于偏重对过程的分析，侧重于分析如何寻找数据、如何排名等，运用了复杂的数学公式和模型，将研究的重点放在方法的突破上，而评价分析的结果却过于简单，给人感觉是仅仅为了排名而排名，而对为何造成这种排名结果却没有给出答案，陷入了本末倒置的误区。这样的竞争力分析无论是在理论层面还是分析层面都显得过于肤浅，得出的结果也没有实践指导意义。竞争力问题研究的实际意义应更加注重从结果中去深入分析造成结果的原因所在，也只有和实践更加紧密地结合在一起，才能建立更加牢固的理论体系。

（4）缺乏对竞争力变化的动态前瞻性研究

竞争力虽然是竞争结果的表现，但是竞争力的大小只有通过比较才能进行判断，由于不同主体总是处在不断发展变化中，其力量对比时刻发生着变化，因此，竞争力也是一个不断变化的量。这也意味着，对竞争力的评价分析所得的结果只是代表以往和当前的实力水平，以及未来发展变化的起点和基础，不能代表未来的变化趋势。要预知竞争力的变化趋势，还要对竞争力的发展变化进行动态的前瞻性评判。我国当前对竞争力的分析研究大多数是开展对现实竞争力水平的评价和测度，从静态的角度评判当前竞争力水平的高低，而开展竞争力预测研究较少，很少对竞争力发展趋势进行展望。竞争力是一个不断发展变化的量，应该以动态的眼光来看待竞争力问题的研究，只有把动态研究和静态研究有机地结合在一起，才能让竞争力理论体系更加丰富、更加完整。

第三章　西方经济学与竞争力理论演化

第一节　西方经济学竞争力理论的演化历史

竞争是人类与生俱来的一种行为，在经济学产生之前，竞争就已经广泛存在了，经济学萌芽和发展后，人类在经济活动中的各种经济行为自然就被纳入经济学家的研究视野，可以说，对竞争的研究是贯穿于经济学发展的整个历程中，几乎所有主要的理论体系，都是围绕“竞争”这一轴心建构起来的，正是竞争力理论的注入使得整个经济学理论体系变得更加丰富和充实。从古希腊、古罗马时代经济学萌芽开始，每一个时代的经济学派都无一例外地开展了对竞争力的研究，在《国富论》《垄断竞争理论》《产业组织论》等一系列经典的经济学著作中，我们都能看到经济学者们对竞争力问题研究的思想脉络，迄今为止，对竞争力问题的研究仍然是国际、国内经济问题研究的焦点。梳理西方经济学竞争力理论的演化历史，可以清晰地看到经济学者们对竞争力问题研究的轨迹，更加深刻地理解竞争力的内涵和竞争力理论的根基，为进一步拓展竞争力研究奠定基础。

“竞争”与“竞争力”是两个不同的概念，竞争代表的是一种行为，是一个动态的过程，竞争力代表的是一种竞争的能力，是开展竞争的依据和结果。两者概念虽然不同，但却是相互联系、不可分割的。从经济学萌芽开始的一个较长时间内，经济学者们主要开展的是对竞争的分析，他们并没有对竞争和竞争力两个概念进行区分，而是将两者混合在一起。真正将竞争和竞争力区分开是在 20 世纪下半叶之后才开始的。竞争力不能脱离竞争而独立存在，只要有竞争存在的地方就一定会有竞争力在发挥作用，应该说，西方经济学者对竞争理论的发展和演变其实就是竞争力理论的发展与演变。

从竞争力理论产生和发展整个历程来看，可以把西方经济学对竞争力理论的研究划分为四大阶段，即竞争力理论萌芽、传统竞争力理论、现代竞争力理论、当代竞争力理论（见图3－1）。每一个时期又可以再分为不同的经济学流派的竞争力观点和理论。在西方经济学的竞争力理论中，都是以市场竞争为背景的，“自由竞争”“完全竞争”“垄断”“效率”等是贯穿于其中的关键词，不同学派围绕着竞争理论进行论争、批判、拓展、完善等都是为了能寻求一种最有效率的市场模式。

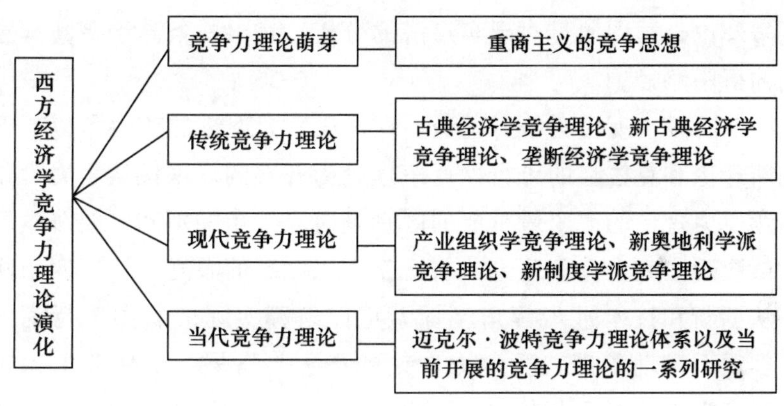

图3－1　西方经济学竞争力理论演化

第一阶段：竞争力理论萌芽。重商主义时期是竞争力理论的萌芽时期，虽然还不能构成理论体系，但是当时的经济思想中已经蕴含着丰富的竞争力思想，集中体现在商业经济流通中自由市场经济运行机制、对外贸易国际市场的拓展、国家对保证财富增长的干预等理论中。重商主义时期竞争思想中，有关人是自利的观点是新古典经济学经济人假设的思想源泉，而经济人假设又是竞争力理论形成的前提条件。

第二阶段：传统竞争力理论。古典经济学是竞争力理论的真正开端，他们提倡市场的自由竞争，反对国家干预经济生活，提出“自由放任”的口号，形成了“经济人”假设、市场机制、竞争机制、政府政策、贸易政策等一系列重要的理论和观点，将竞争力理论深入贯彻到分工、贸易、生产、分配、交换、消费等经济活动的各个领域中。新古典经济学竞争力理论继承了古典经济学理论中自由竞争的思想和理念，但是分析的角度却截然不同，古典经济学倡导的是对过程的动态描述，而新古典经济学家则从结果的角度进行静态竞争分析，并且试图通过数理分析方法建立起完善的理论体系。新古典经济学家把完全竞争市场作为最理想的市场模式，以价格理论为中心，提出了市场均衡。但是新古典经济学家对完全竞争市场严格的假设条件也受到了垄断经济学家的质疑，垄断经济学家提出了垄断竞争理论和不完全竞争理论，试图通过对现实经济的分析，找出一条介于垄断和竞争之间的折中路径。

第三阶段：现代竞争力理论。现代竞争力理论的产生是以熊彼特的创新理论和克拉克的可行性竞争理论为开端的。现代竞争力理论与传统竞争力理论的一个最重要的区别是研究视角的不同，经济学家们开始试图跳出完全竞争理论分析框架，以动态的眼光，从现实市场出发，从创新和技术进步等角度探索更能解释实际市场竞争行为的理论，客观上推动了现代竞争力理论的产生与发展。现代竞争力理论中，经济学者们不再把完全竞争市场视为最有效的市场和追求的目标，哈佛学派的市场结构—市场行为—市场绩效的分析框架为产业组织分析和现代竞争力理论探讨提供了全新的思路，之后，芝加哥学派的批判和改进、可竞争市场理论的拓展、新奥地利学派竞争理论、博弈论、新制度经济学派交易费用论等理论的延伸都不同程度地推进了产业组织学竞争理论研究的深化，并推动了竞争的分析从宏观市场层面向中观产业层面和微观企业层面的拓展和应用。

第四阶段：当代竞争力理论。当代竞争力理论的研究适应了全球化、信息化和高新技术发展的需要，竞争已经不再局限于国内市场上少数企业的较量，竞争已经随着国际贸易和国际投资蔓延到全世界，如何增强一国在国际上的竞争力水平，提升国际竞争地位，成为新的历史时期各国较量的新途径。国家竞争力研究开始兴起和发展起来。迈克尔·波特的“竞争三部曲”堪称当代竞争力理论的基石，在波特以及一系列研究机构的研究带动下，竞争力研究在国际和国内，在宏观、中观、微观等多维层面上全面开展起来，形成了丰富的竞争力理论和科学的研究方法，对竞争力开展比较评价研究也开始全面地展开了。

第二节　古典经济学之前竞争力理论的萌芽

纵观人类的发展历史，从未停止过竞争，人类的进化和产生的过程本身就是自然界相互竞争、相互淘汰的过程。恩格斯曾说：“我们的猿类祖先是一种社会化的动物，人，一切动物中最社会化的动物，显然不可能从一种非社会化的最近的祖先发展而来。”“物竞天择，适者生存”，这是竞争永恒的规律。在商品经济产生以前的原始社会，人类同自然界相互竞争以更好地适应生存环境并进而改造自然环境，各个氏族部落之间的竞争也逐步改变了原始社会平等的局面，推动着人类进入阶级社会。在奴隶社会和封建社会森严的等级制度下，无论统治阶级如何进行统治和镇压，也压抑不住阶级之间竞争的态势。随着商品经济的发展，商业之间的竞争也逐渐兴起。恩格斯在《德国农民战争》一书中指出，中国发明的印刷术和火药经阿拉伯传入欧洲，使当时死气沉沉的欧洲充满了生机，从而“大大促进了当时手工业的发展，商业也以相同的步伐随着工业前进。……当汉萨同盟已经敌不过英国人和荷兰人竞争的时候，德国的城市，如纽伦堡等已经发展起来”①。到了封建社会末期，地主之间、手工业者之间的竞争更加激烈，加速了社会阶层的分化，也促进了资本主义的萌芽，资本主义社会是商品经济高度发达的社会，资本也“通过竞争为自己开辟自由的

① 《马克思恩格斯全集》第 7 卷，人民出版社 1974 年版，第 386 页。

道路”①。

在资本主义社会之前，竞争虽然已经广泛存在于经济社会生活中，但是有关竞争问题的研究却没有引起学者们的关注。一般认为，西方经济学的研究是从重商主义开始的，重商主义学者们以流通领域经济为分析的出发点，反映了资本原始积累时期商业资本的利益和要求，同时也探讨了市场经济是如何形成和运行的，对竞争力问题的研究随之开始进入学者们的研究视野。

一 重商主义竞争思想产生的背景

重商主义是资产阶级最初的经济学说，其产生于15世纪，当时西欧社会正处于封建社会瓦解和资本主义萌芽阶段，新兴的资产阶级迫切需要新的思想理念来加速旧制度瓦解并为新制度建立提供理论基础。地理大发现和新航路的开辟，刺激着西欧国家商业、航海业和工业的发展和繁荣，促进各国国内市场的统一和世界市场的形成，也推动对外贸易的发展。率先发展对外贸易的西班牙和葡萄牙等国从对外贸易和殖民掠夺中尝到了大量货币流入的甜头，引起了荷兰、英国等国家围绕海上霸权和海外殖民地开展争夺。同时，这一时期也正处于资本原始积累时期，商品经济迅速发展需要有更多的货币投入流通领域，引发了对货币和财富的狂热追求。为了更好地维护商业资产阶级的利益，积极参与国际商业竞争以积累更多的货币财富，重商主义作为富国富民的手段，为各国专制君主所推崇，并且出台了一系列支持商业资本发展的政策措施，专制王权与工商业资本更加紧密地结合在一起，为解释这些政策以及为统治阶级更好地制定政策，重商主义思想应运而生。

重商主义理论的发展经历了两个阶段：早期重商主义（15世纪至16世纪中叶）主张在对外贸易流通中通过绝对的多卖少买增加金银等货币的输入，禁止货币输出，力求用行政手段控制货币运动，尽可能地积累起最大的货币财富；晚期重商主义（16世纪下半叶至17世纪中叶）放松了货币输出，认为要促进对外贸易发展，积累更多的

① 《马克思恩格斯全集》第42卷，人民出版社1979年版，第67页。

货币财富，不仅要多卖，也要多买，只要卖大于买，流入的货币大于流出的货币就可以了。虽然早期和晚期重商主义者关于如何发展对外贸易、积累财富的观点不同，但是他们都认为货币是财富的基本形式，国家的富裕程度是通过货币财富的多寡来衡量的，通过发展对外贸易和殖民扩张输入金银货币是增强一国实力的主要途径。重商主义思想理论中虽然没有直接阐述竞争思想和理论，但是已经蕴含了竞争的理念，明确表示了国家财富积累的目的是为了增强国家的实力，是为了更好地进行海外殖民扩张和占据贸易竞争优势。重商主义理论思想反映了世界市场开拓进程中国家之间的竞争，反映了新兴商业资产阶级利益同没落的封建贵族利益之间的争夺，反映了资本主义萌芽的新制度建立的强烈冲动同腐朽和日益走向衰败的封建制度之间的竞争。重商主义思想中虽然有强烈的竞争冲动，但并没建立起竞争守则，在行动表现上更多仍依托强权和冲突。

二　重商主义有关竞争思想的表现

重商主义者的竞争思想集中体现在商业经济流通中自由市场经济运行机制、对外贸易国际市场的拓展、国家对保证财富增长的干预等理论中，他们有关竞争的观点主要表现在以下几个方面：

（一）竞争是自我利益表现的重要途径

从重商主义到古典经济学时期，有关“人是自利的”观点已经被广为推崇，当时的经济学家们普遍认为人的自利性行为是合理的，是可以服务于有用的目的，应该允许每一个人按照自己的利益开展行动，因为大多数人并不希望因为道德或者实践性的理由而把自我利益控制在一定的程度范围内。《论英国本土的公共福利》有很多的论述是关于自我利益的，书中认为“每个人会自然地到那些他认为有最大盈利的地方去”，其中还举了谷物生产的例子，谷物生产因圈地运动而减少，如果允许农夫们“从中获取谷物更大的利润，并始终给他们以出售谷物的自由——如允许他们像自由做其他事一样”，“庄稼人通过自由输出和销售小麦，获利颇丰。因此可以看出，每个人都自然会趋向他认为可以从中得到最大利益的行业”，那么谷物就会恢复生产，书中认为这正是利用了人们的自我利益而实现降低谷物价格的目的，因为人们在追求自我利益实现的同时就是为了保证自己能获得最大的利润，正是这种自我利益外在地表现为人们自然而然地在市场上开展竞争，进而引起商品价格的波动。

与《论英国本土的公共福利》同一时期的另一本小册子《英格兰王国通向繁荣的财富与不动产的政策》也表现了竞争是自我利益实现的重要途径的观点。书中认为“每个人将以他可以得到的最高价格出售其产品”，其中也谈及了圈地运动，“因圈地运动减少了耕地，因此造成食物价格的昂贵”，因为“独占者的数量是如此地少，以致使他们拥有了垄断力”，作者也提出了要解决这一问题“并非低价格的确定会解决重要的问题，但它必定会根除高价格带来的机会，这个机会便是供给的降低”。这表明了重商主义者已经意识到只有尊重个人的利益，调动生产者的积极性，才能增加市场竞争的主体，打破垄断，他们把竞争的过程看作是自我利益实现的过程，自我利益是人的本性，是不可避免的，因此，竞争也是不可避免的。

（二）充分利用市场规律开展商业竞争

重商主义时期市场经济已经萌芽，市场经济自动运行机制也已经初步开始发挥作用，部分重商主义者意识到市场上客观存在着一种不以人的意志为转移的机制作用，会自发地调节产品的供求和价格。早期的重商主义者在《论英国本土的公共福利》一书中就已提到：“小麦丰收，1 亩地有以往 2 亩地的产量，因而售价非常便宜……要是偶然碰到小麦歉收的年份，我们就一定会发现小麦的价格与以往大不相同，变得极端高昂。”① 在这里，重商主义者已经看到了市场价格会受供求的影响。晚期重商主义者更进一步地认识了市场规律及其作用，并在对外贸易中发现这一规律对国际商业竞争会产生重要的影响。托马斯·孟指出：“从近年来的良好经验中我们知道，由于我们能够在土耳其以低廉的价格出售我们的纺织品，所以我们已经大大地增加了它的销路，而威尼斯人的纺织品却因为索价较高，在那些国家里已经

① ［英］伊丽莎白·拉蒙德编：《论英国本土的公共福利》（中译本），商务印书馆 1989 年版，第 64 页。

没有什么销路了。而从另一方面来看，在几年以前，当时我们的纺织品因为羊毛价格过高以致价格奇昂，因此我们输出到外国去的衣服至少减少了一半，其后也只是因为羊毛和纺织品价格大落，才能够（很接近地）再行恢复。……在纺织品贵的时候，别的国家就立即要从事衣着的制造，并且我们知道它们做这种工作，并不缺乏技巧或原料。但是当我们降低价格的时候，我们就可以把它们从这门行业中赶出去，当我们再行提价的时候，它们便也会再施故计以资挽救。”① 托马斯·孟已经明确地表示出在国际市场上价格竞争的重要作用，价格是竞争的重要手段，而且他已经提到了比较利益是是否进行自我生产的重要依据，只有当自己生产的价格低于别国同类产品在本国的销售价格时才有生产的必要。这也表明了重商主义者已经意识到在国际市场开拓中要顺应市场规律，充分利用市场规律开展商业竞争。

可见，重商主义者论述的市场规律和自由的市场竞争与追随其后的古典经济学的市场经济理论是一脉相承的，为古典经济学有关市场竞争理论的深化提供了前提和基础。

（三）国家是维系竞争实力的重要保障

重商主义者虽然推崇商业经济运行的自由性，但是他们同时也主张国家的重要性，认为一个国家要保持在商业经济和对外贸易中的竞争优势，离不开国家对经济生活的干预。他们提出的国家干预政策主要有垄断对外贸易、颁布保护商业及工业的法令、奖励和监督工业生产、限制或禁止货币输出或商品进口、保护关税等。

安图安·孟克列钦于 1615 年发表了《献给国王和王后的政治经济学》一书，在历史上首次提出政治经济学的名称，他明确指出国家应该要保护商人的利益，反对外国商人在法国从事商业活动。柯尔培尔是法国重商主义的实践家，他在担任法国财政大臣期间，实行了一套极端的重商主义政策，被称为柯尔培尔主义。他主张实施保护关税政策，限制外国工业品的输入，同时又鼓励对工业所需的原料等进行

① ［英］托马斯·孟：《英国得自对外贸易的财富》（中译本），商务印书馆 1965 年版，第 7 页。

进口，增加了法国商业、工业资本家的竞争能力。他还主张要扩展对外贸易，必须加强海上的威力，因为国际市场有限，只有力量雄厚并占据首位，才能成为战争与和平的裁判者。[①] 英国重商主义者托马斯·孟也认为，许多治理得好的政府，都极其重视对外贸易，精心爱护这种工作，“不仅施行使之日益增进的政策，而且还用实力来加以保护，以防外来的种种损害”，这是“一个国家正当的原则”。[②] 达维南特也认为政府应该加强对贸易的干预：“关于贸易，政府应当在总体上像上帝那样加以仁慈的照管……如果立法机构和行政机关不运用其全部聪明才智积极干预的话，我们恐怕就会丧失我国对外贸易中最大、最有利可图的那一分支。”[③] 在重商主义者的眼里，国家对商业经济的干预就是为了保证商业资本家利益的实现，就是更好地维护一国的国际贸易竞争地位，这一政策主张与自由市场竞争的主张并不矛盾，因为国家干预政策主要针对对外贸易方面，并不是对本国的商业进行限制，而是对与本国争夺利益的竞争者的限制和排斥，其根本目的在于增强本国商业的竞争实力，这与遵循市场规律开展商业竞争的目的是一致的，是为了更好地促进自由商业竞争的开展，为自由商业竞争提供更多的政策支持。重商主义的这一思想理念也成为古典经济学家论述政府与市场关系的理论参考。

第三节　古典经济学竞争力理论的形成

资产阶级古典政治经济学产生于17世纪中叶，完成于19世纪初，这一时期正处于资本主义制度从萌芽到上升的阶段，古典政治经济学的理论力图论证资本主义制度的优越性，反对重商主义以及商业

① 陈孟熙主编：《经济学说史教程》，中国人民大学出版社2002年版，第43—44页。

② ［英］托马斯·孟：《英国得自对外贸易的财富》（中译本），商务印书馆1965年版，第89页。

③ ［英］查尔斯·达维南特：《论英国的公共收入与贸易》，商务印书馆1995年版，第198—201页。

资本所维护的各种垄断，反对国家干预经济生活，提出“自由放任”的口号。他们第一次将经济研究的视角从流通领域转向生产领域，并认为在整个生产过程中存在着自由竞争，市场由一只“看不见的手”来自动调节供给和需求，引导资源的配置，经济活动中占统治地位的是“自然的”和“永恒的”规律，不需要任何的国家干预。古典经济学主要出现在英国和法国，并且主要在英国取得了较快的发展，如果重商主义只是竞争力理论的萌芽，那么古典经济学理论中已经正式开展了对竞争的分析。他们崇尚自由竞争的理念，认为只有自由竞争才最适合经济的自然规律。以威廉·配第、亚当·斯密、大卫·李嘉图等为代表的经济学家们从社会分工、市场机制、国际贸易、国家作用等角度阐述了自由竞争的原理与机制，形成了较为完善的自由竞争理论。古典经济学家们的竞争理论主要体现在以下几个方面：

一　分工能通过提高生产力水平进而提高竞争水平

在《国富论》中，亚当·斯密第一次提出了劳动分工的观点，并全面而系统地阐述了劳动分工对提高劳动生产率和增进国民财富的巨大作用。斯密指出：“劳动生产力上最大的增进，以及运用劳动时所表现得更大的熟练、技巧和判断力，似乎都是分工的结果。”① 斯密举出了著名的制针手工场的例子，从劳动专门化、节约时间、节约劳动等方面分析了分工之所以能提高劳动生产力的原因。斯密还考察了工场手工业内部的分工和社会的分工，认为分工都能提高劳动生产率，一个人的生活必需品都是无数人分工合作的结果。他指出：“考察一下文明而繁荣的国家的最普通技工或日工的日用物品吧！你就会看到，用他的劳动的一部分（虽然只是一小部分）来生产这种日用品的人的数目，是难以数计的。”“各种行业之所以各个分立，似乎也是分工有这种好处。一个国家的产业与劳动生产力的增进程度是极高的，则其各种行业的分工一般也达到极高的程度。”② 在斯密的眼里，分工

---

① ［英］亚当·斯密：《国民财富的性质和原因的研究》（上卷），商务印书馆 1972 年版，第 5 页。

② 同上书，第 7 页。

是提高劳动生产率和增进国民财富的根本原因，而国民财富是一个国家强大的重要保证，虽然斯密没有直接提出分工能提高竞争力，但是他指出国家财富和国家强大其实质就是一国竞争实力的表现。

其实，在亚当·斯密之前，威廉·配第就已经看到了分工和专业化的生产对节约劳动和提高劳动生产率的重要作用和意义。他在《论人类的繁殖》一书中，已经像亚当·斯密在论述分工时举出的制针业例子那样举出了制表业的例子，他还进一步探讨了技术和简单劳动之间的关系，认为分工可以促进技术进步，并且实现技术对劳动的替代。他说，“假定我使用这种简单劳动，在一千天里能够耕耘播种一百亩土地；再假定我用了一百天的时间来研究一种更省事的方法，并制造出一种省事的工具；在这一百天里完全没有耕耘土地，可是在其余的九百天里我却耕耘了二百亩土地；那么我认为，这种只花费了一百天时间的发明技术就永远值一个人的劳动”①。他认为技术不仅可以替代简单劳动，而且可以大大节约劳动。配第不仅鼓励本国的技术改进，也提倡学习别国的先进技术，并且认为技术的提升可以提高一国的竞争实力。他指出，为了学到荷兰的较高技术以便胜过他们，应将他们较优秀的劳动者吸引过来，或是将本国的聪明人士送往那里去留学。

二 竞争在商品价值形成中具有重要作用

劳动价值学说是古典政治经济学的一个重要理论贡献，古典政治经济学者们把研究的角度从流通的领域转入生产领域，否定了重商主义者认为价值财富从流通中产生的观点，认为价值是由劳动决定的，在形成价值的劳动过程中充满了竞争，威廉·配第是最早提出用劳动时间来测量商品价值量的学者，他在《赋税论、献给英明人士、货币略论》一书中就举例说：“假如一个人在能够生产一蒲式耳谷物的时间内，将一盎司白银从秘鲁的银矿中运来伦敦，那么，后者便是前者的自然价格。”② 很显然，配第已经明确指出了商品的价值是由生产商

---

① ［英］威廉·配第：《配第经济著作选集》，商务印书馆1983年版，第58页。

② ［英］威廉·配第：《赋税论、献给英明人士、货币略论》，商务印书馆1963年版，第52页。

品的劳动时间决定的。配第进一步指出，商品价值的大小以劳动生产率为转移，如果劳动生产率提高，商品的价值量就会下降，劳动生产率和商品的价值量成反比，配第虽然没有直接提到竞争，但是已经看到了要通过提高劳动生产率来降低商品的价值量，进而降低商品的价格，以增强商品在市场上的竞争力。

布阿尔吉尔贝尔是较早主张自由竞争的学者，他在分析农业生产、农产品价格和生产费用时，已经在无意中将商品的交换价值归结为由劳动时间决定了。马克思在分析他的劳动价值的观点时写到："他用个人劳动时间在各个特殊产业部门间分配时所依据的正确比例来决定'真正价值'，并且把自由竞争说成是造成这种正确比例的社会过程。"① 按照布阿尔吉尔贝尔的说法，自由竞争可以使劳动在各产业部门之间按照正确的比例进行分配，从而使交换价值由劳动时间决定。

亚当·斯密最早明确地提出劳动决定价值的理论，并且对其中的劳动进行了深入的探讨，在其价值理论中，他探讨了商品价值量变动的因素，认为商品的价值量同耗费的劳动量成正比，同生产商品的劳动生产率成反比，斯密特别强调分工和技术进步对提高劳动生产率的作用，"改良会自然而然地产生逐渐降低一切制造品价格的结果"②。在坚持劳动价值论的同时，斯密同时又提出了工资、利润、地租三种收入决定价值，并把这三种收入决定的价值称为"自然价格"，从价值理论中进一步发展出价格理论。他认为，在竞争条件下，商品总是会趋向按自然价格出售，但是市场竞争机制的存在往往会使得自然价格和市场价格不一致，"自然价格可以说是中心价格，一切商品价格都不断受其吸引。各种意外事件，固然有时会把商品价格抬高到这一中心价格之上，有时会把价格强抑到这一中心价格以下，可是，尽管有各种障碍使得商品价格不能固定在这恒固的中心，但商品价格时时

① 《马克思恩格斯全集》第13卷，人民出版社1962年版，第43—44页。

② ［英］亚当·斯密：《国民财富的性质和原因的研究》（上卷），商务印书馆1972年版，第26页。

都向着这个中心”①。可见，斯密已经明确地指出了供求的竞争对价格的影响，也为其进一步分析市场机制和竞争机制奠定了基础。

三 “看不见的手”和自由主义的政策主张

亚当·斯密的自由竞争理论是建立在其对“经济人”和“利己心”分析基础上的，人的本性决定了在经济活动中每个人都追求自身利益的最大化，“要想仅仅依赖他人的恩惠，那是一定不行的。但如果能够刺激他们的利己心，使有利于他，并告诉他们，给他做事，是对他们自己有利的，他要达到目的就容易得多了”②。在追求个人利益的同时会增进整个社会的福利，“各人都不断地努力为自己所能支配的资本找到最有利的用途。固然，他所考虑的不是社会的利益，而是他自身的利益，但他对自身利益的研究自然或者毋宁说必然会引导他选定最有利于社会的用途”③。在利己心的支配下也使得人们之间的交换“互通有无，物物交换，互相交易”。斯密认为，实现这种利人利己交换的最好途径就是实行“经济自由”。“经济人”和“利己心”是斯密整个经济研究的前提和出发点，也是斯密提出“看不见的手”的理论前提，是斯密竞争理论的基石。

“看不见的手”的理论是斯密竞争思想最突出的表现。他把竞争的自我调节功能比喻为一只“看不见的手”，不受人们思维的支配，人们只能接受它、顺应它，正是这只“看不见的手”引导着人们在市场上的竞争行为，“他受一只看不见的手的指导，去尽力达到一个并非他本意想要达到的目的，也并不因为事非出于本意，就对社会有害。他追求自己的利益，往往使他能够比在真正出于本意的情况下，更有效地促进社会的利益”④。正是有“看不见的手”的调节，斯密主张尊重市场竞争规律，实行“自由放任”的原则，反对国家干预，“每一个人，在他不违反正义的法律时，都应听其完全自由，让他采

---

① ［英］亚当·斯密：《国民财富的性质和原因的研究》（上卷），商务印书馆1972年版，第50页。

② 同上书，第12页。

③ 同上书，第310页。

④ 同上书，第27页。

取自己的方法，追求自己的利益，以其劳动及资本和任何其他人或其他阶级互相竞争"[①]。斯密的这种主张完全自由竞争的思想是同当时处于上升时期资本主义商品经济发展相适应的，只有竞争才最有利于推动经济进步。

李嘉图也赞同斯密的自由主义经济政策的主张，进一步强调了自由竞争对市场经济发展的重要性，他认为自由竞争既保证了个人利益与社会利益的结合，也能无止境地促进社会生产力的发展。因此，他反对国家对经济活动的任何干预，在他看来，国家对经济生活的干预是违反"最大多数人的最大幸福"原则的。并认为允许资本家完全自由地进行经济活动，能使一个国家的资本按最有利于社会的方式进行分配。

四 崇尚自由贸易

古典经济学家认为自由竞争不仅适用于国内，也适用于国际，在对外贸易中应遵循自由主义的原则，实施自由贸易政策，从而将自由竞争的思想从国内的应用推广到处理国家与国家之间的经济关系。

重农学派宣扬只有自由竞争才适合经济的自然规律和人的本性，竭力提倡自由贸易政策，坚决反对行会限制，反对国家干预国内经济活动。他们认为，最可靠、最完善、最有利的国内外贸易管理原则，在于竞争和完全的贸易自由，只有在自由竞争和自由贸易的条件下，农业生产才能高涨，整个国民经济才能繁荣。斯密主张在国际上实行国际分工和对外贸易自由，按照比较优势原则开展贸易能使每个国家根据自身的条件发展其最具优势的生产部门，劳动和资本能得到正确的分配和运用，从而增加国民财富。李嘉图也反对限制自由贸易，他认为在自由贸易制度下，追逐个人利益和整个社会的普遍幸福是紧密结合在一起的，"在商业完全自由的制度下，各国都必然把它的资本和劳动用在最有利于本国的用途上。这种个体利益的追求和整体的普遍幸福很好地结合在一起。由于鼓励勤勉、奖励智巧并最有效地利用

① ［英］亚当·斯密：《国民财富的性质和原因的研究》（上卷），商务印书馆 1983 年版，第 252 页。

自然所赋予的各种特殊力量，它使劳动得到最有效和最经济的分配"①。李嘉图在论证自由贸易的优越性时，发展了斯密的国际分工理论，提出了比较优势论，他认为在对外贸易两国商品交换中，各个国家只要生产并交换具有比较成本优势的商品就可以获得更多的财富。这种鼓励在国际市场上自由竞争、自由贸易的竞争思想得到了后来的巴斯夏、穆勒等的进一步发展和推崇，为当时资产阶级对外扩张和侵略提供了理论依据。

五　竞争是资本主义经济危机的诱因

在古典经济学时代，资本主义经济危机已经相伴而生，其中，西斯蒙第是较早探寻经济危机产生原因的学者之一，并且认识到了资本主义经济危机的必然性，证明了资本主义历史的短暂性。在西斯蒙第看来，经济危机产生的原因是收入不足，即消费不足，消费决定着市场规模的大小，但是随着资本主义的发展，市场不会扩大，反而会因为人们的消费能力下降而缩小，自由竞争是导致人们消费下降的重要原因。他指出，自由竞争的结构，是小生产者大批破产而沦为无产者，小农场、小企业为大农业、大企业所代替，贫富两极分化加剧，这种分配上的不平等必然会缩小消费市场。他认为，少数富人随着收入的大量增加虽然消费也会增加，但他们增加的收入更多地用于积累以扩大生产，而不是用于消费；同时，他们增加的消费比劳动人民减少的消费又少得多。在他看来，小生产者的收入和消费是国内市场的重要支柱。因此，他断定："由于财产集中到少数私有者手中，国内市场就必定要日益缩小。"② 虽然西斯蒙第是从消费不足的角度来分析资本主义经济危机的直接原因的，但是却把自由竞争看作引起消费不足的诱因，因为他认为，在追求"商业财富"的社会中，在自由竞争的情况下，资本日益集中，资本积累增加，技术不断改进及其得到广泛应用，生产者为了争夺市场也势必会不断扩大生产。可见，在古典经济学家的眼里，已经意识到自由竞争会带来经济危机的后果。

---

① ［英］李嘉图：《政治经济学及赋税原理》，商务印书馆 1976 年版，第 113 页。
② ［法］西斯蒙第：《政治经济学新原理》，商务印书馆 1964 年版，第 215 页。

六　小结

古典经济学家第一次从经济学的角度对竞争问题进行了较为系统和全面的研究，并且在此基础上对经济学的科学性和规律性进行探讨，形成了“经济人”假设、市场机制、竞争机制、政府政策、贸易政策等一系列重要的理论和观点，将竞争理论深入贯彻到分工、贸易、生产、分配、交换、消费等经济活动的各个环节中，对推动竞争力问题研究的深入乃至整个经济思想体系的发展奠定了坚实的基础。古典经济学家的竞争思想集中体现为建立在个人利益基础上的自由竞争，自由竞争能自动引导生产者和消费者的行为，维护市场运行的规律性和秩序性，在实现个人利益最大化的基础上推动实现社会利益最大化。古典经济学家的自由竞争理论以及由此总结出的市场规律和经济规律对当前市场经济发展和政府政策制定仍具有重要的指导意义。

当然，也应看到古典经济学家的竞争理论具有深刻的时代烙印和历史局限性，这是与当时的经济背景相关的。当时的资本主义发展正处于上升时期，古典经济学发展最为强盛的英国正酝酿着第一次工业革命，工业资产阶级亟须寻找思想和理论上的支持，而自由竞争思想完全反对封建体制的束缚，抨击重商主义的过度干预，阐明了资本主义经济发展的动力和源泉，深受工业资产阶级的欢迎和推崇。同时，在资本主义经济发展的上升时期，市场的自由竞争和政府不干预政策也大大地释放了生产力，极大地调动了生产者的积极性，提高了生产效率，资本主义国家经济发展取得了明显的成效并积累了丰富的社会财富。在自由贸易政策的支持下，资本主义国家积极开展对外扩张，并凭借自身的优势建立起不平等的国际分工体系，剥削和掠夺不发达国家，这种不利影响至今仍然存在。此外，也应看到，古典经济学家的自由竞争是假设经济处于自然状态，即经济主体能及时掌握市场上各种价格和信息，能对市场状况准确了解，不需要人为的干预，显然，这也是过于理想化和不现实的，即使是发生了经济危机，也仍然是从竞争中去探寻原因，不能真正认识到资本主义制度的本质。显然，古典经济学家的竞争思想是代表资产阶级利益的，是为资产阶级服务的。

第四节 新古典经济学竞争力理论的发展

19 世纪 70 年代，杰文斯（1871）、门格尔（1871）和瓦尔拉斯（1874）各自独立地发表了以边际效用价值论为基础的新经济学著作，掀起了经济学发展史上的“边际革命”，边际主义的兴起标志着新古典经济学的产生。不同于古典学派从生产和分配过程来研究竞争，新古典学派是从结果的角度来研究竞争的，他们把竞争看作是一种市场过程最终结果的均衡状态，试图分析在什么时候、什么条件下竞争会实现局部或一般的均衡，个人利益和社会利益会达成一致，并且还进一步分析在这种均衡状态下价格是如何决定的。虽然新古典经济学继承了古典经济学理论中自由竞争的思想和理念，但是分析的角度却截然不同，古典经济学倡导的是对过程的动态描述，而新古典经济学家则从结果的角度进行静态竞争分析，并且试图通过数理分析方法建立起完善的理论体系。新古典经济学家所论述的经济均衡和利益和谐的市场竞争的最终状态被称为完全竞争。完全竞争理论正是由新古典经济学家们建立起来的，代表了新古典经济学派的竞争思想。

完全竞争理论最早可追溯到法国经济学家古诺，1838 年，他在《财富理论的数学原理》一书中，首次系统地使用了微积分来研究利润最大化行为的含义，从而也较早地开展了数理分析。后来杰文斯、瓦尔拉斯、帕累托、马歇尔等纷纷对完全竞争理论进行了拓展和补充，最终美国经济学家奈特于 1921 年在他的《风险、不确定性和利润》一书中，对完全竞争模式做了全面阐述。在这些新古典经济学家的理论中，瓦尔拉斯的一般均衡理论、马歇尔的局部均衡价格理论、帕累托最优理论等都勾勒了完全竞争市场理想状态的一系列条件，对推动市场经济发展和机制体制完善奠定了重要的理论基础。

一 完全竞争状态所需的条件

完全竞争理论是建立在一系列假定条件基础上的，新古典经济学家分析完全竞争市场主要是假设经济处于静止状态和市场具备完全竞争的条件。经济处于静止状态主要指经济发展中生产技术水平不变、人口和生产要素数量不变、收入和需求不变等。市场处于完全竞争状态主要指市场上存在大量的生产者和消费者，且他们都是完全理性的经济人；所有厂商生产的产品没有区别；买者和卖者具有完全信息，生产要素和产品能在市场上自由地流动；所有的生产者和消费者都只能是市场价格的接受者。新古典经济学家所分析的市场就是建立在这一系列假设条件基础上的完全竞争市场，将完全竞争市场视为效率最高、资源配置最优化的市场结构，并在此分析基础上凝结成了其完全竞争理论。

从边际革命中涌现出的奥地利学派和数理经济学派等学派的代表人物都对完全竞争所需的条件进行了分析。奥地利学派倡导商品的价值是由主观心理决定的主观价值论，并以此为基础建立了市场价格理论。其代表人物庞巴维克认为形成价格和促成交易均取决于一切参加交换的人的动机，他说："一切参加交换的人，是完全从追求本身的直接经济利益这一动机出发进行活动的。""在交换中利己动机在决定价格的动机中占主要的地位。"① 可见，庞巴维克认为完全竞争市场中一切参与人都是追求自身利益最大化的理性经济人。

数理经济学派的代表人物瓦尔拉斯的一般均衡理论则更加全面地分析了完全竞争市场所需的条件。瓦尔拉斯以"纯粹经济学"而闻名，按照他自己的说法，纯粹经济学是在绝对竞争假定制度下关于价格决定的理论。② 瓦尔拉斯建立了西方经济学说史上第一个一般均衡经济模型，在该模型中，各种商品的价格相互影响、相互联系，任何一种商品的需求和供给不仅取决于该商品本身的价格，而且也取决于与之相联系的其他商品的价格。当市场上一切商品的价格，使得所有市场的供给和需求都恰好相等，这时竞争的市场就达到了均衡状态，这时的价格就是均衡的价格，这种均衡也就是一般均衡。为此，瓦尔拉斯还建立了联立方程式，使用了数理方法进行分析。在一般均衡理

① ［奥地利］庞巴维克：《资本实证论》，商务印书馆 1981 年版，第 205—206 页。

② ［瑞士］瓦尔拉斯：《纯粹政治经济学纲要》（英文版），1874 年。

论中可以看出，瓦尔拉斯认为完全竞争市场中各种商品之间的价格是相互联系的，不存在对价格的干预，生产者是不能自行决定产品价格的，只能是价格的接受者。当然，瓦尔拉斯的分析本身也建立在假定的基础上，他所设立的数据是凭空设想而得的，这也使其得出的结论过于理想化。

二 完全竞争状态下价格是如何决定的

在探讨完全竞争条件的同时，古典经济学家们还进一步探讨了完全竞争条件下价格的决定，并且把这一由完全竞争市场决定的最终归于相对静止状态的价格称为均衡价格，以均衡价格为基础进行交换，生产者和消费者都能获得最大的收益。奥地利学派的门格尔认为价格的形成是“经济人在企图尽可能满足其欲望的努力上，如何以一定量的财货相互交换”①。在他看来，市场最终形成的价格能确保买卖双方各自收益最大化。庞巴维克以马市为例分析了交易双方竞争条件下价格的形成。买卖双方的竞争表现在卖者力求要价甚高，买者力图出价甚低，市场价格在竞争过程中所形成的上限由实际进行交换的最后的买主和被排斥的最有能力的卖主的评价来确定，其下限由实际卖出货物的能力最小的卖主和被排斥的最有能力的买主的评价来确定。最终的价格就是在这上限和下限之间，最后供求规律可以表述为“市价可以在供和求的数量上互相平衡的地带找到”②。庞巴维克认为卖者和买者之间的供求竞争决定了市场价格。

正式建立起均衡价格理论的是马歇尔。与瓦尔拉斯的一般均衡理论不同，马歇尔的局部均衡论分析的是只在一个市场中某一商品的价格是如何变动和决定的，这一商品以外其他相关的商品的价格既不影响该商品价格，也不受这一商品价格变动的影响。马歇尔在论述均衡价格的形成时，用边际效用论来说明需求变动的规律，用生产费用论来说明供求变动的规律。他又以供给、需求和价格三者的函数关系来论证均衡价格的形成。马歇尔用边际效用论来说明需求规律，把“边

① ［奥地利］门格尔：《国民经济学原理》，上海人民出版社 1959 年版，第 83 页。
② ［奥地利］庞巴维克：《资本实证论》，商务印书馆 1981 年版，第 224 页。

际效用递减规律”转化为“需求价格递减规律”，从而得出了需求的一般规律，即价格低需求量多，价格高则需求量少。在《经济学原理》中，马歇尔根据他的这种需求理论，构成一个需求表，以这个表的数据为基础，用图示法画出了需求曲线，需求曲线上每一个点表示在每一价格水平下买者对这个商品的需求。[①] 马歇尔根据庸俗的生产费用论来分析供给规律，他认为，供给和需求相反，价格高则供给多，价格低则供给少，马歇尔同样也构建了供给表并画了一条供给曲线。[②] 从需求价格和供给价格的相互关系中，马歇尔得出了均衡价格。在他看来，所谓均衡价格，就是供求处于均衡时的价格。他写到：“当供求均衡时，一个单位时间内所生产的商品量可以叫作均衡产量，它的售价可以叫作均衡价格。”[③] 马歇尔以图表示，均衡价格确定在需求曲线和供给曲线的交叉点上。可见，马歇尔局部均衡理论中均衡价格的形成是买者和卖者自由竞争和调整的结果，不需要对价格进行任何的干预，市场的竞争机制会自动地把价格调整到均衡价格点。

三　完全竞争状态的结果是实现福利最大化

新古典经济学家不仅分析了完全竞争状态所需要的条件以及这一条件下均衡价格的形成，而且还进一步阐述了完全竞争状态的结果。

帕累托提出了著名的“帕累托最优状态”理论，即在完全竞争状态下社会福利能达到最大化。帕累托也是数理经济学派的代表人物之一，他沿着瓦尔拉斯的研究路径探讨了经济的一般均衡问题，他把理论的分析和统计资料的讨论、数学技术的运用结合起来，对瓦尔拉斯的一般均衡理论进行进一步的补充和发展，建立了以序数效用论和无差异曲线为基础的一般均衡论，从而在更广的范围内和更具体的现象上运用数学方法论述一般经济均衡，其主要思想是，单个人在既定的可得资源稀缺性和现存知识有限性的条件下如何尽可能最大限度地满足自身的需要。归根结底，帕累托还是从理性经济人的角度出发探讨

---

① ［英］马歇尔：《经济学原理》（上册），商务印书馆 1964 年版，第 115 页。

② 同上书，第 35—36 页。

③ 同上书，第 37 页。

如何实现个人利益的最大化，而只有在完全竞争状态下资源配置才能达到最优状态。帕累托描述的这一最优状态是指：当整个社会的生产资源在各部门的配置达到了这样一种状态，即资源配置的进一步改变已经不可能在不使任何一个人的处境变坏的情况下而使任何一个人的处境更好（或表述为如果没有任何方式能在不减少其他人的福利条件下增加至少一个人的福利），此时该社会即处于最优的资源配置状态，社会福利达到最大化。这种只有完全竞争状态下才能达到的结果成为后来福利经济学对社会福利判断的一个重要参考标准。

同时，我们也应看到，新古典经济学家所分析的完全竞争状态达到的均衡和古典经济学家分析的自由竞争均衡是不同的。古典经济学家所分析的资本主义进行生产和交换的目的是为了获得更多的剩余价值而实现价值增值，因此资本家之间进行自由竞争意味着可以获得更多的利润。而新古典经济学家分析的完全竞争均衡状态下，资本家并不一定能获得最大的利润，一般是处于既不盈利也不亏损的状态，因为根据边际主义的理论，完全竞争市场达到均衡的条件是边际收益等于边际成本，即每种产品的价格正好等于要素成本，因为市场上每个生产者和消费者都是价格的接受者。如果市场上产品的价格超过了要素成本意味着有利可图的时候，就会引起大量厂商的进入而展开竞争，如果市场上产品的价格小于要素成本又会引起厂商退出行业，只要有厂商进入和退出都不是均衡。只有当市场处于既没有厂商进入，也没有厂商退出时的相对静止状态时，完全竞争才处于均衡。可见，新古典经济学家将均衡视为完全竞争最有效率的结果，同时也认为不论是买者还是卖者都应遵循市场机制的作用，均衡的结果不一定获得最大利润，但一定会达到福利最大化。

四 小结

新古典经济学家的完全竞争理论探讨了完全竞争实现的条件、均衡价格的形成以及完全竞争的结果，极力推崇实行完全竞争的市场结构，认为只有完全竞争的市场才是最有效率的市场，因此，他们反对任何形式的干预。但是他们的完全竞争理论是建立在严格假设前提下的，而这些假设在现实中很难成立，这也使得他们所构建的完全竞争市场是一种近乎理想化的状态，是一种值得努力争取却几乎无法实现的“空想”。在分析的过程中，无论是局部均衡分析方法还是一般均衡分析方法，都具有很大的局限性。它们都假定社会制度和生产技术不变，并且都运用力学的均衡概念来说明资本主义的经济现象，特别强调使用数理分析方法，用函数关系代替经济关系，用量的分析代替质的分析，并把供求均衡说成是资本主义经济存在的正常状态，完全撇开了各经济主体之间的经济利益关系，把各种经济行为视为主观的意愿，抹杀了资本主义经济的各种内在矛盾。

当然，在古典经济学家生活的时代已经是资本主义向帝国主义过渡时期，也出现了各种形式的垄断，他们在强调完全竞争的同时也不得不对垄断这一现象进行分析，不得不从垄断中寻找支持自由竞争的理由。马歇尔在《工业和贸易》一书中，把工业组织区分为竞争和垄断，但是他强调二者之间并不存在明显的界限。他写到：虽然在理论上，垄断和自由竞争是完全区别开的，但是在实际上它们以不易觉察的程度，相互贯穿渗透。在几乎一切竞争的企业里，存在着垄断的因素；而一切现代有实际意义的垄断都是在不稳定的情况下保持它们的权力；它们很快就会失去这一权力，如果它们忽略了直接和间接的可能性。马歇尔同时也在为垄断资本辩护，他认为，垄断企业具有更高的生产能力，可以更有效地降低成本，提供比自由竞争更低的商品价格，而且在垄断状态下，垄断者还可以自由调整其商品的供给状态，使它适应市场的需求。可见，马歇尔已经混同了竞争和垄断之间的差别，实际上，他所说的竞争并不是完全自由的竞争，而是带有垄断因素的自由竞争。他提倡自由竞争，但是又不得不面对已经出现垄断的事实，于是便陷入了对两者的矛盾分析中，这也使得其完全竞争理论更加偏离了现实。

第五节 垄断经济学竞争力理论的扩展

19 世纪末 20 世纪初，资本主义从自由竞争阶段发展到垄断阶段，垄断已经成为市场经济发展不可阻挡的潮流，但是时存的市场经济理论中完全竞争、自由竞争理论占主导地位，旨在强调要建立完全竞争的市场结构，对垄断形成了强烈的排斥和否定。完全竞争理论难以解释市场经济中的垄断现象，同时也不利于垄断资产阶级的统治。为了维护垄断统治，垄断资产阶级迫切需要有直接为其辩护的经济理论，同时也能从理论上对抗列宁的帝国主义学说，打压无产阶级的革命斗志。与此同时，不少经济学家也已经意识到完全竞争理论所需的条件过于严格，完全竞争市场也过于理想化，难以解释现实经济情况，于是，垄断开始进入了许多经济学家的研究视野。1926 年 12 月，英国资产阶级经济学家斯拉法在《经济学》杂志上发表了《竞争条件下的报酬规律》一文，公开声言：有必要放弃自由竞争的道路，而转向相反的方向，即转向垄断。斯拉法已经注意到了，在完全竞争和垄断之间存在着某种中间状态。他提醒人们：如果我们想用有关垄断与竞争这两个极端状态的理论武装自己并且想用它作为分析工具去研究各个不同经济部门的实际状况，我们当然要小心谨慎，因为一般来说这种实际状况与这个或另一个范畴并不是完全相符的，而是广泛存在中间区域。斯拉法虽然没有提出完整的理论范畴，但是他已经意识到了市场中存在大量介于垄断和竞争之间的现象，已经开始试图解释既有竞争又有垄断的经济现象，垄断经济学开始逐渐产生和发展起来。

垄断经济学最典型的代表人物是英国的罗宾逊和美国的张伯伦，1933 年，他们分别出版了《不完全竞争经济学》和《垄断竞争理论》，提出了他们的不完全竞争理论和垄断竞争理论。他们的理论在于说明，资本主义市场的普遍情况既不是竞争，也不是垄断，而是垄断和竞争的“混合”。他们试图通过对现实经济的分析，找出一条介于垄断和竞争之间的折中路径，既能适应竞争的事实，同时又否认垄断是资本主义的典型现象。他们在垄断和竞争之间建立起了不完全竞争理论和垄断竞争理论，为解释垄断竞争现象提供了重要的理论依据，从而也使对市场经济的分析更加贴近现实。

一　垄断竞争理论论述

张伯伦的垄断竞争理论是从纯粹竞争分析开始的，纯粹竞争其实就是完全竞争的市场，张伯伦指出纯粹竞争理论脱离了实际。他认为，在现实中，完全竞争市场是几乎不存在的，因为纯粹竞争所假设的产品同质化、买者和卖者只能是价格的接受者等条件在现实中几乎不存在。大多数厂商的生产经营活动不但要面对价格竞争，还要进行非价格竞争，其中，产品差别便成为非价格竞争的重要手段，也成为垄断的一个决定性因素，由于每一个厂商都有自己独特的产品和优势，他们会据此形成对产品价格的控制力，进而形成一定的垄断因素。

张伯伦在分析产品差别是如何形成垄断时提到："如有差别则垄断发生，差别的程度越大，垄断的因素也越大。该产品如有任何程度的差别，即可说该售卖者对他自己的产品拥有绝对的垄断，但却要或多或少遭受不完全替代品的竞争。这样则每人都是垄断者，而同时也是竞争者，我们可以称他们为'竞争的垄断者'，而称这种力量为'垄断竞争'特别相宜。"① 张伯伦认为产品差异越大，则垄断程度越高，这种既有竞争因素，又有垄断因素的状态，就是垄断竞争，由此提出了他的垄断竞争概念。张伯伦还进一步分析了产品差别的表现："它的'不同'可能是由于产品本身品质上的改变——如技术的改变、新的式样，或原料较好等；它也可能是由于新的包装或装潢等；也可能是由于服务的迅速或有礼貌，做生意的方法与众不同，或地点不同等。有些不同的情形是很明显而具体——例如采用新颖的式样。但有些情形，如服务性质的不同，则是不大显著，甚至是意识不到的。"② 正是由于产品差别的存在可以形成垄断因素，厂商可以根据垄断因素确定自己的价格，从产品差别角度出发，每一产品既呈现垄断性质，又呈现竞争性质。

张伯伦还讨论了垄断竞争厂商的均衡，认为在均衡的形态下，垄断竞争的均衡点会高于完全竞争的均衡点，垄断竞争价格比纯粹竞争高，产量比纯粹竞争低，从而一些社会资源和生产能力不能得到充分利用，垄断竞争市场不如完全竞争市场有效。但是，产品差别的存在

---

① ［美］张伯伦：《垄断竞争理论》，上海三联书店 1958 年版，第 7 页。

② 同上书，第 70—71 页。

会扩大消费者的选择范围，使消费者得到品种繁多的商品，而这点是完全竞争的市场无法比拟的。因此，他得出的结论是，垄断竞争的结果也会使社会福利增加。

张伯伦的垄断竞争理论把完全竞争和完全垄断看作是极端状态，把介于二者之间的垄断竞争看作是绝大部分的市场上的常态，他所创立的理论对推动微观经济学的发展有积极的贡献，但是他把垄断的因素归因于产品差别，认为只要具有产品差别的生产者都是垄断者，在这一点上又是较为片面的。

二 不完全竞争理论论述

罗宾逊和张伯伦一样，也认为传统的完全竞争或纯粹竞争的市场假定是不现实的，现实的市场是处于垄断和竞争之间，她把这种市场形态称为一种“不完全的竞争”。与张伯伦强调用产品差别和销售成本来说明垄断竞争厂商行为不同的是，罗宾逊侧重从卖和买，即商品的销售和要素的购买两方面来分析不完全竞争厂商的行为。罗宾逊认为由于存在消费者偏好不同，因此市场上的信息是不完善的，每一个厂商对自己生产的产品量都是垄断的。如果大量厂商都能在一个完善的市场（不存在消费者偏好）上卖掉自己的产品，这种状态就是完全竞争（或纯粹竞争）。但是由于存在大量的市场不完善因素，完全竞争状态是不可能达到的，不完全竞争（或不纯粹竞争）才是一种常态。

价格歧视是其分析的重要理论和工具。罗宾逊认为不完全竞争市场的一个典型特征就是存在着价格歧视，按照她的解释，一个垄断厂商把自己生产的同种商品按不同的价格售给不同消费者的行为，就叫作价格歧视。价格歧视只有在垄断条件下才存在，完全竞争市场中同种产品的价格是一样的，不可能有价格歧视。她进一步指出，垄断存在并不一定必然导致价格歧视的发生，而只有当垄断厂商能够把他的市场分割成几个独立的小市场，使得消费者不易把从较便宜的市场上买来的商品再转卖到较贵的市场上去，或者从较贵的市场转到较便宜的市场上去购买的时候，对不同的顾客收取不同的价格才是可能的。一旦市场被分割之后，垄断厂商将按照弹性大小对各个市场收取不同的价格，在弹性最小的市场收取最高价格，在弹性最大的市场收取最低价格，这样，垄断厂商就达到最大利润的均衡状态。

在分析方法使用上，罗宾逊强调使用边际曲线和平均曲线，她说："进行垄断价值分析所需的第一个工具就是一对曲线：边际曲线和平均曲线。"[①] 她认为，用边际成本等于边际收益的方法理解价格与数量决定问题，既适用于竞争和垄断情况的分析，也可用于任何一种市场结构的分析，因而具有普遍性的优点。边际收益等于边际成本成为衡量市场均衡的重要原则，迄今为止仍被诸多经济学者、管理学者作为判断收益最大化的重要标准。

三 垄断竞争理论的发展

随着垄断资本主义的发展，大企业和大集团的垄断力量越来越强，垄断程度不断提高，在市场结构中出现了越来越多的寡头垄断情形。垄断竞争理论所分析的垄断形成与企业的大小规模无关，很难解释市场上少数大厂商控制市场的行为，于是，部分经济学家提出了寡头垄断论或寡头竞争论等，其中加尔布雷斯的抗衡力量论最为典型。

加尔布雷斯认为，在资本主义市场中占统治地位的是寡头市场，寡头企业可以凭借对市场的垄断权力获得一定的垄断利润，但同时也会损害他人的利益，于是受损害的买者或卖者为了保护自己的利益便会进行抵制和反击，由此形成了对抗力量。与完全竞争市场中竞争一般出现在市场的同一方不同的是，寡头垄断市场上，对抗"不是出现在竞争者当中，而是出现在消费者或卖者当中"。[②] 即买者和卖者之间的抗衡，抗衡力量成为垄断资本主义自动调节经济的力量。在加尔布雷斯看来，寡头市场的形成不仅不会强化垄断，反而会加强买者和卖者之间的对抗竞争，更加有利于消费者，这显然是对垄断资本主义的辩护。

20 世纪 70 年代以后，垄断竞争理论重新引起了经济学者们的重

---

① ［英］琼·罗宾逊：《不完全竞争经济学》，商务印书馆 1964 年版，第 22 页。

② ［美］加尔布雷斯：《美国资本主义：抗衡力量的概念》（英文版），1956 年版，第 111 页。

视，兰开斯特（1975）、斯彭斯（1976）、阿奇博尔德和罗森布卢斯（1975）等运用新的研究方法——“商品方法”，构建垄断竞争市场的分析模型进一步深入分析，并得出了结论：在垄断性竞争条件下，如果销售者能够进行价格歧视，他们的利润函数将与福利最大值一致，并将产生最优的产品向量。学者们从微观的角度对垄断竞争市场的分析进一步推动了垄断竞争理论的深化。

四 小结

垄断竞争理论突破了完全竞争理论严格的假设条件，发展了马歇尔理论体系中的“纯粹竞争”和“纯粹垄断”的假定，使这一理论更加接近于资本主义经济发展的实际，能更好地解释市场结构中介于垄断和竞争之间的各种现象，同时还拓展和运用了边际主义的分析方法，得出了市场均衡判断的一般原则，使得现代微观经济学的市场和厂商理论得以确立，极大地推动了西方经济学理论的发展和完善。

垄断竞争理论产生于垄断资本主义时期，是为了维护垄断资产阶级统治的理论产物，不可避免地带有为统治阶级辩护的阶级性。垄断竞争理论否认生产和资本的集中是垄断形成的决定性条件，认为垄断的形成同企业的大小无关，甚至荒谬地断言小企业也能形成垄断，他们并没有把握垄断的实质，也不可能找到垄断产生的根源。垄断竞争理论虽然是对完全竞争理论的发展，但是并没有跳出完全竞争理论的教条和束缚。① 他们认为完全竞争市场还是比不完全竞争和垄断竞争市场更有效，应该通过积极的政策引导努力实现市场的完全竞争，在分析的方法上，不完全竞争或垄断竞争实施被作为一种新的竞争静态形式，而不是把竞争作为一个动态的过程。不完全竞争或垄断竞争理论只是对完全竞争理论有限的修正和发展，在一定程度上是对新古典理论的继续和推进，并没有形成较具创新性或独树一帜的观点。

---

① 陈秀山：《现代竞争理论与竞争政策》，商务印书馆 1997 年版，第 45 页。

第六节 现代竞争力理论的推进

一 传统竞争力理论向现代竞争力理论过渡

古典竞争理论和新古典竞争理论的共同之处是都运用静态的分析方法，崇尚自由竞争，把自由竞争看作是最有效率的市场行为，他们的理论通常被称为传统竞争力理论。随着垄断的发展以及市场上出现愈来愈多垄断竞争的事实，一贯被推崇的完全竞争观点开始受到质疑，完全竞争市场是否存在、是不是一定只有完全竞争市场才是最有效率的市场、竞争是一种经济活动过程还是结果等，传统竞争力理论开始受到不断质疑和挑战，经济学家们开始试图跳出完全竞争理论分析框架，从动态的视角、从现实市场出发探索更能解释实际市场竞争行为的理论，客观上推动了现代竞争力理论的产生与发展。克拉克提出的"可行性竞争"理论和熊彼特创新理论中的动态竞争力理论可以看作是传统竞争力理论向现代竞争理论的过渡。

（一）克拉克的"可行性竞争"理论

美国经济学家克拉克较早开始了对完全竞争市场的质疑，基于完全竞争市场严格的假设条件，克拉克提出完全竞争市场可能并不存在。1939年，他在美国经济协会年会上做的"论可行性竞争概念"的报告中指出："完全竞争不存在并且不能存在，可能从来也没有存在过……我们具有的或能够具有的竞争的有效形式，就是不完全的形式，因为不存在其他形式。"① 克拉克列举了十个方面的现实不完全竞争的因素，在这些现实前提条件下，市场上绝大多数的竞争都属于不完全竞争。垄断经济学的不完全竞争或垄断竞争理论虽然也看到了市场上多数竞争是不完全竞争，但是他们主张通过政策的引导消除阻碍竞争的各种要素，尽量恢复完全竞争的市场环境。克拉克的政策主张与他们不同，克拉克认为，在承认不完全竞争市场中这些不完善因素

---

① 克拉克：《论可行性竞争的概念》，载赫德齐纳《竞争理论》（德文版）。

的条件下竞争是可行的，因为不完全竞争市场会形成一个“补偿平衡效应”，不完全竞争因素之间相互抵消，竞争会更加激烈，竞争的效果也会接近完全竞争。既然完全竞争是一种不可能实现的理想状态，那么如何建立起一种在不完全竞争市场中较好的竞争模式呢？克拉克进一步提出“可行性竞争”，即相对于完全竞争理想状态的“次优解决”方法。克拉克提出的“可行性竞争”确实是对传统竞争力理论的重大突破，但是克拉克只是提出了一个概念，没有就如何实现“可行性竞争”提出具体的方案，也没有给出有突破性的研究方法，仍然沿用了旧的静态分析方法，把竞争当作是一种结果而分析。严格地说，不能把“可行性竞争”称为理论，但是这一概念的提出却打开了现代竞争力理论研究的思路。

（二）熊彼特创新理论中的动态竞争理论

1912 年，熊彼特在《经济发展理论》一书中系统阐述了创新理论，并提出了动态竞争的初步观点，这对现代竞争力理论即动态竞争理论的产生起到了开创性的作用。熊彼特认为“创新”就是一种从来没有过的生产要素与生产条件的“新组合”，市场竞争实际是一个“新组合”不断代替“旧组合”的过程，“在竞争性的经济里，新组合意味着对旧组合通过竞争而加以消灭”。同传统竞争力理论不同的是，在这里，熊彼特已经把竞争看作是一个动态的过程，而且，他还对传统的完全竞争理论进行了强烈的批判。他认为完全竞争理论并没有阐明竞争是如何推进经济结构的演进的，在熊彼特看来，“资本主义在本质上是经济变动的一种形式或方法，它不仅从来不是，而且也永远不可能是静止的”①。“它不断地从内部使这个经济结构革命化，不断毁灭老的，又不断创造新的机构，这个创造性的毁灭过程，就是关于资本主义本质性的事实。”正因为资本主义经济发展是一个动态的变化过程，因此，在分析上不能再像传统竞争分析一样假设生产技术水平等条件不变，讨论是否在完全竞争的静止均衡状态下可以达到产量最大等问题几乎是没有价值的，因为有价值的不是处于条件不变

① ［美］熊彼特：《资本主义、社会主义和民主主义》，商务印书馆 1979 年版，第 104 页。

的僵硬模式内的竞争，即静态的完全竞争，“而是关于新商品、新技术、新供给来源、新组织类型（如大规模的控制单位）的竞争”①。

熊彼特突破了传统的静态分析思维模式，从动态角度，特别从创新和技术进步的动态变化来考察竞争，也由此得出了与传统竞争力理论不同的结论：竞争作为一个动态过程最重要的作用是推动创新与技术进步，而承担这一功能的主要角色是大规模生产的企业。大企业由于创新和技术进步形成的垄断不是真正的垄断，由于垄断所获得的垄断利润是颁给成功者的奖金。处于垄断地位的企业仍然面临着同原有企业和潜在进入企业的竞争，“尤其在制造工业中，一般说来，哪一种垄断都不是可以高枕无忧的”。所以从长期的动态过程看，由于竞争压力和运用新技术、新生产组织形式，这些大规模生产企业决定的“垄断价格”并不必然比竞争价格高，其产量也并不比竞争产量少。②熊彼特开创性地提出了从动态角度来研究竞争的研究思路，这是在竞争理论发展中的重大突破，但是他并没有专门对竞争展开研究，只是把竞争理论附加在他的创新理论中，也没有系统地提出对竞争的分析框架。

克拉克提出的“可行性竞争”理论和熊彼特创新理论中的动态竞争理论引入了不完全竞争，标志着古典和新古典竞争理论的终结，现代竞争力理论开始产生了。

二 现代竞争力理论的发展

与传统竞争力理论相比，现代竞争力理论的重大进展和突破体现在两个方面：一是不再把完全竞争视为现实和理想的竞争模式；二是把竞争作为一个动态的变化过程进行分析，而不是作为静止的结果分析。因此，现代竞争力理论研究的出发点不再是既定的假设条件下价格如何决定以及如何实现均衡，而是在现实市场竞争过程中各种竞争要素的组合形式以及什么样的竞争形式才是最优的竞争形式。现代竞争力理论的发展是沿着动态的研究路径前行的，其代表理论如下。

---

① ［美］熊彼特：《资本主义、社会主义和民主主义》，商务印书馆1979年版，第106页。
② 同上书，第126页。

（一）有效竞争理论

20世纪五六十年代，克拉克在创新和动态竞争观点的影响下，提出和形成了现代竞争力理论的一个较完整的理论体系——有效竞争理论，并在他1961年出版的《竞争作为动态过程》一书中进行了系统的阐述。克拉克认为，不完全竞争存在的事实表明，长期均衡和短期均衡的实现条件是不协调的，这种不协调反映了市场竞争与现实规模经济的矛盾，为了研究现实条件下减弱这种不协调的方法和手段，首先要明确有效竞争的概念。克拉克指出，有效竞争就是由“突进行动”和“追踪反应”两个阶段构成的一个无止境的动态过程的竞争。即“突进行动”阶段是由在行业中处于领先地位的企业率先开展创新，先发制人，运用新技术、推出新产品、开发新市场，从而获得“优先利润”，在竞争中占据市场优势地位。“追踪反应”阶段是指其他后发的竞争企业开始模仿追随先锋企业的技术和产品，以期通过竞争争取得到一份优先利润，随着模仿的企业越来越多，竞争越来越激烈，推动了利润平均化。然后又有先锋企业进行创新，模仿企业跟进。这种不断创新、不断跟进的竞争循环交替连续不断，形成了既有利于维护竞争又有利于发挥规模经济作用的竞争格局，这种竞争格局就是有效竞争的格局。

在克拉克看来，完全竞争模式不再是追求的理想目标，“突进行动”的企业和厂商在一定时期内存在着垄断的市场地位是必要的、合理的，因为这种垄断并不是由于厂商之间的相互勾结和串通形成的，而是因为率先的创新和技术进步获得的独占优势形成的市场垄断势力，是市场给予创新者的报酬和奖励，这是非常必要的。随着模仿者进入和竞争者增加，这种垄断成为暂时的现象，原有的创新企业垄断地位会随之消失。所以，这一过程的完成不需要政府任何政策的介入，正是由于“优先利润”的刺激，为企业创新提供了动力，推动了社会的技术进步，所以不应该消除这种竞争不完善或垄断因素，而是要保证竞争过程的动态性质。克拉克的有效竞争理论提出了有效竞争的模式和过程，但是他并没有解决有效竞争的评估标准和实现条件问题，也没有说明哪些不完善因素在什么程度上是合乎有效竞争要求的。产业组织理论的市场结构、市场行为、市场绩效分析框架进一步发展了克拉克的有效竞争理论。

（二）产业组织理论中有关竞争的理论

产业组织理论主要是研究市场在不完全竞争条件下的企业行为和市场构造，是从微观经济中分立出来形成的较为独立的中观经济学分析层次。产业组织理论的产生最初是为了解决“马歇尔冲突”的难题，即产业内企业的规模经济效益与企业之间的竞争活力的冲突，随着分析的深入和推进，产业组织理论越来越多地用于分析产业组织中厂商结构和市场行为。产业组织理论的发展主要经历了两个阶段：传统产业组织理论主要以哈佛学派的结构分析方法和芝加哥学派的效率分析方法为代表，现代产业组织理论则引入了新的分析方法，出现了可竞争市场理论、博弈论、新制度理论等。纵观产业组织理论的发展和演进，始终是围绕着对“竞争”的分析而推进的，着力探讨如何实行更有效的竞争行为，实现最优的竞争结果。产业组织理论中蕴含着丰富的竞争理论。

（1）哈佛学派的竞争理论

1938 年，梅森等在美国哈佛大学成立了一个产业组织研究小组，开始对市场竞争过程的组织结构、竞争行为方式及竞争结果进行经验研究，由于这些研究主要是以哈佛大学为中心展开的，因此被称为产业组织的哈佛学派。梅森在以往有效竞争研究成果的基础上，提出有效竞争标准的二分法：一是把能够维护有效竞争市场结构形成的条件归纳为市场结构标准；二是把从市场绩效角度来判断竞争有效性的标准归为市场绩效标准。梅森之后的追随者们又进一步把有效竞争标准从二分法扩展为三分法，即市场结构标准、市场行为标准和市场绩效标准，于是形成了哈佛学派的结构—行为—绩效（SCP）分析框架。在这里，结构、行为、绩效三者之间存在着因果关系，即市场结构决定企业在市场中的行为，而企业的市场行为又决定市场运行的经济绩效，为了获得理想的市场绩效，最重要的是要通过公共政策来调整和直接改善不合理的市场结构。同克拉克一样，梅森也把市场不完善因素或垄断因素视为创新和技术进步的前提条件，坚持把经济增长和技术进步放在首位，认为在一定时期内由于创新和技术进步形成的暂时垄断是可以容忍的。1959 年，梅森的弟子贝恩出版了第一部系统论述产业组织理论的教科书——《产业组织》，成为产业组织理论的集大成者，他认为可行或有效的竞争就是能够带来有效市场结果或市场绩效的竞争。谢勒在此基础上进一步揭示了市场行为与市场结果之间的作用关系，并考察了微观和宏观的周边条件对市场结构、市场行为和市场结果的影响。

哈佛学派把市场结构作为分析的重点，与传统竞争理论相比，他们提出的有效竞争的标准在理论上取得了明显的突破，主要表现为：不再把完全竞争作为市场追求的理想模式和政策制定的出发点，从不同方面提出了对有效竞争的判断标准；对竞争是否有效的判断更加全面；等等。哈佛学派 SCP 分析框架强调通过经验研究方法和主张通过对市场结构、市场行为的干预调节来保证有效竞争，强调对竞争过程的政策调节，“正是工业组织理论最终把竞争理论从价格理论中独立出来，把现实市场竞争过程的各种现象通过市场结构、市场行为、市场结果三大要素加以分门别类，并通过揭示三者关系为制定具体竞争政策提供了理论基础和现实依据”①。哈佛学派的研究结论对当时政府的政策制定有重要的理论指导意义，但是哈佛学派的微观理论基础仍然是新古典主义，其经验分析方法和过于强调市场结构的单向作用以及政府的政策调节遭到了后来学者的批判。

（2）芝加哥学派的竞争理论

芝加哥学派是 20 世纪 60 年代在对哈佛学派的批判中崛起的，这一学派的竞争理论基础是经济自由主义思想和社会达尔文主义。1968 年施蒂格勒的《产业组织》一书问世，标志着芝加哥学派理论上的成熟，该学派的主要观点是：即使市场中存在着某些垄断势力或不完全竞争，只要不存在政府的进入规制，长期的竞争均衡状态在现实中也能够成立。产业的高利润率完全是企业高效率和创新的结果，而不是来自产业的垄断势力。这一点同古典竞争理论中强调自由竞争的市场

① 克拉法姆：《从价格理论到竞争理论》，《经济学研究》1977 年第 8 期。

机制的作用是相近的。

芝加哥学派对哈佛学派的 SCP 分析框架进行了抨击和批评，认为在市场结构、市场行为、市场绩效三者的关系中，应该是市场绩效或市场行为决定市场结构。市场中并不存在传统的进入壁垒，现存的企业都面临着潜在进入者的竞争压力。他们摒弃了哈佛学派的结构分析原则，而是采取效率分析标准，认为竞争政策和判断竞争行为主要从资源配置效率和生产效率两个方面来判断，而且他们坚信唯有自由企业制度和自由市场竞争秩序，才是提高产业活动的效率、保证消费者福利最大化的基本条件。因此，芝加哥学派认为应该减少政府对经济活动的干预，扩大企业和私人自由的经济活动范围，生产日益集中在大企业手中有利于提高规模经济效益和生产效率，大公司的高利润完全可能是经营活动高效率的结果，而与市场垄断无关，也不必担心垄断会持久，因为处于垄断地位的企业总是面临着许多潜在进入者的竞争压力。所以，只要市场绩效良好，即使市场是垄断或者寡占的，政府也没有必要进行干预。芝加哥学派信奉的是自由主义的竞争原则，认为不需要政府过多的干预，依靠市场机制的作用也能实现高效的竞争结果。

芝加哥学派相信市场机制的自我调节力量，强调市场效率原则，主张国家尽量减少对市场竞争的干预等对当时国家竞争政策的转变起到了很大的推动作用。但是芝加哥学派的观点也存在不足之处，如：过于相信市场机制的自我调节；把竞争的目标归结为消费者福利最大化，对竞争机制的作用本身却没有重视；忽视政府竞争政策的调节作用；等等。

（3）可竞争市场理论

可竞争市场理论是鲍莫尔、帕恩查和韦利格等在芝加哥学派产业组织理论的基础上提出来的。鲍莫尔指出，可竞争市场是指“一个具有进入绝对自由并且存在绝对小的进入成本的市场”，完全可竞争市场“对快速进入缺乏抵抗力”①。按照这一定义，可竞争市场并不一定是要有许多企业参与竞争的市场，它的条件就是不存在市场进出壁垒，只有市场进出完全自由，潜在竞争的压力就会迫使任何市场结构条件下的企业采取竞争行为，因此，可竞争市场甚至可以是寡头市场或垄断市场。可竞争市场理论以完全可竞争市场及沉没成本等概念的分析为中心，认为在完全可竞争市场中，沉没成本为零，潜在的进入者为了追求利润会迅速地进入任何一个具有高额利润的部门，并能够在现存企业对进入做出反应前又快速撤出，这个过程中，它无须耗费任何额外成本。由于这种“打了就跑”压力经常存在，因此，无论垄断市场还是寡头市场，都不可能存在持续带来垄断的超额利润的价格，也没有低效率的企业存在，即使是独家垄断的企业，也只能制定超额利润为零的可维持价格，以防止潜在的竞争者进入市场与其发生竞争。

与芝加哥学派的观点相似，可竞争市场理论依据的也是新古典经济学的均衡分析方法，并强调长期分析，在可竞争市场中，数目相对较少、从事多产品生产的企业仍然可以在不同的市场相互竞争，从而发挥规模经济和范围经济的作用，实现资源优化配置和技术进步。可竞争市场理论也强调政府政策的重点应该在于尽量减少和消除进入市场的壁垒，确保资源要素的自由流动和优化配置，实行经济自由化。但该理论所认为的沉没成本为零是不切合实际的，在实际市场竞争中，沉没成本的存在成为阻止企业进入的最大障碍，而这种沉没成本的存在是客观的，是政府政策无法消除的，在这点上，该理论的现实解释力打了一个折扣。

（4）新奥地利学派的竞争理论

新奥地利学派的竞争理论是建立在以门格尔、庞巴维克等为代表的奥地利学派的传统思想和方法基础上的。该学派认为经济规律是通过对一些不言而喻的公理进行逻辑推论而发现的，历史事实很难用来

① ［美］鲍莫尔：《可竞争市场：在工业结构理论中的兴起》，《美国经济评论》1982年第3期。

检验经济理论，因此不能用现代数学分析方法作为经济分析工具，而应该运用人类行为科学的方法通过语言进行阐述。新奥地利学派重视实现均衡的市场竞争过程分析，从不完全信息出发，把竞争性的市场过程理解为是分散的知识、信息的发现和利用过程，而市场不均衡就是因为存在未被发现的信息或信息不完全造成的决策失误所导致的利润机会的丧失。新奥地利学派主张通过完全自由的市场来获得充分的竞争，他们从人类行为科学出发，认为市场竞争来自企业家的创新精神，只要确保自由的市场进入机会，就会形成充分的竞争压力，而能形成进入壁垒的就只有政府的规制政策和行政垄断。因此政府必须放弃行政垄断和规制政策，给予市场竞争更加自由的空间，通过市场竞争自动淘汰低效率的企业。新奥地利学派的竞争理论与芝加哥学派以及可竞争市场理论相似之处在于都提倡自由市场竞争，反对政府的限制政策，该学派理论最大的特点是采用了人类行为科学的研究方法，从不完全信息出发，把竞争性的市场看作分散的知识、信息的发现和利用过程，这对竞争理论研究方法和研究视角的创新具有一定的借鉴意义。

（5）博弈论的竞争策略

严格来说，博弈论并不是一个独立的竞争力理论，而是在对竞争市场和竞争行为的分析中被广泛使用的一种分析方法。博弈论主要运用于对寡头垄断市场的分析，在寡头垄断市场上，只有少数几个厂商相互竞争，且新进入的厂商是受到阻碍的，这就使得在位企业不会受到潜在竞争者的威胁。少数寡头企业之间相互竞争，它们采取的行动和决策是相互影响的，每一个企业作决策时都意识到竞争对手的存在，所做的决策都要建立在对竞争对手行为的猜测或者对竞争对手行为做出反应的基础上，所以每个企业的得益和利润不仅取决于自身的决策，也取决于其他厂商的决策。寡头厂商之间可能在价格、产量、广告、投资等方面开展激烈的竞争，但是每一项竞争决策都要考虑到其将如何影响竞争者以及竞争对手将做出何种反应，因此，在分析寡头垄断市场中的企业决策行为时，就必须把各种决策者之间策略的相互作用纳入经济模型中，这就是博弈分析。在分析寡头垄断市场的竞争行为时，博弈的策略又可以分为静态竞争策略和动态竞争策略，是从微观的角度来分析具体的企业行为。由于博弈论研究的是存在相互外部效应条件下主体的决策问题，它也成为现代产业组织理论中主导的研究方法。用博弈论的方法来分析寡头市场的竞争更加符合寡头市场的特征，而且它承认行业进入壁垒的存在，其分析方法更切合实际，是现代企业竞争的重要研究方法。

（6）新制度经济学派交易费用论对竞争的论述

新制度经济学以制度作为研究对象，该学派沿用和承袭了新古典经济学理性人、均衡等核心假定、研究方法和工具，在新古典的分析范式里重新研究资源配置所依赖的制度条件。“交易费用”理论是以科斯、威廉姆森为代表的新制度经济学的核心范畴，从节省交易费用的角度来分析企业存在的必要性，重视企业组织在市场中的作用，“交易费用”理论的提出不仅解决了企业为什么会存在以及企业如何确定自身的边界问题，而且把交易和制度纳入新古典经济学的研究领域。把“交易费用”论引入产业组织的分析，也彻底地改变了只从技术角度考察企业和只从垄断竞争角度考察市场的传统观点，为企业行为的研究包括竞争行为的研究提供了全新的理论视角，客观上也推动了产业组织竞争理论的深化。

新制度经济学派把制度视为经济活动的内生变量考察制度对市场绩效的影响。一方面，经济主体在交易过程中对经济组织的选择会直接影响交易成本的大小和交易效率；另一方面，双方产权的状况也会影响市场绩效，清晰的产权有助于交易双方形成稳定合理的预期，减少交易中的不确定性，降低交易成本，使交易能够更加顺利地进行。因此，在不同的制度设计中，产权制度不同，交易成本也不同，从而产生了不同的市场绩效。这也意味着不同的制度和不同的交易成本会成为企业竞争力强弱的重要条件，要增强企业竞争力、提高市场效率就应该通过有效的制度设计降低交易费用，保障分工和合作的顺利推进。新制度经济学派从一个全新的视角推动了产业组织理论的发展，但是该学派就交易费用如何明确地测算并没有提出具体的方法。

第七节 当代竞争力理论的新发展

第二次世界大战以后，世界开始进入相对稳定的发展时期，发达国家意识到靠军事和武力无法实现国家强大和经济繁荣，必须把战略重点放在发展国内经济、提升科技创新实力、增强发展后劲等方面才能真正在全球占据领先地位。随着全球化、信息化和高新技术的发展，竞争不再局限于国内市场上少数企业的较量，而是随着国际贸易和国际投资蔓延到全世界，因此，国与国之间综合国力的较量成为竞争的焦点。在此之前，西方经济学家们对竞争的探讨主要从微观企业和市场的角度出发，旨在寻求一种最佳的市场资源配置方式，建立高效的市场结构，构建最佳的竞争模式。可以说，之前西方经济学家们主要是开展对竞争的分析，而不是竞争力的分析。“竞争”和“竞争力”是两个不同的概念，“竞争”是一个动词，表示相互抗衡的主体之间为了获取最大的收益而采取各种行动的过程，这个过程具有对抗性、动态性等特征，往往导致的结果是优胜劣汰；“竞争力”是一个名词，表示参与竞争主体的能力，是竞争主体参与竞争过程可以凭借的优势条件，在一定程度上竞争力的强弱决定了竞争结果的胜负。竞争无所谓大小和强弱之分，而竞争力却可以通过竞争过程的比较而分为不同的层次，因此，不同主体之间进行的抗衡是竞争力的对抗，通过比较也能得出不同主体之间竞争力的强弱。“竞争”与“竞争力”的关系是：竞争是竞争力作用发挥的过程和途径，竞争力是参与竞争的基础和依据，通过竞争过程的锤炼和实力累积，可以沉淀为竞争力，而竞争力的增强又为进一步参与竞争增加了筹码。可以看出，“竞争”与“竞争力”是相互联系、相互促进的，西方经济学几百年来的竞争理论的发展和完善也是竞争力理论的根源和依据。

第二次世界大战以来，特别是20世纪最后几十年，在全球化的带动下，全球竞争浪潮此起彼伏，经济学家们对竞争的探讨已不再局限于国内市场上的竞争方式的选择和竞争效率的判断，而是聚焦于在激烈的国际竞争中如何增强国家的竞争实力，国家竞争力的研究开始兴起和发展起来。与一般研究领域从国内研究拓展到国际研究的思路不同，竞争力问题的研究路径正好相反，是先从国际的角度、从世界竞争的背景研究一国参与国际竞争的国家竞争力的强弱，即国际竞争力问题研究，然后再借助国际竞争力的研究思路和方法分析一国国内的产业竞争力、区域竞争力、城市竞争力等问题。从理论和应用背景看，国际竞争力主要来自国际贸易竞争性分析，在这一领域许多经济学家做出了重要贡献。由此产生了世界国际分工的产业优势与跨国企业的竞争问题研究，当代国际竞争力理论研究中影响最为深远、最为广泛的当属迈克尔·波特的竞争理论，他在 20 世纪 80 年代开始的关于国际竞争力的三部曲研究成果，创立了竞争力钻石模型体系，成为当今竞争力研究领域广为推崇和应用的基本理论。

一 迈克尔·波特的竞争力理论

20 世纪 70 年代以后，美国的传统支柱产业和部分新兴产业受到来自日本、西欧等国家的强大竞争压力，如何提高国际竞争力成为当时美国各界面临的紧迫任务，在此背景下，哈佛大学商学院教授迈克尔·波特通过对产业集群的研究，分别于 1980 年、1985 年、1990 年出版了被业界称为“竞争三部曲”的《竞争战略》《竞争优势》《国家竞争优势》，并创立了竞争优势理论。他在 1990 年完成的《国家竞争优势》中开宗明义地说：“本书的主要任务是解释一国的经济环境、组织、机构与政策在产业竞争优势中所扮演的角色，并找出一个国家可以维持产业竞争优势的那些因素。”① 在《竞争战略》一书中，波特充分运用经济学理论，提出了著名的“五因素分析体系”，波特认为影响产业竞争优势的因素有五项：现有厂商的对抗强度，新加入者的威胁，供应商的讨价还价能力，购买者的讨价还价能力，替代性产品或劳务的威胁。通过对五项因素的分析就可以知道产业的竞争强度和竞争潜力。在《竞争优势》一书中，波特主要着眼于企业竞争

---

① ［美］迈克尔·波特：《国家竞争优势》，李明轩、邱如美译，华夏出版社 2002 年版，第 3 页。

力的分析，提出企业价值链的概念，认为通过对企业价值链的分析可以找到企业的核心能力，并指导企业如何有效地配置资源。在竞争力研究领域被应用得最广泛的竞争力理论当属波特在《国家竞争优势》一书中建立起的著名的钻石模型，波特构建的这一模型旨在探讨一个国家应怎样建立竞争优势。

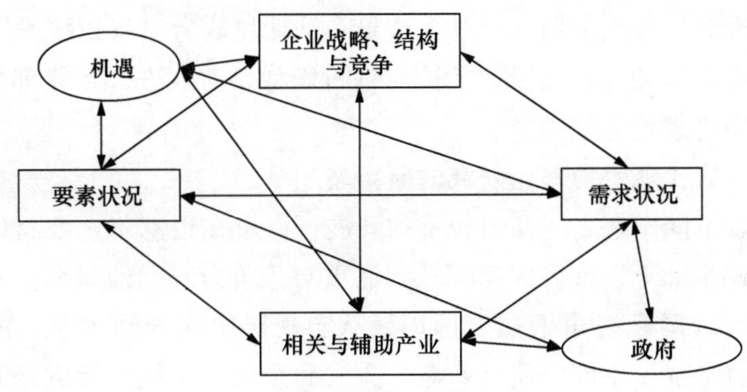

图 3－2　波特的钻石模型

波特的钻石模型的主要贡献在于提供了一个新的分析框架。波特认为，空洞地讨论国家竞争力是没有意义的，应该通过国家产业的国际竞争力研究来间接关注国家竞争力，财富是由生产率支配的，生产率根植于一国和区域的竞争环境，一国的国内经济环境对企业开发其自身的竞争能力有很大影响，其中影响最大、最直接的因素是生产要素、国内需求、相关产业与支撑产业以及企业的战略和组织结构。机遇对竞争优势的影响不是决定性的，同样的机遇对不同的企业可能造成不同的影响，能否利用机遇以及如何利用机遇取决于四种基本要素。政府对国家竞争优势的作用主要在于对四种决定因素的引导和促进上，因此未将政府列入基本决定因素之列。

波特的钻石模型提出来之后引起了很大的反响，也奠定了波特在竞争力理论研究领域不可动摇的地位，之后，钻石模型被许多学者或直接应用或加以改造，运用于不同层面的竞争力分析。当然，波特的竞争力理论也受到了一定的质疑，如：模型中的要素主要是基于国内的基础和条件，使国际竞争力过分依赖国内条件，忽略了外资和跨国公司的作用；该理论分析的产业主要以工业部门的创新产品和高科技产品的竞争力为主，而对于小国或那些主要依靠农业、自然资源为主的国家如何提升国际竞争力并没有给出明确的答案。也有不少学者对钻石模型提出批评和改进意见，如：斯代芬等认为需要将政府增加为钻石模型的第五个决定因素；邓宁认为需要将“跨国商务活动”作为与机遇和政府并列的第三个外生变量；纳瑞拉认为“累积技术”应增加为钻石模型的外生变量。无论对钻石模型如何改进，始终都是以波特的竞争力理论为基础的。

二 当代竞争力理论研究的新拓展

随着不同国家之间实力较量的开展，以及在迈克尔·波特的竞争力研究的带动下，许多国家都开始注重对竞争力问题的研究，并将竞争力研究从国际视角聚焦至国内，从宏观层次深入到中观、微观层面，并且形成了不同的研究对象、方法和角度，从纵向维度来看，当代西方对竞争力理论的研究主要有四个层次。

（一）产业（企业）竞争力理论

迈克尔·波特的国家竞争优势理论就是建立在其对产业研究的基础上的，奠定了产业竞争力研究的理论基础。他对企业和产业竞争优势进行深入研究后认为，企业内各部门间若能连接为一链状机能，将提升产品价值，进而形成自身竞争力；① 一个国家的产业竞争力，集中表现在这个国家内以集聚形态出现的产业，并从产业层面系统阐述了行业和企业竞争力形成和发展的规律。德国著名学者曼威·卡斯特尔（Manuel Castells，1942）在总结了20世纪90年代美国关于竞争力的讨论后指出：“至于公司，竞争力很单纯地意指赢得市场占有率的能力。”②

（二）城市竞争力理论

美国哈佛大学教授坎特认为，一个城市只有具备新观念（Con-

---

① ［美］迈克尔·波特：《竞争优势》，陈小悦译，华夏出版社1997年版，第128页。

② ［德］曼威·卡斯特尔：《信息时代三部曲，经济、社会与文化》（第1卷），夏铸九等译，社会科学文献出版社2003年版，第116页。

cepts)、实力（Competence)、联系网络（Connections）三个因素，才具有国际竞争力，才能称为“国际性城市”，并在此基础上提出了一个城市竞争力的评价指标体系，这一评价指标体系也被称为城市竞争力的“3C”模式。[①] 美国巴克内尔大学卡尔·彼得教授认为，城市竞争力是经济因素和战略因素的共同结果，城市竞争力 = f（经济因素、战略因素)，其中经济因素 = 生产要素 + 基础设施 + 区位 + 经济结构 + 城市环境；战略因素 = 政府效率 + 城市战略 + 公私部门合作 + 制度灵活性。他根据评价结果对城市竞争力进行了历史、结构、区域性的分析。[②]

（三）区域竞争力理论

区域竞争力理论是迈克尔·波特教授在产业集群理论和城市竞争力理论基础上发展起来的。1998 年波特在《集群与新竞争经济学》一文中，系统地提出了新竞争经济学的产业集群理论，认为集群是特定产业中互有联系的公司或机构聚集在特定地理位置的一种现象，在特定的地理区域，产业的地理集中的发生，原因是地理因素，集群由于地理接近，可以使生产率和创新利益提高，交易费用降低。一个国家在国际具有竞争优势的产业，其企业在地理上呈现集中的趋势，通常聚集在某些城市或某些地区。[③] 在《创新产业群初步研究——San Diego》中，波特还根据其城市竞争力理论，提出了一个评价高新产业区竞争力的方案，认为一个地区特别是高新产业区的繁荣靠的是竞争力。[④]

（四）国家竞争力理论

美国国际经济专家斯蒂芬·科恩（Stephen D. Cohen，1985）认为：“国家层次的竞争力基于经济体生产能力的优越表现，以及经济

---

① 张庭伟：《城市的竞争力以及城市规划的作用》，《城市规划》2000 年第 11 期。

② 倪鹏飞：《国外学术界关于城市竞争力的研究成果》，《经济日报》2002 年 1 月 7 日。

③ Porter M. E，“Clusters and New Economics of Competition”，*Harvard Business Review*，No. 11，1998.

④ 刘勇：《我国典型地区区域竞争力初步研究》，《城市经济、区域经济》2003 年第 5 期。

体将产出转移至高生产力行业的能力，从而造就高水准的实际工资。”① 世界经济论坛和瑞士洛桑管理学院认为国家竞争力就是国际竞争力，将其定义为“一国或一公司在世界市场上均衡地生产出比其竞争对手更多财富的能力”，是竞争力资产与竞争力过程的统一，并将国际竞争力分为八类要素：国内经济实力、科学技术、国际化、企业管理、金融环境、基础设施、政府管理和国民素质。② 也有一些国外学者认为国家竞争力是一国综合国力的体现，如美国学者汉斯·摩根索（Hans J. Morgenthau，1904—1980）认为国家竞争力不仅以一国创造财富的能力为标志，而且体现于一国蕴含的军事能力、政治能力、文化能力及外交能力。③

① 陈体滇：《一项不科学的评价》，博客网，2004 年 6 月 30 日。

② 王丽华、杨志勋：《我国中药产业的国际竞争力研究》，《国际贸易问题》2003 年第 2 期。

③ 秦正云：《有关竞争力问题的综述》，经济学家网，2003 年 8 月 21 日。

第四章　管理学与竞争力理论演化

竞争力理论不仅仅是经济学领域研究的核心，同样也是管理学家关注的重点。与经济学家研究所不同的是，管理学家更注重从微观企业的角度对竞争行为进行分析。而对竞争力理论的分析是伴随着管理理论的发展而不断发展的，这些管理理论主要研究如何通过计划、组织、控制、指挥、协调等职能，充分调动和利用组织的各种资源，从而以尽可能少的投入提高效率、获取利润，实现企业目标。按照管理理论发展的脉络所经历的五个阶段：早期的管理思想阶段（18 世纪中叶到 19 世纪末）、古典管理理论阶段（19 世纪末 20 世纪初到 20 世纪 30 年代）、中期管理理论阶段（20 世纪 30 年代到“二战”前）、现代管理理论阶段（“二战”后至 20 世纪 80 年代）和当代管理理论阶段（20 世纪 80 年代至今），本书将竞争力理论的发展分为四个阶段：竞争力理论的萌芽阶段（“二战”前）、竞争力理论的形成阶段（“二战”后至 20 世纪 80 年代）、竞争力理论的发展阶段（20 世纪 80 年代到 20 世纪 90 年代）、竞争力理论的成熟阶段（20 世纪 90 年代至今）。

第一节　管理学竞争力理论的萌芽阶段

竞争力理论的萌芽经历了一个比较漫长的阶段，包括管理理论中早期的管理思想阶段、古典管理理论阶段以及中期管理理论阶段，这个阶段在理论的论述中隐隐约约包含着竞争力思想，但是并没有直接提及竞争力理论，在分析过程中更多的是强调分工和效率等的重要作用。

一　早期的管理思想阶段所包含的竞争力思想

早期的管理思想开始于18世纪80年代的第一次工业革命，由于蒸汽机技术的发展使得工厂成了资本主义工业生产的主要经营组织，从而极大地推动了经济的发展、劳动的分工和专业化的加强。亚当·斯密（Adam Smith，1723—1790）、罗伯特·欧文（Robert Owen，1771—1858）和查尔斯·巴贝奇（Charles Babbage，1792—1871）是这一时期典型的代表人物。亚当·斯密是最早对经济管理思想进行论述的学者，在1776年发表的《国民财富的性质和原因的研究》中，第一次提出了劳动分工的观点，系统全面地阐述了劳动分工对提高劳动生产率和增进国民财富的巨大作用，“劳动生产力最大的增进，以及运用劳动时所表现的更大的熟练技巧和判断力，似乎都是分工的结果”。[①]“分工既是经济进步的原因又是其结果，这个因果累积的过程所体现的是报酬递增机制。”亚当·斯密指出，分工之所以能够提高劳动生产率主要有三大原因：①劳动者的技巧因专业分工而日益成熟；②劳动分工可以免除工作转移中造成的时间损失；③专门从事一项工作，有利于劳动者寻求以机器生产代替手工劳动。罗伯特·欧文也指出将工厂的工人进行有效的组合，相互合作，能够产生最大的效果。他认为“手工业劳动者，在正确的指导下，是所有财富和国家繁荣的源泉”，这里的“正确的指导”即强调分工的重要性。因此，应该改善工厂内的工作条件，缩短工人的劳动时间，改善工人的膳食，这是搞好人事管理能给雇主带来的收益。查尔斯·巴贝奇以一名运筹学研究者的真正探索精神来分析机器的操作、所涉及的技能种类和每一道工序的成本，[②]亦提出了劳动分工可以减少工资支出的观点，主张采用利润分配制以谋求劳资之间的调和。因此，这一阶段虽然没有直接提及竞争力，但是强调了分工对培育竞争力的重要作用。

---

① ［英］亚当·斯密：《国富论》，文熙译，武汉大学出版社2010年版。

② Charles Babbage, *On the economy of machinery and manufacturers*, London: Charles Knight, 1832, pp. 94 - 96.

二　古典管理理论阶段所包含的竞争力思想

19 世纪后半叶，工业革命发展到一个全新的阶段，这是一个复杂的、不平衡的阶段，既是技术进步、能源变化和劳动力管理关系发展相互作用的结果，也是强烈要求用管理实践系统化来推动这些因素协调作用的结果①。在此背景下产生了古典管理理论，他们侧重于从“经济人”假设出发，从管理职能、组织方式等方面研究企业的效率问题，而对人的心理因素考虑很少或者根本不考虑。其代表人物包括弗雷德里克·温斯洛·泰勒（Frederick W. Taylor，1856—1915）、亨利·法约尔（Henri Fayol，1841—1925）以及马克斯·韦伯（Max Weber，1864—1920）。泰勒指出提高企业能力的中心问题是提高工人劳动生产率。为此，他提出了以下几种方法促进生产率的提高：企业要制定有科学依据的工人的“合理的日工作量”，就要对工人的工作进行时间和动作研究，通过将工作的基本操作分解为基本动作，再对这些动作所需要的时间进行测定，据此可以确定一个工人的“合理的日工作量”。要使工人掌握标准化的操作方法，就要使用标准化的工具、机器和材料，并使作业环境标准化。为了提高工作效率，必须挑选一流的工人，要求能力与工作相适应。为了提高工人工作的积极性，应该实行差别计件工资，根据工人的实际工作表现支付工资。为了采用科学的工作方法，应该把计划职能与执行职能分开，由专门的计划部门承担计划职能，由所有的工人和部分工长承担执行职能。在他的论述中首次提出了要以效率、效益更高的科学型管理来取代传统小作坊式的经验型管理，继他之后，科学管理思想得到了管理实践者和研究者的普遍接受，包括卡尔·G. 巴思（Carl G. Barth，1860—1939）、亨利·L. 甘特（Henry L. Gannt，1861—1919）、弗兰克·B. 吉尔布雷斯夫妇（Frank B. Gilbreth & Lillian Moller Gilbreth）、哈林顿·埃莫森（Harrington Emerson，1853—1931）和莫里斯·库克（Morris Cooke，1872—1960），他们是传承效率真理的先锋，在他们

---

① ［美］丹尼尔·A. 雷恩、［美］阿瑟·G. 贝德安：《管理思想史》，孙健敏、黄小勇、李原译，中国人民大学出版社 2012 年版，第 95 页。

的论述中均强调了科学研究方法的运用，已经隐约包含着企业能力的提升关键在于提高劳动生产率，即企业发展能力的高低体现出了企业竞争力的强弱。

亨利·法约尔的经营管理理论是从组织的整体角度出发，对企业能力的形成进行解释。该理论认为，企业能力的提高是通过企业的六项活动得以实现的，这六项活动包括商业活动（购买、销售和交换）、会计活动（财产清点、资产负债表、成本和统计）、财务活动（筹集和有效利用资本）、安全保卫活动（保护财产和人员）、管理活动和技术研究活动（生产、加工、制造），其中管理活动占据主导地位[①]。他进而提出了管理的五种职能，包括计划、组织、指挥、协调与控制。其中，计划排在第一位，在其90%的著作中大都在谈论计划和组织，对于法约尔来说，“最佳的计划不可能预知所有可能发生的偶然性，但它的确包含了这一系列的事件，并在急需时为可能的需要提供武器，这种计划不仅保护企业免遭假定事件可能产生的不利变化的影响，而且……首先它可以抵御最终可能偏离企业目标的偏差和极细微的变化”。[②] 这其实是在评估现有的能力和力量，并通过对环境的审视来预测未来的趋势。任何计划都依赖于以下三个因素：①企业的资源，也就是不动产、设备、原材料、人员、销路和公共关系等；②目前正在进行的工作的性质；③企业所有无法事先决定的活动的未来发展趋势。其中，第一个因素即企业的资源奠定了后来的企业竞争力资源观的基础。法约尔还提出了提高管理水平的14条原则，包括分工、权力与责任、纪律、统一指挥、统一领导、个人利益服从集体利益、报酬合理、集权与分权、等级链与跳板、秩序、公平、人员稳定、首创精神、集体精神。法约尔指出工作分工会导致更高的专业技能，从而提高生产率。

马克斯·韦伯的组织管理理论认为，组织能力的提高必须通过建立一种高度结构化的、正式的、非人格化的“理想的行政组织体系”

---

① 周三多、陈传明：《管理学》，高等教育出版社2010年版。

② ［美］雷恩：《管理思想的演变》（中文版），中国社会科学出版社2000年版。

实现。他认为理想的行政组织体系在精确性、稳定性、纪律性和可靠性方面优于其他组织，是对个人进行强制控制的最合理手段，是实现目标、提高劳动生产率的最有效形式。韦伯在考虑一些国家历史上为什么能脱颖而出，比其他国家更有生命力，尤其应该从文化或者价值角度入手，他总结出了6个先决条件：①合理的资本会计制度作为一切供应日常需要的大工业企业的标准；②自由的市场；③作为资本会计制度基础的计算技术；④可预测的规律，包括可预测的判断和管理，这是合理运用工业组织的必要依靠；⑤自由的劳动；⑥经济生活的商业化，也就是使用商业手段来表明企业和财产所有权。为什么一些国家具备这些条件而另一些国家不具备？原因在于某些类型的实际的理性行为更多地取决于人的能力和气质，资本主义的一些种子和因素在中国、印度、巴比伦、古代的希腊和罗马，在中世纪都曾存在过，但缺乏独特的精神气质。[①]

这些理论从本质上是一种工程学方法，聚焦于“最节约地使用工人”[②]，他们均强调如何满足经济环境中企业在资源利用的合理化方面的需求，正如钱德勒指出，到第一次世界大战开始时，美国完成了第一个阶段（工业发展的资源积累阶段），这意味着20世纪初的典型公司主要面对两个问题：通过改进生产技术和过程降低单位成本的需要；促进计划、协调以及绩效评估的需要[③]。但资源的大规模积累只是满足大规模市场和大规模流通需求的必备条件，真正使得大规模生产和大规模流通达到经济效果的是大量熟悉组织管理领域的最新方法和思想的管理人才。而通过对1994年《财富》500强企业进行调查发现，其中有247家企业如柯达、可口可乐、西尔斯、通用电气、百事、固特异、福特汽车、通用汽车、IBM、播音、迪士尼、达美航空

---

① ［德］马克斯·韦伯：《新教伦理有资本主义精神》，于晓等译，生活·读书·新知三联书店1987年版，第15页；牟文富：《国家竞争力理论综述》，《国际商务研究》2000年第1期。

② Ordway Tead and Henry C. Metcalf, *Personnel Administration: Its Principles and Practices*, New York: McGraw - Hill, 1920, p. 27.

③ Alfred D. Chandler, Jr., *Strategy and Structure*, Cambridge, MA: MIT Press, 1962, pp. 386 - 390.

等是在这一时期创建的，其中许多公司都代表了新兴行业，新技术的使用是新兴企业和传统企业都能更加成功进行竞争的原因[①]。“资源利用的合理化—管理和工人—技术”的发展脉络中强调了企业能力提升的关键，认为竞争力的实质是经济效益或者生产率的差异，其强调的是劳动生产率提高对竞争力培育的作用，这种对效率的强调仍然是当代管理的一种主流价值观，若体现在经济学上就是反映出生产商品的成本—价格上的差异。

三 中期管理理论阶段所包含的竞争力思想

这个阶段的管理理论称为行为科学理论，其真正引起关注是在20世纪30年代，其主要研究个体行为、团体行为与组织行为之间的关系，认为员工满意度和生产率取决于员工之间以及员工与其上司之间良好的社会交往和互动，因此实现效率和工作场所和谐的关键是支持性的人际关系，因而要重视研究人的心理、行为等对高效率实现组织目标（效果）的影响作用。其同古典管理理论的最主要差别是提出了社会人假设，即工人不再是简单地机械地劳动，在工作过程中会有情感方面的沟通，而这种情感沟通也被当作企业与企业之间开展竞争的一种工具。其代表成果有乔治·埃尔顿·梅奥（G. E. Mayo）的人际关系理论（1933）、戴尔·卡耐基（Dale Carnegie）的人际关系观点（1936）、切斯特·I. 巴纳德（Chester I. Barnard）的社会协作系统理论（1938）、亚伯拉罕·H. 马斯洛（A·H. Maslou）的需要层次论（1943）、弗雷德里克·赫茨伯格（F. Herzberg）的双因素理论（1959）、戴维·麦克莱兰（D. C. Macleland）的激励需求理论（1953）、道格拉斯·M. 麦格雷戈（D. M. Mcgregor）的X－Y理论（1957）。

梅奥从1924年开始对美国西方电气公司霍桑工厂进行研究，其旨在调查工作场所的照明度与员工生产率之间的关系，但得出的结果

---

① ［美］丹尼尔·A. 雷恩、［美］阿瑟·G. 贝德安：《管理思想史》，孙健敏、黄小勇、李原译，中国人民大学出版社2012年版，第204页。

是“产量的上下浮动与照明度并无直接关联”①，在后期的研究中通过不断改变实验条件发现个体的心理状态、监督风格等会影响生产率。工人在工作过程中除了物质需求外，还有社会、心理等方面的需求，在工作中，组织的感情、规范和倾向会左右工人的行为，因此，通过提高工人的满意度可以提高生产率，而提高工人的满意度本质上是倡导一种新型的管理技能，即处理人际互动的技能。

卡耐基没有提出什么深奥的理论，但均是源于生活的哲理思考，如何克服人性的弱点、发挥人性的优点、开发人的潜能从而获得事业的成功和人生的快乐是其思想的主旨。

巴纳德在1938年的《经理人员的职能》中首次将组织理论从管理理论和战略中分离出来，其强调了经理人员的职能包括：①提供一个信息交流系统；②获得必要的个人努力；③制定和规定目的。作为经理人“对整个组织及与之有关的全部情景的领悟”，这是一种管理的“艺术”，即经理人员的管理工作应该注重组织的效能，即如何使组织与环境相适应。

马斯洛指出人是有需求的动物，其需求取决于他已经得到了什么，还缺少什么，只有尚未得到满足的需求才会影响人的行为，他将人的需求分为五个层次：生理的需求、安全的需求、社交的需求、尊重的需求以及自我实现的需求。其中，生理的需求、安全的需求是低级需求，社交的需求、尊重的需求与自我实现的需求是高级的需求。这些需求具有层次性、多样性、潜在性和可变性的特征，低层次的需求得到满足后，才会出现更高层次的需求。因此，要通过了解工人的内在需求，激励工人工作从而不断地提高劳动生产率。

双因素理论也称为保健—激励理论，其研究重点是组织中个人与工作的关系，赫茨伯格指出个人对工作的态度在很大程度上决定着任务的成功与失败。在工作中调查发现，人们不满意的原因往往是一些工作的外在因素，大多同他们的工作条件和环境有关，能给人们带来

---

① Charles E. Snow, “Research on Industrial Illumination: A Discussion of the Relation of Illumination Intensity to Productive Efficiency”, *Tech Engineering News* 8, November 1927, p. 272.

满意的因素通常是工作内在的，由工作本身所决定。为此，他将这些行为分为保健因素和激励因素，其中保健因素是那些与人们的不满情绪有关的因素，如公司的政策、管理和监督、人际关系、工作条件等。保健因素处理不好，会使人们对工作产生不满情绪，处理得好可以预防或者消除不满，但是不能对员工起激励作用。激励因素是指那些与人们的满意情绪有关的因素，如果处理得好，会使人们对工作产生满意情绪，如果处理不好，其结果顶多是没有使人们产生满意情绪，并不会导致不满。因此，在企业管理中，要调动员工的积极性，首先要注意保健因素，以防止不满情绪的产生，更重要的是要用激励因素激发员工的工作热情，使其努力工作、奋发向上。

激励需求理论认为在人的一生中，有些需求是后天培养的，如成就的需求、依附的需求、权利的需求。有着强烈成就需求的人是那些倾向于成为企业家的人，他们喜欢把事情做得比竞争者更好，并且敢于冒商业风险；有着强烈依附需求的人是成功的“整合者”，他们的工作是协调组织中几个部门的工作；有着强烈权利需求的人，更有可能随着时间的推移而逐步晋升。因此，在企业管理中，要不断地培养某些员工这三个方面的需求，从而提高劳动生产率。

X－Y 理论是麦格雷戈建立的关于人性的观点的假说，X 理论的员工天生好逸恶劳，不喜欢工作，躲避工作，以自我为中心，逃避责任；Y 理论的员工自觉勤奋，喜欢工作，具有很强的自我控制能力，主动寻求承担责任。因此，在企业管理中，应该让员工参与决策，为员工提供富有挑战性和责任感的工作，建立良好的群体关系，调动员工的积极性。

与古典管理理论不同的是，这些理论均认为，人是“社会人”而非“经济人”，人的需求分层次，不同层次的人具有不同的需求。企业效率源于人的工作，而人的努力程度取决于多种心理要素。因此，其对竞争力的分析又前进了一步，指出了提高竞争力是对人的行为的管理，从科学管理理论中仅单纯强调劳动生产率过渡到了对人的关注，指出了提高劳动生产率的最本质的原因。

第二节 管理学竞争力理论的形成阶段

一 市场营销管理理论阶段所包含的竞争力思想

20世纪60年代进入了以营销管理为主题的管理阶段，其典型的代表是特德·列维特（Ted Levitt）和菲利普·科特勒（Philip Kotler），列维特（1960）在《哈佛商业评论》上发表了《营销近视》一文，强调了企业的核心是满足消费者，而不是简单地生产商品，公司应当注重市场导向而不是生产导向，并且应该由首席执行官和高层管理部门领导营销部门。科特勒（1967）在《营销管理：分析、计划和控制》中提出了传统的4Ps营销理论，该理论认为市场营销的根本问题是解决好产品（Product）、价格（Price）、销售渠道（Place）和促销（Promotion），也就是说，企业只要能生产出“质量上乘”的产品，即可根据成本和竞争设定一个能够赚取很多利润的价格。国际环境的剧烈变化，石油危机的出现，有效的营销手段固然可以带来企业在市场中的竞争优势，但并不能保证企业长期的生存和发展，而需要不断地对新的环境进行深入的分析，使得管理理论以战略管理为主要方向，此时重点研究的是企业如何适应充满危机和动荡的环境变化，选择适合自身资源和实力的经营领域以及产品，进而形成自己的核心竞争力，并且通过差异化在竞争中获胜，进而推动管理学竞争力理论的极大发展。

二 战略管理理论阶段所包含的竞争力思想

20世纪60年代，兴起了战略管理理论，早期的代表人物有阿尔弗雷德·D. 钱德勒（Alfred D. Chandler，1962）、伊戈尔·安索夫（Igor Ansoff，1965）和肯尼思·R. 安德鲁斯（Kenneth R. Andrews，1971），其最基本的问题是组织如何获得和维持它们的竞争优势，强调“综合外部威胁（机会）和内部能力（弱点）”（Barney，1991）。后期的竞争战略理论就是典型的综合外部威胁（机会）分析的外生论，而资源基础理论、核心能力理论以及动态能力理论是内部能力

（弱点）分析的内生论的典型代表。

阿尔弗雷德·D. 钱德勒（Alfred D. Chandler，1962）在《战略与结构：美国工商企业成长的若干篇章》中详细全面地分析了环境、战略和组织结构之间的互动关联，指出企业的战略应当适应环境变化（满足市场需求），而组织结构又必须适应企业战略的要求，企业应当制定最佳战略，调配资源，然后再选择与战略搭配最合适的组织结构，即“环境—战略—组织”的分析范式。其对欧美近代企业管理史研究发现，企业发展的动力是组织能力，组织能力是企业在其发展过程中充分利用规模经济和范围经济所获得的生产能力、营销能力和管理技能，是企业内部组织起来的物质设施和人的能力的集合①。组织能力来源于企业对三个方面的投资：一是企业进行大规模生产设备的投资，以便其能充分利用技术所具有的潜在的规模及范围经济；二是为配合大规模生产，对全国乃至国外的营销、流通网络的投资，以应对迅速增长的生产和销售的需要；三是对管理的投资，这不仅为了强化监督和调节两个基本活动，而且还要为将来日益扩大的生产和流通制订计划、分配资源而培养具有领导能力的管理人才。② 根据钱德勒的研究，美国企业发展到一定的规模，就以四种方式不断地扩大，即横向一体化、纵向一体化、开拓新市场和开发新产品。在此基础上，就战略构造问题形成了两个相近的学派：“计划学派”和“设计学派”。

（一）计划学派所包含的竞争力思想

计划学派以伊戈尔·安索夫为杰出代表，其在《公司战略》（1965）中首次提出了企业战略这一概念，认为战略构造应该是一个有控制、有意识的正式计划过程，企业的高层管理者负责计划的全过程，而具体制订和实施计划人员必须对高层负责，通过目标、项目、预算的分解来实施所制订的战略计划，等等。企业经营过程中要把企

① Chandler, A. D., *Scale and Scope: The Dynamics of Industrial Capitalism*, Cambridge, Mass.: The Belknap Press of Harvard University Press, 1990.

② 林根：《企业竞争力的形成与提升》，上海财经大学出版社 2010 年版。

业长期目标的管理作为企业战略重点，有力地把战略管理推向历史发展的前沿。战略的构成要素包括产品和市场范围、增长向量、协同效果和竞争优势。1979 年，安索夫又出版了《战略管理》，先后经过 15 年的努力，安索夫系统提出了战略管理模式，及时提出公司战略，设计出公司战略的系统管理工具以及把战略管理理论化和系统化。正如安索夫在该书的序言中所指出的，该书的写作目的是为了“开发一系列有实用价值的理论和程序，使经理人能用它进行经营……商业企业可凭借其获得实用的方法来进行战略决策”。安索夫认为企业战略的出发点是适应环境，环境是企业无法控制的，只有适应环境变化，企业才能生存和发展。企业战略的目标是提高市场占有率，企业战略适应环境变化旨在满足市场需求，获得足够的市场占有率，这样才有利于企业的生存与发展。企业战略的实施要求组织结构变化与之相适应。企业制定战略首先是评价外部环境，主要采用 PEST（Political、Economical、Social、Technological）分析框架，评估政治、经济、社会、技术对企业发展的影响，辨别企业长期的变化驱动力及外部各环境要素对企业的不同作用，从而确定关键环境因素，并以此制定企业战略，调整组织结构，使企业与环境相适应。① 经典企业战略实质是一个组织对其环境的适应过程以及由此带来的组织内部结构变化的过程。因而，在战略实施上，势必要求企业组织结构要与企业战略相适应。

安索夫还提倡对企业内部的实力和弱点进行辨别，他建议经理们应该汇编本公司和竞争对手的“竞争力一览表”②，通过对现有的竞争对手实力的分析，以确定自身的行动方向。同时，他还建议将此项工作反复进行，以充实和修正自己的规划。这种对获取竞争优势的必要性的强调同样体现在他所提出的战略规划模型上。在这一模型中，安索夫描绘了战略制定流程的差距分析方法，即确定目标、针对目

① 方振邦、徐东华编著：《管理思想百年脉络》，中国人民大学出版社 2012 年版，第 200 页。

② 这里的“竞争力一览表”是指详细罗列本公司技能与资源的综合清单。

标分析自身所处的位置、辨明自身的位置和自身想要在什么位置的差距、制定弥合差距的行动备选方案并根据缩小差距的目的选择最佳方案。

（二）设计学派所包含的竞争力思想

设计学派以肯尼思·R. 安德鲁斯为代表，其出版了《公司战略理念》，论述了管理学中重要的战略制定工具SWOT分析法，即企业在制定战略的过程中要分析企业的优势（Strength）、劣势（Weakness），分析环境带来的机会（Opportunity）与威胁（Threats）。其将竞争定义为一个公司决定和揭示其目的、目标或者意图的决策模式和实现这些目标的计划，决策模式决定了公司的业务范围，以及在股东、雇员、客户和公众等面前是什么样的组织。安德鲁斯将战略分为四个构成要素：①市场机会；②公司的能力和资源；③参与人员的个人价值观和期望；④对整体社会的义务。其中市场机会和社会责任是外部环境因素，公司实力及个人价值观和期望是企业内部因素。他还主张企业应更好地配置自己的资源，以获取竞争优势。他主张经营战略应使组织自身的条件和所遇到的机会相适应，高层经理人应该是战略制定的设计者，最好的战略应该具有战略性和灵活性。

无论设计学派还是计划学派，其在竞争力论述过程中均强调了环境对企业战略的重要作用，战略的目标是提高市场占有率，企业战略的实施要求组织结构变化与之相适应。在此基础上，战略管理理论获得了极大的发展，包括竞争战略理论、资源基础理论和核心能力理论。

第三节　管理学竞争力理论的发展阶段

一　竞争战略理论所包含的竞争力思想

20世纪70年代以后，战略管理理论沿着“外部市场机会和威胁分析”的脉络发展，美国哈佛大学商学院迈克尔·E. 波特（Michael E. Porter）先后出版了《竞争战略》（*Competitive Strategy*，1980）、

《竞争优势》（*Competitive Advantage*，1985）和《国家竞争优势》（*The Competitive Advantage of Nations*，1990）三部著作，分别从微观、中观和宏观三个层次较为全面地论述了“竞争”问题，系统提出了竞争优势理论，堪称当今世界上竞争战略和竞争力方面公认的第一权威。他极力推崇“结构（Structure）—行为（Conduct）—绩效（Performance）”范式（Mason，1949；Bain，1959），这一理论的基本思想是将企业竞争力的差异归结为市场结构作用的结果，而市场相对于企业来说是外生的因素。波特认为，战略就是企业通过差异化的一体化经营活动创造持续的、独特的、有价值的竞争优势。企业战略的核心是获取竞争优势，而影响竞争优势的因素有两个：①企业所处的产业的盈利能力，即产业的吸引力；②企业在产业中的相对竞争地位。因此，企业战略的选择主要基于两点考虑：①在行业的选择上应选择有吸引力、高潜在利润的产业，行业选择对一个企业能够获得高于平均水平的投资收益具有重要的影响，企业选择一个朝阳产业要比选择夕阳产业更有利于提高自己的获利能力。②在已选择的产业中确定自己优势的竞争地位。在一个产业中，不管它的吸引力以及提供的盈利机会如何，处于竞争优势地位的企业要比劣势的企业更有利可图。而要正确地选择有吸引力的产业以及给自己的竞争优势定位，必须对将要进入的一个或者几个产业结构状况和竞争环境进行分析。

波特的竞争战略理论的基本逻辑是：①产业结构是决定企业盈利能力的关键因素；②企业可以通过选择和执行一种基本战略影响行业中的五种作用力量（产业结构），以改善和加强企业的相对竞争地位，获取市场竞争优势（低成本或者差异化优势）；③价值链活动是竞争优势的来源，企业可以通过价值链活动和价值链关系（包括一条价值链内的活动之间及两条或者多条价值链之间的关系）的调整来实施其基本战略。在具体的论述过程中主要包括经典的三种基本竞争战略、五力模型、钻石模型以及价值链分析法。而钻石模型也根据各个国家的实际情况而被不断地拓展和延伸。

波特指出企业要形成竞争优势，一般只有两条基本途径：①成为行业中成本最低的经营者；②在产品和服务上形成与众不同的特色。

基于此，波特提出了三种基本的竞争战略，即成本领先战略、差异化战略以及集中型战略。

成本领先战略（Overall Cost Leadership）也称低成本战略，就是使企业的全部成本低于竞争对手的成本，甚至是在同行业中处于最低。实现成本领先战略要求企业有高效率的设备，紧缩成本开支以降低经验成本并控制间接费用以降低研究与开发、广告、销售力量、服务等方面的成本，为此，企业在采购过程中要同原材料供应商保持良好的关系，提高原材料的质量或者降低价格，企业要通过创新提高经营效率、降低经营成本。

差异化战略（Differentiation/Differentiation Strategy）又称别具一格战略、差别化战略，是指企业使自己的产品或者服务区别于其他企业，形成一些在全产业范围内具有独特性的东西，从而在竞争中处于有利地位。实现差异化战略可以有许多方式：设计或品牌形象（Fieldcrest 在毛巾被和床单产业的名声最响、Mercedes Benz 在汽车业中信誉卓著）、技术特点（Hyster 在起重卡车业中、Coleman 在野营设备业中都有独特的技术特点）、外观特点（Jenn - Air 在电器领域外观独特）、客户服务（Crown Cork 及 Seal 在金属罐产业中别具一格）、经销网络（Caterpillar Tractor 在建筑设备业中经营网络很广）及其他方面的独特性。波特进一步指出实施差异化战略可以拥有诸多方面的优势，包括形成进入壁垒、减少顾客敏感度、增强议价能力、防止替代品的威胁等。

集中型战略（Focus Strategy）即聚焦战略，是指把经营战略的重点放在一个特定的目标市场上，为特定的地区或特定的购买者集团提供特殊的产品或服务。该战略的前提思想是：企业以更高的效率和更好的效果为某一狭窄的细分市场服务，从而超越在较广阔范围内竞争的对手们。这样可以避免大而弱的分散投资局面，容易形成企业的核心竞争力。成本领先战略与差异化战略是面向全行业，在整个行业的范围内进行活动，而集中型战略是围绕一个特定的目标进行密集型生产。目标集中型战略可以防御行业中的各种竞争力量，使企业在本行业中获得超过平均水平的收益。这三大竞争战略之间的比较如表 4 - 1 所示。

表4-1　波特三大竞争战略比较分析

基本竞争战略	成本领先战略	差异化战略	集中型战略
产品差异化	低（主要是价格）	高（各自产品特色）	由低到高
市场细分化	低（程度不深，不细）	高（众多细分市场）	低（特定市场）
对企业的组织要求	结构分明的组织和责任，严格的定量管理（精细作业），严格的成本控制	研发、制造、市场部门紧密配合，重视主观评价和激励，有利于创新的文化氛围	与集中型战略任务相适应的组织和激励体系、市场结构变化
核心竞争力形成	制造、物料管理、成本控制	研究开发、营销能力	任何特殊竞争力
主要风险	成本领先战略无法保持，如竞争者模仿、技术进步、企业相关能力下降、成本不利因素出现等，未做好差异化准备，可能丧失此方面的优势，可能在成本方面采用集中性战略，因此产生挑战	差异化无法保持，如竞争者模仿，市场、用户需求变化，可能失去成本优势，采用某个差异化集中型战略经营的对手取得更好的差异化	其他对手模仿和挤入同类集中型定位和战略、大型企业的精细化经营带来挑战

波特的三种基本竞争战略是围绕着产品和价格的差异探讨竞争优势的源泉，而这是以产品与企业规模的异质性为前提的。同时，模型中强调了一个企业不能同时追求成本领先与产业差异化，否则将被“夹在中间”，然而，现实中却有不少企业成功地同时实现了成本领先和差异化。

二　资源基础理论所包含的竞争力思想

遵循战略管理的“内部能力（弱点）”思路，人们开始注重对企业内部的研究，从而形成了资源基础理论（Resource - based View），其发轫于罗伯特·潘罗斯（Edith Penrose，1959）的经典著作《企业成长论》（*The Theory of the Growth of the Firm*），他认为一个企业能否获得高于平均收益水平的投资收益率很大程度上取决于企业的内部特点，企业的成长就是逐渐积累知识以拓展其生产领域的过程。理查德·鲁梅特（Richard Rumelt，1982）发表了《不确定模仿力：竞争条件下企业运行效率的差异分析》，指出最重要的超额利润源泉是企业内部资源所具有的特殊性。伯格·沃纳菲尔特（B. Wemerfelt，1984）在《企业资源基础论》中强调了企业资源及其差异性对企业获得和维持竞争优势的重要作用，强调要从企业的资源出发，而不是从市场位势出发来理解和建立企业的竞争优势，企业所拥有的异质资源才能使其获得竞争优势，这标志着资源基础理论的正式诞生。

资源基础理论的假设是企业具有不同的有形资源和无形资源，这些独特的资源是企业战略的基础，资源的差异性是竞争优势的基础。这里的资源是指“企业控制的所有资产、能力、组织过程、企业特质、信息、知识等，是企业为了提升自身的效率和效益而用来创造并实施战略的基础”［Daft（1983）转引自 Barney（1991）p. 101］，这些资源包括企业用来开发、生产和分销产品或服务给消费者的所有财力、物力、人力和组织资源。其中财力资源包括债务、权益、留存收益等；物力资源包括企业经营中所用的机器、生产设施、建筑物；人力资源包括与企业相关的经验、知识、判断、风险承担倾向和个人智慧；组织资源包括历史、关系、信用和组织文化[①]。这些资源可以转变成独特的能力，随着时间的推移，企业拥有不同的资源，从而同一行业的企业不可能拥有相同的战略、相同的资源、相同的能力。这些资源既可能促进竞争力的发展，也可能阻碍竞争力的发展，抑或是与竞争力的发展无关，资源基础理论中所关注的资源必须是起促进作用的战略资源。作为优势资源一般具备四个条件（Wernerfelt，1984）：①有价值，即企业可以凭借这些资源形成内部优势、减少外部威胁；②稀缺性，即企业目前和潜在的竞争对手不具有这些资源；③不能完全被复制性，即资源必须是企业所特有的，不像材料、机器设备那样在市场上随便买得到；④其他资源无法替代性，即其他资源无法找到从战略上、功能上和属性上相近的或者相似的资源，而这一方面的特性决定了竞争优势的持续性。Barney（1991）揭示出了资源到战略资

① Jay Barney，“Looking Inside for Competitive Advantage”，*Academy of Management Executive*，1995.

源之间的演变过程，其先后提出了“有价值资源”和“稀缺资源”的概念，“有价值资源”只是产生竞争战略的必要条件，但不能作为企业竞争优势或者持续竞争优势的源泉，企业只有拥有了“稀缺资源”，才能拥有竞争优势。但是经过一段时间之后，其他企业可能也会获得“稀缺资源”，因此，企业要获得持续的竞争优势还必须保证这种资源是“不完全模仿的资源”或者“不完全替代的资源”。Peteraf（1993）从竞争战略的角度对资源基础理论进行分析，其在《竞争优势的里程碑：一个资源基础理论的观点》中将竞争战略分为四种类型：①以资源异质性为核心的竞争战略；②采取事后限制竞争的战略，包括不完全模仿能力和不完全替代能力；③不完全流动性的竞争战略；④事前限制竞争的战略。其中，异质性战略只是持续性竞争优势的必要条件，而非充分条件，四种战略相互组合才是获得持续性竞争优势的充分和必要条件。

按照 Ansoff（1987）和 Minttzberg（1999）的说法，资源基础观实际上是在战略管理中形成的另一个研究范式，其构造了“资源—战略—绩效”的基本框架，这个框架的核心思想是企业竞争力的差异是由战略的差异，或者更进一步说是由企业的资源差异来解释的，这是一个从资源到战略再到竞争力的因果关系。[①] 企业通过培育、获取能给企业带来竞争优势的特殊资源可以促进企业的长远发展，对于这些特殊资源可以通过组织学习、知识管理和建立外部网络获得。这些资源可以转变成独特的能力，从而构成企业持久竞争优势的源泉。

资源基础理论并没有解释资源形成的过程，也没有把企业内部资源与市场要素有机结合，过分强调内部条件，而缺乏对外部环境的分析，对竞争力的对比性解释不足。在分析过程中把人力资源作为一种静态要素进行分析，没有指出其在创造新资源实现竞争优势中的战略主导作用。理论过于抽象，难以区分、识别与评价企业的战略性资源，有待于进一步的发展。

---

① 《关于资源基础理论的相关论述》，《经济管理·新管理》2001 年第 12 期。

三 核心能力理论所包含的竞争力思想

核心能力理论是竞争战略理论的重要发展，其创始人是加里·哈默尔和C. K. 普拉哈拉德（Gary Hamel & C. K. Prahalad，1990），他们当时发现美国和欧洲的大型跨国公司相继败给了日本公司，通过比较研究发现日本企业获取长期竞争优势的战略途径是建立有核心竞争力的战略意图。随后，他们在《哈佛商业评论》上发表了《公司核心能力》（*The Core Competence of the Corporation*）一文，核心能力理论获得了全面的发展，并逐步成为20世纪90年代以来企业战略研究领域的新主流。

核心能力理论假设企业具有不同的资源，从而形成了独特的能力，资源不能在企业间自由流动，对于属于某企业独有的资源，其他企业无法得到或者复制，企业利用这些资源的独特方式是企业形成竞争优势的基础①。按照加里·哈默尔和C. K. 普拉哈拉德的定义，核心竞争力是“组织中的积累性知识，特别是关于如何协调不同的生产技能和有机结合多种技术的知识”。核心能力理论认为企业的竞争优势源于企业具有的核心能力（又称核心竞争力）②，核心竞争力是未来产品开发的源泉，是竞争能力的根源，核心竞争力的形成要经历企业内部资源、知识、技术的积累、整合的过程。其后，斯托克、伊万斯、舒尔曼（Stalk，Evans & Schulman，1992）提出了“整体核心能力”的概念，认为企业的核心能力在于组织成员的集体技能和知识以及员工相互交往方式的组织程序。迈克尔·波特也指出，如果企业想在未来的市场上占据主导地位，建立一种能对未来顾客所重视的价值起巨大作用的核心能力十分重要。普拉哈拉德（1993）从技术、管理过程和群体学习角度分析认为核心竞争力是有关顾客的知识和直觉创造性的和谐整体。梅耶和厄特巴克（Meyer & Utterback，1993）指出核心能力是企业在研究开发、生产制造和市场营销等方面的能力，其强弱直接影响着企业绩效。普拉哈拉德（1994）又从技能和知识的角

---

① 汪涛：《竞争的演进——从对抗的竞争到合作的竞争》，武汉大学出版社2002年版。

② M. H. Meyer and J. M. Utterback, “The Product Family and the Dynamics of Core Capability”, *MIT Sloan Management Review*, 1993, pp. 29 –47.

度分析核心竞争力是企业由于以往的投资和学习行为所累积的技能与知识的结合，是具有企业特长性的专长，是使一项或者多项业务达到世界一流水平的能力。哈默尔、贺尼（Gary Hamel & A. Heene，1994）提出了企业能力基础竞争论。帕特尔和帕维特（Patel & Pavitt，1994）首次提出了核心技术能力。戴维·贝赞可（David Besanko，1999）等认为能力是一个公司比其他公司做得出色的一系列活动。核心能力与竞争优势之间的逻辑关系体现为：核心能力（关键技术、技能及其整合）—核心产品—战略业务单位（SBU）—最终产品—企业竞争优势，即市场竞争表现为企业最终产品的竞争，而核心能力则是企业获取竞争优势的源泉。

核心能力若要成为企业可持续竞争优势的源泉，必须具备如下特征：①价值性，该能力使得企业比竞争对手更好地创造顾客价值（如更好的产品性能、更高的产品质量、更低的成本，以及更完善的服务等）；②整合性，强调核心技术或者关键技能的整合效果；③稀缺性，即为竞争对手所不具备；④延展性，即能开拓未来业务；⑤动态性，企业核心能力要求不断地创新，包括观念创新、技术创新和管理创新。

随着特定的市场环境的发展，核心能力概念的内涵被不断地丰富，包括：①企业创新能力，如市场创新能力、技术创新能力、管理创新能力等，创新能力是一个企业核心能力和旺盛生命力的精髓所在；②开拓市场的能力，如提高市场占有率、增强新业务的开拓能力、加速知识品牌的形成能力、提高对市场变化的反应能力等；③规模竞争力；④管理和资源整合的竞争力；⑤环境竞争力。

核心能力理论提供了一个分析框架——从企业内部能力能够较为透彻地解释有些企业为什么能长期获得高于平均收益水平的平均回报，指出了识别、培育和应用核心能力是竞争优势的关键，但是该理论并没有认识到人力资源管理是实现“识别、培育和应用能力”机制的有效操作工具①。其高度强调了企业内部因素的差异性，尤其是企

---

① 李强：《基于价值链的人力资源管理模式研究——以竞争优势为视角》，硕士学位论文，四川大学，2009 年。

业能力和核心能力对企业获得超额利润的影响，是对企业竞争本质的重要认识，这既是其突出的贡献，也是其不足之处，它忽视了竞争力概念中所强调的比较概念。核心能力理论提出了一套进行资源和能力分析的理论和方法，但是没有给出用以识别核心能力的方法和评价体系，也没有就如何积累核心能力提供有效的、有操作性的途径。核心能力理论明确了对企业能力的分析在企业战略制定过程中的重要性，将企业的协调机制、组织结构、管理和控制看成是一种能力，但是在选择那些能成为核心竞争力的因素的同时，还应关注未来的核心竞争力，提高企业的预见能力，根据消费者需求、技术发展、社会大趋势等前瞻性的预测，构想未来的产业，培养新的核心竞争力。

四　动态能力理论所包含的竞争力思想

核心能力是企业在长期发展过程中形成的，一旦形成即具有相对稳定性。然而企业所面临的环境是动态变化的，现在拥有的核心能力、知识可能并不适应企业未来竞争的需要。环境的变化以及新技术的出现可能会使企业精心培育的核心能力一夜之间变得一文不值。因此，企业核心竞争力的培育必须能同外部不断变化的环境相适应、相协调。在这种背景下，蒂斯（Teece，1994）为了弥补资源基础理论和核心能力理论的不足，在 *The dynamic capability of firm：an introduction* 一文中首次提出了动态能力（Dynamic Capabilities）的概念，即"……企业整合、构建和重组各种内部和外部能力以适应变幻莫测的环境的能力。因此，动态能力反映了一个组织在路径依赖和市场位置既定的情况下获得新竞争优势的能力"①。动态能力理论秉承了熊彼特"创造性毁灭"的思想，认为基于当前的资源位置和历史路径所形成的特有的基于流程的能力是企业竞争优势的来源。其逻辑思维是在充分认识环境动态性的基础上，结合企业的位势，发现和定义新的机遇，并制定出相应的战略，选择暂时的、不连续的伙伴来完成特定战略，通过合作竞争取得新的竞争优势，在完成预定的战略后解散现有

① David J. Teece, Gary Pisano and Amy Shuen, "Dynamic Capabilities and Strategic Management", *Strategic Management Journal*, Vol. 18, 2007, p. 524.

合作，再回到起点去寻找新的创新机遇，通过不断创新来保持企业在超级竞争环境下的持续发展。在瞬息万变、不可预测的环境下，所有的竞争优势都是短暂的，不能固守在原有的优势上，要不断地创造新优势。影响动态能力生成和积累的因素包括两个层面：①源于企业外部的因素，即外生性因素，包括行业技术创新、变革性调整、经济周期和行业竞争的本质的变化，会改变企业动态能力演化的轨迹、方向或者速度①；②源于企业内部的因素，即内生因素，包括组织学习、组织安排与其他诸如战略意图与认知模式等。这种动态能力具有如下特征：①开拓性，动态能力是改变企业能力的能力，并在创新上具有开拓性动力；②复杂性，动态能力是建立在企业的流程基础上的，而其流程具有复杂性；③难以复制性，企业流程的紧密联系性导致组织能力系统在不同层次都表现出一致性，如果改变企业内某些部分流程，就必然会引起其他部分流程的相应改变，因此，动态能力的复制变得非常困难。企业的动态能力过程如图 4－1 所示。

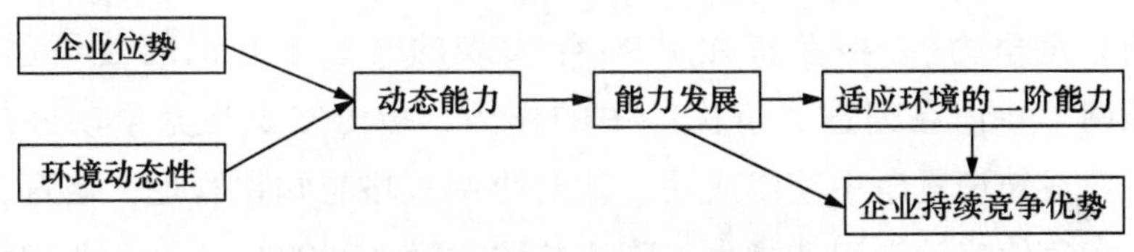

图 4－1 企业的组织能力研究模型

资料来源：黄培伦、尚航标、李海峰：《组织能力：资源基础理论的静态观与动态观辨析》，《管理学报》2009 年第 8 期。

五 企业知识理论所包含的竞争力思想

在以上理论发展的基础上，有些学者指出能力并不等于资源的集合体，能力也不仅仅是卓有成效地利用资源的功能，而是与组织结构和外部环境密切相关。早在 20 世纪 60 年代，彼得·F. 德鲁克（Pe-

---

① Wang C. L., Ahmed P. K., "Dynamic Capabilities: Are View and Research Agenda", *International Journal of Management Review*, Vol. 9, No. 1, 2007, pp. 31－35.

ter F. Drucker）就指出人类社会已经进入了知识经济时代，在知识经济社会里，知识成为企业可持续发展和保持竞争优势的重要资源。20世纪80年代，其在《新型组织的出现》一文中将知识作为与生产要素和劳动力并重的第三个必备要素①。21世纪是一个以知识为主导的时代，知识成为企业最为重要的战略资源，知识作为生产要素地位空前提高，创造和传播知识成为企业核心能力的关键要素，企业唯一的竞争优势或许就是比它的竞争对手学习得更快的能力。Leigh Weiss通过对服务企业各层次专家进行深入访谈，及对这些服务企业的工作小组和项目报告进行研究后指出：对于知识密集型的服务企业而言，知识和知识管理是企业获得竞争优势的关键来源②。Roy Lubit认为由于隐性知识固有的属性，使其形成了企业核心竞争力③。Emin Civi认为企业管理知识资产的目的就是为了获得竞争力，而管理知识的能力是保持企业核心竞争优势的基础④。C. W. Holsapple等提出了知识链的概念，知识链是从组织内知识和组织核心竞争能力的关系出发构建的。其中，知识链是"知"和"识"的结合，这种结合形成了企业的核心竞争力⑤。格兰特在1996年发表的《基于知识的公司理论》中强调了知识在创造竞争优势中的作用，指出知识是竞争制胜的基础，要在知识竞争中获得成功，就要协调战略与知识管理，培育支持企业竞争战略的知识和能力。陈建校和方静（2009）认为企业知识竞争力是指企业在知识获取、创新、传播、转化、共享等活动的基础上，不断创造新的思想、观念、流程和产品，提升企业的技术研发、

---

① 彼得·F. 德鲁克等：《知识管理》，杨开峰译，中国人民大学出版社1999年版，第12—25页。

② Hansen M. T, "The Search - transfer Problem: The Role of Weak Ties in Sharing Knowledge Across Organization Subunits", *Adminlstrative Scienee Quarteily*, Vol. 44, No. 1, 1999, pp. 82 - 111.

③ Roy Lubit, *Tacit Knowledge and Knowledge Management: The Keys to Sustainable Competitive Advantage*, New York: Organizational Dynamics, 1998.

④ Emin Civi, "Knowledge Management as a Competitive Asset: A Review", *Bradford: Marketing Intelligence & Planning*, Vol. 18, 2000, pp. 66 - 81.

⑤ C. W. Holsapple, M. Singh, "The Knowledge Chain Model: Activities for Competitiveness", *Expert Systems with Applications*, 2001, pp. 56 - 71.

市场和管理等能力，并把它们持续、动态地转化为客户价值和社会财富过程中所体现出来的企业竞争能力与发展潜力①。企业当前的知识存量所形成的知识结构决定了企业发现未来机会的能力和配置资源的方法。企业的技术进步、市场开拓、组织结构、管理方式的形成以及中长期文化经验的积累，实际上是知识挖掘、创造、扩散和应用的过程，这一过程既是产品和服务形成的过程，又是知识与企业生产要素相结合并最终形成企业核心竞争力的过程。核心竞争力本质上是企业进行知识积累、创新和应用的一种能力，对核心竞争力的管理就是对知识的管理。尽管知识能够成为决定企业间竞争优势的因素，但知识本身不能直接形成企业竞争力，知识转化为企业核心竞争力需要经历一个动态形成和不断提升的过程，因此，要对知识进行管理（Knowledge Management)，即一个组织整体上对知识的获取、存储、学习、共享和创新的管理过程，目的是提高组织中知识工作者的生产力，提高组织的应变能力和反应速度，创造商业模式，增加核心竞争力。企业必须不断地通过组织学习和建立外部网络来学习优势企业的知识和技能，进而形成和提升企业的动态核心竞争力。

第四节 管理学竞争力理论的成熟阶段

管理学竞争力理论的成熟阶段突出地强调了其系统性、动态性、柔性化等特征，因此，这一阶段的理论主要包括全面质量管理、学习型组织、业务流程再造、战略联盟、供应链管理、虚拟经营等。

一 全面质量管理所包含的竞争力思想

美国通用电气公司质量管理专家阿曼德·费根堡姆（Armand Vallin Feigenbaum，1983）在《全面质量管理：工程和管理》中认为企业竞争力关键在质量管理。全面质量管理（Total Quality Management)

① 陈建校、方静：《企业知识竞争力的演进路径与价值链管理模型》，《中国科技论坛》2009 年第 10 期。

是指在社会的推动下，企业中所有部门、组织、人员都以产品质量为核心，把专业技术、管理技术、数理技术集合在一起，建立起一整套完整的科学严密高效的质量保证体系，从而控制生产过程中影响质量的关键因素，其本质是由顾客需求和期望驱动企业持续不断改善的管理理念，具有全面性、全过程性、全员参与以及全社会参与的特点。在全面质量管理中必须坚持两个思想：①预防为主，不断改进的思想；②为顾客服务的思想。

全面管理是控制产品质量的有效方法，是系统的经营管理理念，是提升企业竞争实力的科学手段。企业竞争实力的强弱最终是通过产品质量、服务质量、管理效果等指标得以反映的，加强全面质量管理，进行全过程、全员、全企业的质量控制管理是全面提高企业综合竞争能力的有效手段。戴明（W. E. Deming）在此基础上，提出了PDCA 管理循环，即计划—执行—检查—处理（Plan、Do、Check、Action）是全面质量管理的基本工作程序。

二 学习型组织所包含的竞争力思想

20 世纪 90 年代以来外界风云突变，而企业内部的管理思想、组织结构和企业文化等方面却还保持着静态的“惯性”。彼得·M. 圣吉（Peter M. Senge，1990）认为所有企业面临的最主要的问题究其本质，就是因为它们是“很差劲的学习者”，往往陷入“局限思考”“归罪于外”“缺乏整体思考的主动积极性”“专注于个别事件”“对于缓慢而来的威胁视而不察”等[①]。因此，他在《第五项修炼：学习型组织的艺术与实务》中指出，最成功的企业是那些具有学习型组织的企业，即通过营造弥漫于整个组织的学习气氛，充分发挥员工的创造性思维能力，在学习型组织中，每个人都要积极地参与到识别和解决问题的过程中，使组织能够进行不断的尝试，改善和提高它的能力。“学习型组织的战略目标是提高学习的速度、能力和才能，通过建立愿景并能够发现、尝试和改进组织的思维模式并因而改变他们的行为。”学习型组织可以看成是企业核心竞争力的发动机，“五项修炼”

---

① 李彬：《彼得·圣吉学习型组织理论》，《企业改革与管理》2009 年第 7 期。

是建立学习型组织的有效途径，包括：①自我超越（Personal Mastery），即每个组织成员都要在探究自己真正的最高愿望基础上，重视现实，全身心投入，终身学习，不断创造，超越自我，自我超越是学习型组织的精神基础。②改善心智模式（Improving Mental Models），即发现和克服自我个性的弱点，改善自身思维模式，以使其灵活适应环境的变化，培养组织运用心智模式的能力，必须学习新的技巧和推动组织方面的革新，以利于经常练习和运用这些技巧。③建立共同愿景（Building Mental Models），即建立共同的理想、目标或者共同的价值观，共同愿景为学习提供了焦点和能量，在共同愿景下人们致力于实现某种他们深深关切的事情，就会产生“创造性学习”。④团队学习（Team Learning），在现代组织中，学习的基本单位是团体而不是个人，当团队真正学习的时候，不仅团体整体会取得出色的成果，个别的成员成长的速度也比其他的学习方式更快。⑤系统思考（System Thinking），企业及其运作的系统性要求企业的每一位成员都要站在企业整体发展的高度来思考和行动。

学习型组织的建立应该说逐渐形成了企业的核心能力，反过来核心能力积累的关键也就在于促进了学习型组织。企业应该在不断的修炼中增加企业的专用性资产、不可模仿的隐性知识等。据统计，在美国排名前25位的企业中，80%已经按照“学习型组织”管理理论进行了企业再造，在世界排名前100位的企业中，已有40家企业步入了学习型企业的轨道。

三　业务流程再造所包含的竞争力思想

波士顿咨询公司的斯托克（G. Stalk）、伊文思（P. Evans）和舒尔曼（L. E. Schulman）（1992）认为生产的组织活动、业务流程等对企业能力起着关键的作用。1993年，美国学者迈克尔·哈默（M. Hammer）和詹姆斯·钱皮（J. Champy）在《公司再造》中指出，在当今顾客（Customer）、竞争（Competition）和变化（Change）3个C的世界中，以任务为导向安排工作岗位的做法已经过时，公司应该以流程为中心安排工作。企业的竞争优势来源于企业业务流程（或价值链）的关键环节，企业为了提高竞争力应该在业务流程的关键环节上下功夫，把改善这些活动和流程作为首要的战略目标，如新产品的开发，从原材料到最终产品，从营销到订货，从顾客订货到实现产品价值等，以提高价值增值能力。当然这些流程中需要各部门之间的相互配合、相互协调，有效地管理整合这些资源，为此他们提出了业务流程再造（Business Process Reengineering，BPR），即“为了飞越性地改善成本、质量、服务、速度等重大的现代企业的运营基准，对工作流程（Business Process）进行重新思考并彻底改革”，其核心思想中突出强调了竞争力理论的发展，包括两个方面：①通过对企业原有的业务流程的重新塑造，使企业在盈利水平、生产效率、产品开发能力速度以及顾客满意程度等关键指标上有一个巨大进步，最终提高企业整体竞争力；②通过对企业业务流程的重新塑造，将企业从以职能为中心的传统形态转变为以流程为中心的新型形态，实现企业经营方式和企业管理方式的根本转变，进而提高竞争力[①]。

企业为了培养这种能力必须考虑以下四个原则：①公司战略的基石不是产品和服务，而是业务流程；②竞争的成功取决于将公司的关键流程转换为能为顾客提供较高价值的战略能力；③公司通过对支持性基本设施做战略性投资来获得这些能力，这些设施联结传统的战略经营单位和部门，并超越了这些单位和部门；④由企业最高管理者来协调各个部门。

四　战略联盟所包含的竞争力思想

世界经济一体化、经济全球化的发展、科学技术的飞速发展使得单个企业依靠自身的力量难以应对科技发展的要求，因此推动了战略联盟的发展，传统的竞争对手发生了根本的变化，企业为了自身生存的需要，可能会与竞争对手进行合作。其最早是由美国 DEC 公司总裁简·霍普兰德（J. Hopland）和管理学家罗杰·奈格尔（R. Nigel）提出的，即两个或者两个以上有着共同战略利益和对等经营实力的企业或者跨国公司，为了实现共同拥有市场、共同使用的资源等战略目标，通过各种契约、协议而结成的优势互补或者优势相长、风险共

---

① 徐全军：《企业竞争力理论基础述评》，《经济体制改革》2004 年第 5 期。

担、生产要素水平式双向或者多向流动的一种松散的合作模式。自20世纪80年代以来，战略联盟在欧美和日本企业界得到了迅速的发展，尤其是跨国公司之间在全球市场竞争中纷纷采取这种合作方式。据统计在近10年来位居世界前列的2000家公司中，战略联盟一直取得了17%的投资回报率，超过一般企业投资回报率50%，最积极从事联盟的25家公司取得了17.2%的权益资本报酬率，比《财富》500强公司的权益资本报酬率高出40%。普瑞斯（Kenneth Preiss）、戈德曼（Steven L. Goldman）和奈格尔（Roger N. Nigel）在《以合作求竞争》（1997）中指出新型企业没有明显的界限划分，其作业过程、运作系统、操作及全体职工都应与顾客、供应商、合作伙伴、竞争对手相互作用和有机联系在一起，只有这样，企业才能获得竞争优势。[①] 之所以说战略联盟理论是管理学竞争力理论成熟的表现之一，主要是因为其发展的理论基础包含了资源基础观、交易费用理论、价值链分析以及知识观。战略联盟是将资源运筹的范围从内部拓展到外部，从而在更大范围内促进资源的优化配置。在战略联盟中，联盟的企业可以借助与联盟内企业的合作，相互传递技术，加快研发的进程，获取本企业缺乏的信息和技术，节约交易成本，从而有利于提升企业的竞争力。另外，通过战略联盟，可以实现企业各自价值链环节之间的相互合作，从而使企业提高核心竞争力。除此之外，战略联盟理论还是知识获取的方式之一，通过战略联盟产生外部经济。联盟的目的是为了增强自身的规模、扩大市场份额、迅速获取新的技术、进入国外市场、降低风险从而提高企业竞争力（如图4－2所示）。

五　供应链管理所包含的竞争力思想

斯托克（1988）在《哈佛商业评论》上发表《时间——下一个竞争优势的源泉》（*Time—The Next Source of Competitive Advantage*），把时间作为企业竞争优势的源泉，认为过去企业靠降低成本与产品多元化来竞争，而现在，时间与速度成为重要的竞争优势来源。在设计、制造、销售与创新上争时间、抢速度，对顾客的需求迅速反应，缩短

---

① 稽惠娟：《从竞争到合作：走进战略联盟》，《经济导刊》2002年第7期。

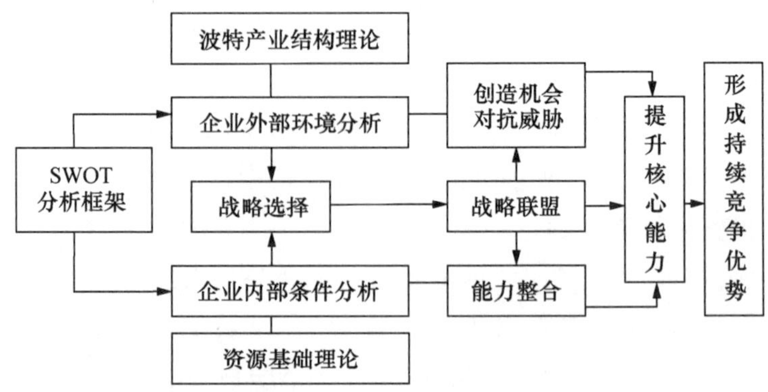

图 4-2 SWOT 框架下战略联盟持续竞争优势创造的模式

资料来源：孟琦、韩斌：《战略联盟持续竞争优势创造模式研究》，《商场现代化》2008 年第 5 期。

产品周期，缩短产品生产时间等时间管理成为重要的竞争手段。美国麻省理工学院查尔斯·法恩（Charles Fine，2001）在《时钟速度》中指出，一家企业最根本、最核心的竞争力在于对供应链的管理。英国著名供应链专家马丁·克里斯多夫也指出“市场上只有供应链而没有企业”，“21 世纪的竞争不是企业和企业之间的竞争，而是供应链和供应链之间的竞争”。供应链管理已经成为经济全球化视角下所有企业关注的最核心的竞争力，供应链决定竞争力。所谓供应链，是指从客户（或消费者）的需求开始，经过产品设计、原材料供应、生产、批发、零售等环节，到最后把产品送到最终用户的各项制造和商业活动所形成的网链结构。供应链中包含了所有零部件供货商、生产商、贸易商、分销商和零售商的分工协作活动。因此，一件产品的竞争力实质上体现出了整条供应链上各个环节的整体竞争力，通过供应链管理，企业可以降低库存，降低物流成本，提高顾客满意度，更加明确其在供应链上的定位，而将一些非核心的业务外包，也进一步加强了企业与企业之间的合作，进一步提升了长期竞争力。通过与供应商的合作，可以及时地取得所需要的优质资源，从而为向顾客提供高质量的产品奠定重要的基础，可以减少不必要的谈判费用。通过与分销商或者零售商之间的合作，可以在短时间内将产品或者服务送到消费者面前，及时了解消费者的真正需求。通过与顾客的合作，企业可以发现顾客真正的利益诉求，尤其是体验经济时代的到来，顾客更加希望通过体验价值来获得自身的需求，这些都是企业维持竞争力的一种方式。

供应链作为企业获取外部知识的一个重要源泉，可以协调和整合供应链内不同企业的知识，使得各成员企业更容易学习和掌握企业外部的先进知识，从而提高组织的知识水平和竞争能力。供应链上的知识共享可以使企业更容易获取各种有价值的知识，并且利用这些知识分析本企业的优势和不足，识别出企业面临的机会和威胁，进而再造企业的组织结构和生产流程，提高企业的知识水平和管理创新能力，从而提升企业的核心竞争力。

国际上一些著名企业如福特公司、IBM 公司、戴尔计算机公司等在供应链实践中所取得的显著成就，以及国内企业如海尔集团、神龙汽车有限公司、宝供储运公司等，通过实施供应链管理所带来的明显的成长和经济效益，更让人坚信供应链是 21 世纪企业适应全球竞争的一个有效途径①。

六 虚拟经营所包含的竞争力思想

在供应链管理、价值链分析以及交易成本理论的基础上，美国学者肯尼斯·普瑞斯（1991）提出了虚拟企业的概念，随后，罗杰·内格尔（1991）提出了企业虚拟经营理论（Virtual Operation Theory），即以内部机构的精简和外部协作的强化为目标，以灵活性和适应性为原则，把企业的供应商、生产商、顾客以及竞争对手等建立起来的动态合作网络作为新型财富创造的方式，虚拟经营实质上是借用、整合外部资源进而提高企业竞争力的一种资源配置模式，而不是去控制资源。肯特（1994）认为以信息技术为基础的虚拟组织，作为一种由独立的供应商、制造商及顾客以各自相对独立的优势为节点而组成的网络，可以解决传统企业为了开展经营活动，而拥有从原材料供应到运

① 黄元祥、李长江：《竞争—合作——21 世纪企业战略联盟新策略》，《科技创业》2002 年第 8 期。

输、后勤、服务等一系列完整的功能所造成的企业规模过大、反应迟钝等问题。因此，虚拟经营是在虚拟技术和信息技术得到前所未有的发展的情况下出现的，一个时代造就一种经营模式，虚拟经营强调合作生态系统的整体优势而非个体优势，通过增强与价值链上各成员协同运作意识，共同构造具有竞争优势的价值系统。① 但虚拟经营必须以企业的核心竞争力为基础，如果企业在形成自己的核心竞争力之前或者没有充分了解自己的核心竞争力所在，而茫然地将某些业务虚拟化，这种虚拟经营将难以奏效，说不定还会影响到企业的发展前景。

第五节　管理学竞争力理论演进的趋势

管理理论的发展过程揭示了培育竞争力的一些基础工作和培育竞争力的源泉，这些理论在发展过程中得到了不断的深化。但竞争力思想绝非以某个特定的年份作为起止时间，相反，各种思想理论之间存在各种运动的融合。管理学竞争力理论的成熟的几个阶段表现并不意味着竞争力理论发展的终止，相反，它是竞争力理论在某一特定历史时期的表现，随着实践的发展，这些竞争力理论也会不断地得到诠释和演进。从已有发展阶段来看，可以总结出如下几个方面的结论以及未来的发展趋势：

（1）从单一理论到综合多种理论的发展过程

管理学竞争力理论的演进过程中体现出了从单一理论到综合多种理论的发展过程，理论与理论之间具有传承性，如从 20 世纪 80 年代开始，企业能力理论大致经历了企业资源基础理论—企业核心能力理论—企业动态能力理论—企业知识理论的发展脉络。企业动态能力理论和企业知识理论是对核心能力理论的进一步延伸与拓展。而到了 20 世纪 90 年代后期所诞生的供应链管理、战略联盟、虚拟经营等思想

① 宋波、徐飞、伍青生：《企业战略管理理论研究的若干前沿问题》，《上海管理科学》2011 年第 3 期。

其实综合体现了管理学竞争力理论的资源基础观、能力观以及战略管理理论的观点，是多种思想的交叉与融合。

（2）层层递进交叉揭示竞争力的来源

在对竞争力来源的探索中经历了从注重企业与内外部环境的静态匹配到关注企业外部环境与企业内部资源和能力，再到注重企业与内外部环境的动态匹配的过程。竞争力的来源可分为内部来源和外部来源，其中，外部来源包括市场结构、技术、文化、教育体系、行业因素、外部联盟、政府政策、制度环境；内部来源包括管理、技术、人力资本、创新、企业文化、企业家、核心能力、制度安排、价格及成本、质量、品牌、差异化和服务等。在竞争力来源的这些因素中，环境是竞争力形成的基础条件，资源、能力和知识优势只有与特定的环境相联系才能形成现实的竞争优势。但环境只是外因，其必须通过资源、能力和知识，才能对企业及其竞争力发挥影响作用。知识是企业竞争力形成的最为关键的要素。

（3）从经济人思想到人本思想的转变

从亚当·斯密的分工能够提高劳动生产率到泰勒阶段“经济人假设”注重对资源的合理利用，通过技术管理工人进而提高劳动生产率，再到行为管理科学阶段“社会人假设”注重通过人际关系的研究来提高劳动生产率，越来越多的学者强调以人为本的管理思潮，即把人视为管理的主要对象及企业的最重要资源，通过激励、调动和发挥员工的积极性和创造性，引导员工去实现预定的目标，进而提高竞争力。如学习型组织就充分体现出了人本管理的思想，流程再造也体现出了“以员工为中心”的指导思想。

当然，在现实生活中可能是多种资源同时对企业的竞争优势起作用，而非单独的资源决定竞争优势，因此导致了企业资源和竞争优势之间关系的模糊性。竞争力理论的脉络也将沿着这些不断地演进和发展。

表 4－2　　管理学视角下竞争力理论的演进脉络一览表

阶段	理论		代表作者	代表著作	主要观点	分析脉络	特点
萌芽阶段（“二战”前）	早期的管理思想阶段（18 世纪中叶到 19 世纪末）		亚当·斯密 罗伯特·欧文 查尔斯·巴贝奇	《国民财富的性质和原因的研究》	劳动分工对提高劳动生产率有重要作用	分工—提高劳动生产率—增进国民财富	强调分工对培育竞争力的重要作用
	古典管理理论阶段（19 世纪末 20 世纪初到 20 世纪 30 年代）	科学管理理论	弗雷德里克·温斯洛·泰勒	《计件工资制》《科学管理原理》	提高企业能力的中心问题是提高劳动生产率，企业发展能力的高低体现了竞争力的强弱	资源利用的合理化—管理和工人—技术	经济人假设，最节约地使用工人，强调技术对提高竞争力的关键作用
		经济管理理论	亨利·法约尔	《工业管理与一般管理》	企业能力的提高是通过六项活动来完成的，工作分工会导致更高的专业技能，从而提高生产率		
		组织管理理论	马克斯·韦伯	《社会和经济组织理论》	组织能力的提高必须通过建立一种高度结构化的、正式的、非人格化的“理想的行政组织体系”实现		

续表

阶段	理论		代表作者	代表著作	主要观点	分析脉络	特点
萌芽阶段（“二战”前）	行为科学理论（20 世纪 30—50 年代）		乔治·埃尔顿·梅奥、戴尔·卡耐基、切斯特·I. 巴纳德、亚伯拉罕·H. 马斯洛、弗雷德里克·赫茨伯格、戴维·麦克莱兰、道格拉斯·M. 麦格雷戈	《工业文明中的人类问题》《经理人员的职能》	提高工人的满足感可以提高劳动生产率	对人的行为的管理—提高劳动生产率	社会人假设，提高竞争力是对人的行为的管理，情感沟通被当成是企业与企业之间开展竞争的一种工具
形成阶段（“二战”后至 20 世纪 80 年代）	市场营销管理理论（20 世纪 60 年代）		菲利普·科特勒、特德·列维特	《营销管理：分析、计划和控制》《营销近视》	企业只要能够生产出“质量上乘”的产品，即可根据成本和竞争设定一个能够赚取很多利润的价格	生产导向—市场导向，消费者才是企业的核心	注重 4P 的运用，包括产品（Product）、价格（Price）、销售渠道（Place）和促销（Promotion）
	战略管理理论（20 世纪 60 年代）	早期理论	阿尔弗雷德·D. 钱德勒	《战略与结构：美国工商企业成长的若干篇章》	企业发展的动力是组织能力	环境—战略—组织	战略的最基本问题是组织如何获得和维持它们的竞争优势，强调“综合外部威胁（机会）和内部能力（弱点）”分析。强调环境对企业战略的重要作用。竞争力理论的发展和成熟阶段的一些思想均是在这一阶段形成的
		计划学派	伊戈尔·安索夫	《公司战略》《战略管理》	战略的构成要素包括产品和市场范围、增长向量、协同效果和竞争优势	PEST、竞争力一览表、差距分析法	
		设计学派	肯尼思·R. 安德鲁斯	《公司战略理念》	企业应更好地配置自己的资源，以获取竞争优势	SWOT	

续表

阶段	理论	代表作者	代表著作	主要观点	分析脉络	特点
发展阶段（20世纪80年代至90年代）	竞争战略理论（20世纪80年代）	迈克尔·E. 波特	《竞争战略》《竞争优势》《国家竞争优势》	企业战略的核心是获取竞争优势	推崇“结构—行为—绩效”范式，三种基本竞争战略，五力模型，钻石模型，价值链分析	竞争力理论的集大成者，钻石模型结合了各个国家的实际情况而得到拓展和延伸
	资源基础理论（20世纪80年代）	罗伯特·潘罗斯、理查德·鲁梅特、伯格·沃纳菲尔特	《企业成长论》《不确定模仿力：竞争条件下企业运行效率的差异分析》《企业资源基础论》	资源的差异性是竞争优势的基础，资源可以转变成独特的能力，从而构成企业持久竞争优势的源泉	资源—战略—绩效	有价值、稀缺性、不能完全被复制性、其他资源无法替代性、以低于价值的价格为企业所取得
	核心能力理论（20世纪80年代末90年代初）	加里·哈默尔和C. K. 普拉哈拉德	《公司核心能力》	核心能力是组织中生产技能和技术的结合；企业的竞争优势来源于企业具有的核心能力	核心能力（关键技术、技能及其整合）—核心产品—战略业务单位（SBU）—最终产品—企业竞争优势	价值性、整合性、稀缺性、延展性和动态性

续表

阶段	理论		代表作者	代表著作	主要观点	分析脉络	特点
发展阶段（20世纪80年代至90年代）	核心能力理论的发展（20世纪90年代）	动态能力理论	蒂斯	《动态能力与战略管理》	基于当前的资源位置和历史路径所形成的特有的基于流程的能力是企业竞争优势的来源	企业位势、环境动态性—动态能力—能力发展—（适应环境的二阶能力）—企业持续竞争优势	动态能力理论和企业知识理论是核心能力理论的延伸和发展，是进一步解释企业持久竞争优势保持的关键
		企业知识理论	彼得·F. 德鲁克、格兰特	《基于知识的公司理论》《新型组织的出现》	知识是竞争制胜的基础	对知识积累、创造和应用的管理—核心竞争力	
成熟阶段（20世纪90年代至今）	全面质量管理		阿曼德·费根堡姆	《全面质量管理：工程和管理》	企业竞争力关键在于质量管理	PDCA 循环	全员、全过程、全企业参与管理
	学习型组织		彼得·M. 圣吉	《第五项修炼：学习型组织的艺术与实务》	学习型组织可以看成是企业核心竞争力的发动机，“五项修炼”是建立学习型组织的有效途径	自我超越、改变心智模式、建立共同愿景、团队学习、系统思考—建立学习型组织—核心竞争力形成	系统性、动态性和柔性化特征，体现出了人本管理的思想
	业务流程再造		迈克尔·哈默和詹姆斯·钱皮	《公司再造》	企业的竞争优势来源于企业业务流程（或者价值链）的关键环节	对企业原有的业务流程重新塑造—职能转变—生产效率、盈利水平、产品开发能力速度以及顾客满意程度有大的进步—提高竞争力	公司战略的基石是业务流程，体现出了人本管理的思想

续表

阶段	理论	代表作者	代表著作	主要观点	分析脉络	特点
成熟阶段（20世纪90年代至今）	战略联盟	简·霍普兰德、罗杰·奈格尔	《以合作求竞争》	企业的核心竞争力来自于对内外部资源进行的整合	战略联盟—价值链整合—提高核心竞争力	战略联盟融合了资源基础观、交易费用理论、价值链分析以及知识观等前期竞争力来源理论的基本观点
	供应链管理	斯托克、查尔斯·法恩	《时间——下一个竞争优势的源泉》《时钟速度》	企业最根本、最核心的竞争力在于对供应链的管理	21世纪的竞争不是企业和企业之间的竞争，而是供应链和供应链之间的竞争	供应链上的知识共享可以使企业获得更有价值的知识，并且利用这些知识分析企业的优势和不足，识别出企业面临的机会和威胁，进而再造企业的组织结构和生产流程，提高企业的知识水平和管理创新能力，从而提升企业的核心竞争力
	虚拟经营	肯尼斯·普瑞斯、罗杰·内格尔	《21世纪制造企业研究：一个工业主导的观点》	借用、整合外部资源进而提高企业竞争力的一种资源配置方式	合作生态系统的整体优势而非个体优势，通过增强与价值链上各成员协同运作意识，共同构造具有竞争优势的价值系统	以核心竞争力理论为基础

第五章　国家竞争力评价模型与分析

国家是人类历史发展到一定阶段的重要产物，自国家诞生之日起，就始终把维护和扩大国家利益作为其最基本和最根本的职能。国家具有一定的地理区域管理范围，拥有固定的社会人群，完整的政府管理机构、军队、独立的元首，拥有神圣不可侵犯的主权。但是自国家诞生之日起，国家与国家之间的竞争从未停止过，从古代到近代，国家之间为了争夺领土、人口、资源等展开了无数场斗争，武力和军事成为处理国家问题的重要手段。第二次世界大战结束后，人类进入了和平与发展时期，很多国家看到依靠武力和军事开展竞争只会造成两败俱伤的后果，转而开始了经济上的竞争，在经济和科技上占得竞争优势不仅可以形成对其他国家无形的威慑力，而且可以让其政治、军事更强大，可以不费任何成本和支出就令其他国家信服和屈从。这种无形的力量的实质就是国家竞争力，一个国家愈强大，其国家竞争力愈强，国家竞争力是国家之间较量的基础和依据，是国家处理对外关系和提升国际地位的力量源泉。

第一节　国家竞争力的内涵

国家竞争力是指在国家这一宏观层面上所具有的竞争实力，它既是综合实力的体现，即由一个国家国内的产业、企业、文化等各行业各部门竞争实力综合的结果，又代表一个国家相对于其他国家的资源掠夺力和对外影响力。国家竞争力的强弱只有在不同国家之间的比较中才能得到很好的体现，因此，很多机构和学者在研究国际竞争问题时从国际层面上来衡量国家竞争力，即国家的国际竞争力。可以从国家竞争力的定义和特征中把握国家竞争力的深刻内涵。

一 国家竞争力的定义

"国家竞争力"是一个具有明确的直观含义却又不易被精确定义的概念，目前学术界对国家竞争力还没有一个统一的定义，不少学者从自身研究对象出发从不同角度来定义国家竞争力，而且很多机构和学者是从国际层面研究国家竞争力的，并没有把国际竞争力与国家竞争力进行严格区分，他们给出的国际竞争力的定义实际上就是国家竞争力，归纳起来，较具代表性的主要有以下几种：

（一）社会生产力论

持这一观点的学者认为，国家竞争力归根结底就是一个国家的生产力。迈克尔·波特认为："在国家层面上，竞争力的唯一意义就是'生产力'。国家的基本目标是为其人民提供高水准的生活，实践这一目标的能力取决于运用劳动与资本等国家资源得到的生产力。"[①] 美国国际经济专家斯蒂芬·科恩认为："国家层次的竞争力立足于经济体生产能力的优越表现，以及经济体将产出转移至高生产力行业的能力，从而造就高水准的实际工资。"[②] 金碚认为国家之间的竞争就是生产力的竞争，他指出国际竞争力是"在国际间自由贸易条件下（或在排除了贸易壁垒因素的假设条件下），一国某特定产业的产出品所具有的开拓市场、占据市场并以此获得利润的能力"，并指出"就国际竞争而言，国际竞争力的核心就是比较生产力，国际竞争的实质就是比较生产力的竞争"[③]。

（二）市场供给力论

很多研究机构和学者从国际市场的角度来定义国际竞争力，认为国际贸易中的竞争力就是国家竞争力，是一个国家在国际市场上提供产品和服务的能力。早在 1985 年，世界经济论坛（WEF）就首次提

---

① 迈克尔·波特：《竞争论》，高登第等译，中信出版社 2003 年版，第 166 页。

② 陈体滇：《一项不科学的评价》，博客网，2004 年 6 月 30 日。

③ 金碚：《中国工业国际竞争力——理论、方法与实证研究》，经济管理出版社 1997 年版。

出了国际竞争力的概念，认为国际竞争力是“一国企业能够提供比国内外竞争对手更优质量和更低成本的产品与服务的能力”。同年，美国《关于工业竞争能力的总统委员会报告》中指出：“国际竞争力是在自由的良好的市场条件下，能够在国际市场上提供好的产品、好的服务，同时又能提高本国人民生活水平的能力。”经济合作与发展组织（OECD）把国际竞争力定义为“一国能够在自由公正的市场条件下生产产品和服务，而这些产品和服务既能达到国际市场的检验标准，又能使该国人民的实际收入保持不变并有所提高的能力”（OECD，2005）。欧洲货币基金会认为：“国际竞争力是企业目前和未来在各自环境中，以比其国内外的竞争者更具吸引力的价格和质量进行设计、生产和销售产品及提供服务的能力，是某一国家为了维持、增加国家的实际收入，在自由公正的条件下，生产的产品和提供的服务符合国际市场要求的程度。”①

（三）财富创造力论

有些机构和学者认为竞争力是竞争的结果，竞争的目的就是要能为一个国家创造和积累更多的财富，一个国家创造财富的能力越强，它在国际上就越具有竞争优势。1994 年，瑞士洛桑国际管理学院和世界经济论坛修改了国际竞争力的定义和评价准则，认为“国际竞争力是指一国或公司在世界市场上均衡地生产出比其竞争对手更多财富的能力”（IMD&WEF，1994）。1996 年，世界经济论坛将国际竞争力定义为“一国使人均国内生产总值实现持续高速增长的能力”（WEF，1996）。2003 年，瑞士洛桑国际管理学院认为，国际竞争力是“一国创造与保持一个能够使企业持续产出更多价值、人民拥有更多财富的环境的能力”（IMD，2003）。这个研究机构对国际竞争力研究注重的是国家提供环境与财富创造过程之间的关系，认为经济运行、政府效率、企业效率和基础设施四大要素的交互作用决定了一国创造财富的总体环境。王与君认为：“国际竞争力是指一国对该国企业创造价值所提供的环境支持能力和企业均衡地产出比其竞争对手更多财富的能

① 焦瑾璞：《中国银行业国际竞争力研究》，中国时代经济出版社 2002 年版。

力，是一国或一企业成功地将现有资产运用于转换过程而创造更多价值的能力。”①

（四）系统综合力论

持该种解释和观点的研究机构和学者认为，国家是一个综合系统，国家竞争力是国家多个机构和部门综合实力的结果。美国学者汉斯·摩根索认为，国际竞争力不仅以一国创造财富的能力为标志，而且体现了一国蕴含的军事能力、政治能力、文化能力及外交能力，国际纷争的背后，无不掩藏着争夺国家间的权利这一本质。② 赵彦云依据统计思想对国际竞争力给出了理论定义：“国际竞争力是以市场经济理论为依据，运用系统科学的统计指标体系，从经济社会运行的结果和未来发展的潜能，包括决定经济社会运行的各种客观因素和体制、管理、政策及价值观点等主客观因素，对一国经济运行和经济社会发展的综合竞争能力做出系统全面的反映和评价，由此建立国家竞争力的公共竞争信息平台，为社会公众、企业界、产业界、政府和学术研究部门提供系统信息，用来研究社会进步、技术创新和经济发展中的主流趋势、竞争力成长决定要素，以及不同经济主体所关注的竞争优势与竞争劣势的准确测度与对策研究。”③

不同的研究机构和学者从各自的研究目的出发对国家竞争力给出了不同的定义，国家竞争力是一个综合而广泛的概念，同时又是一个不断变化的概念，因此，很难对其给出一个固定统一的概念。总的来说，应该从国际和国内两个方面来理解国家竞争力。从国际来看，一个国家的国家竞争力是相对于其他国家而言具有更大的竞争优势，在国际贸易中能比其他国家提供更好的产品和服务，具有较大的经济增长和发展潜力，能获得持续增长的贸易顺差，在国际上拥有相对较高的地位和话语权。从国内来看，一个国家的国家竞争力是对全国资源拥有较强的资源配置能力和对宏观经济的统筹协调能力，各产业部门

---

① 王与君：《中国经济国际竞争力》，江西人民出版社 2000 年版，第 46 页。

② 秦正云：《有关竞争力问题的综述》，经济学家网，2003 年 8 月 21 日。

③ 赵彦云等：《国际竞争力统计模型及应用研究》，中国标准出版社 2005 年版，第 5 页。

有序运作、协调发展，经济持续增长，国家财力不断增强，人民生活水平稳步提高。

二　国家竞争力的特征

国家竞争力对内代表了一个国家总体的综合竞争实力，对外代表了这个国家在国际上的竞争力，这也使国家竞争力具有与产业竞争力、企业竞争力等其他行业或部门竞争力不同的特征，主要表现在以下方面：

（一）国家竞争力是综合竞争力

国家竞争力并不是一个国家某个行业或某个区域的竞争力，而是由国家所有行业、所有区域综合作用凝合而成的总体实力。因此，国家竞争力不能通过某个或某几个指标来反映，也不能只有少数主体参与，而是一个囊括了政府、产业、企业等不同机构部门的统一体，同时，也必须构建一个尽可能全面的指标评价体系，才能得出客观综合的评价结果。

（二）国家竞争力是比较竞争力

国家竞争力是相对于其他国家比较而得的竞争力。激烈的国际竞争并不是零和博弈，各国和地区都可以从经济竞争中得到好处。一个国家经济的增长，可以为其他国家提供更大的市场。而对于那些本国缺乏竞争力的商品，则可以购买价格更低质量更好的国外产品，把生产这部分产品所需资源用到本国生产率更高的产品生产上去，从而在国际贸易中得到更多的好处。国家参与国际竞争的过程就是一个通过比较不断调整累积竞争实力的过程。

（三）国家竞争力是国际市场占有力

一个国家或地区要在激烈的国际竞争中取胜，其关键就在于要有强大的国家竞争力做后盾。在以经济和科技发展为主线的和平发展年代，国际竞争的手段已不再是传统的军事武力，哪个国家在国际上拥有强大的经济实力和科技实力，这个国家就拥有较高的国际地位。科技归根结底是为经济服务的，而国际上的经济表现最直接的就是产品和服务在国际市场的占有率。因此，国家竞争力也是一种国际市场占有力。

（四）国家竞争力处于不断发展变化中

世界经济发展瞬息万变，国家之间的力量对比此消彼长，科技的发展、经济的进步不断地为国家竞争力内涵注入新的要素。因此，国家竞争力不是一成不变的，而是时刻处于不断变化之中。如 WEF 和 IMD 对国际竞争力的定义就进行了多次的调整，因为在不同时期，国家之间竞争的重点不同。

第二节 国家竞争力的产生与发展

竞争力是在竞争中产生的，因此，国家竞争力既是不同国家之间相互竞争的结果，也是不同国家之间开展新一轮竞争的起点和依据。自国家诞生以来，国家之间的竞争就从未停止过，只不过在不同的发展时期，竞争的方式和手段不同而已。国家竞争方式的变化改变着国家之间的力量对比，使国家竞争力在不同的时期呈现出不同的特征。可以从国家竞争力的发展演变中探寻国家竞争的足迹，更深刻地理解国家竞争力理论的建立和发展。

一 国家竞争力的发展演变

在原始社会末期，国家就已经出现了，国家的诞生始终充满着冲突与对抗。恩格斯曾对国家的起源做过深刻的分析，他在《家庭、私有制和国家的起源》一书中说：“国家是表示：这个社会陷入了不可解决的自我矛盾，分裂为不可调和的对立面而无力摆脱这些对立面。而为了使这些对立面、这些经济利益互相冲突的阶级，不至于在无谓的斗争中把自己和社会消灭，就需要有一种表面上凌驾于社会之上的力量，这种力量应当缓和冲突，把冲突保持在‘秩序’的范围内；这种从社会中产生但又自居于社会之上并且日益同社会脱离的力量，就是国家。”① 蒂利也指出，不仅仅是国家发动战争，也是“战争造就

① 《马克思恩格斯选集》第 2 卷，人民出版社 1995 年版，第 166 页。

国家。”[1] 孙中山也有过类似的论断：“国家是用武力造成的。”[2] 国家是经过激烈的斗争而形成的，这就使得国家天然地具有其固有的竞争性、斗争性的本质。当一个个国家产生之后，统治阶级就不再把斗争局限于国内，而是将国家斗争的焦点从国内转向国外。国家间的斗争就是最原始的竞争表现。

在漫长的古代奴隶社会和封建社会，国家之间的竞争主要是通过发动战争的形式进行的。当时的社会生产力水平低，国家之间的战争主要是借助简单的兵器通过赤裸裸的武力而展开的，战争能否取胜主要取决于军队人数的多寡、地理位置的优劣、自然资源的丰缺等自然、人口因素，发动战争的目的也是为了争夺人口、领土、资源等。古代的战争往往以大国战胜小国而告终，但是这种战争也往往会造成两败俱伤，即使取胜的一国也要付出沉重的代价。因此，古代国家竞争力主要表现为军事实力，竞争力主要来源于自然资源、人口，当然也有古代的文明和科技，四大文明古国在当时可以称得上是最具竞争力的国家。

新航路开辟和地理大发现加速了资本主义萌芽，也开启了人类工业文明之路，加强了世界各国之间的联系。率先开展工业革命的资本主义国家大大增加了国家之间竞争的筹码，开始了海外殖民掠夺，经过了两次工业革命的积累，欧美主要的资本主义国家已经在经济、科技、军事等方面遥遥领先。近代国家之间的竞争仍然是以战争的方式进行的，但是战争形式与古代已经截然不同，科技在战争中得到广泛的应用。这一时期国家竞争力主要来源于工业经济实力和科技实力。

第二次世界大战结束后，多数国家意识到依靠战争进行掠夺和侵略的同时，自身也要付出惨痛的代价，在越来越重视经济和科技发展的年代，只有不断增强自己的内在实力，才能真正在世界上树立起威信。国家开始逐渐放弃采用武力的方式来赢得竞争，开始注重科技、

---

① ［美］亚历山大·温特：《国际政治的社会理论》，秦亚青译，上海人民出版社 2000 年版，第 270 页。

② 任吉悌、王暟霞：《国家哲学论》，安徽人民出版社 2000 年版，第 28 页。

经济、教育、文化等国内建设，人类也开始进入了相对和平和稳定的发展时期。在现代，国家之间的竞争更多的是通过和平演变（政治手段）、科技战争、金融（货币）战争、文化战争等没有硝烟的战争方式进行的。国家竞争力主要来源于教育、科技、创新、文化等方面。

从国家竞争力的演变可以看到，国家的竞争推动了人类社会的进步，国家竞争方式从野蛮的手段到文明的方式也正是人类文明的发展。正是国家之间的竞争为世界科技的发展、经济全球化的融合源源不断注入新的动力。

二 国家竞争力研究的理论渊源

随着竞争力研究的兴起，首先进入学者们研究视野的是国际竞争力，国家是国际竞争的主体，国家也主要是在国际上开展竞争，因此，在一定程度上，一个国家的国际竞争力也就是国家竞争力。对国家竞争力研究的理论渊源除了竞争力理论的一般来源外，还涉及综合国力理论、贸易优势理论、新制度经济学竞争理论等。

（一）综合国力理论

综合国力是衡量一个国家基本国情和基本资源最重要的指标，也是一个国家的经济、政治、军事、技术等综合实力的体现。一个国家的综合国力与该国的国家竞争力是相辅相成的正比关系，一国的综合国力越强，则该国在国际竞争中越处于优势地位。西方经济学家从早期的古典经济学派起，就十分注重对维护和发展国家利益及其能力的研究，他们从不同角度分析一国的国情国力，形成了由多种理论观点构成的综合国力理论，较具代表性的主要有以下几种：

国势学派。德国著名学者康令是国势学派的主要创始人之一，他在对欧洲各国国情国力分析的基础上，认为国家的土地与人口、国体与政体、国家的财政和军事力量、建设国家的目的等是决定国家重要事项的四个因素，首次将国情国力的阐述上升至系统化和理论化的高度。德国学者阿亨瓦尔认为凡是能影响国家繁荣富强的事项均可称为“国家显著事项”，而研究一国或几个国家的显著事项，则是治理国家者所必须懂得并掌握的技术。斯勒兹将国势学的比较研究方法从静态拓展至动态，并且建立起一个具有类似现代动力系统学思想的崭新的研究体系，主张从“基本力”“结合”“行动”三方面进行国情国力的考察。

政治算术学派。英国古典政治经济学创始人威廉·配第运用一系列分析手段和计算方法分析国情国力，通过对荷兰、法国和英国三国的现实力量和潜在力量的分析比较，得出了英国创造财富之路并能够超过荷兰和法国成为世界头号强国的结论。

重商财政学派。英国古典政治经济学先驱亚当·斯密的著作《国富论》，通常被视为重商财政学派国力论的代表作之一，他通过研究财政金融实力与强权政治间的关系，认为决定一个国家国力强弱的主要因素是财政金融能力，并将这种财政信贷实力作为衡量一个国家相对耐久能力的尺度。

地缘政治学派。19 世纪末，美国历史学家、地缘政治学者阿尔弗雷德·塞耶·马汉将一国凭借其实力夺得制海权作为衡量世界强国的标准。英国的地缘政治学者麦金德则认为大片内陆区域拥有丰富的资源和便利的交通，因而具有较强的国力。无论是重海权论还是重陆权论，都表明它们是地缘政治学派从战略角度提出的一种强国称霸学说。①

“大战略”理论。英国著名军事理论家利得尔·哈特认为在注重军事力量的同时，还要更加重视综合运用整个国家的其他各种力量，要充分估计到国家的精神力量。20 世纪 90 年代后期以来，在西方发达国家中又出现了一种“新综合竞争战略”，即以经济实力为核心、以科技实力为后盾、以军事实力相威慑、以“民主”文化作渗透或突击的先导，进而形成一种“对抗与合作”相融、“协调与干涉”并用的综合国力竞争战略的评估体系。

国力方程理论。20 世纪 60 年代以来，西方国家的一些学者开始对综合国力进行定量化分析的理论研究。德国理论物理学教授威廉·富克斯提出了一个用以测定国家实力动态变化的所谓的强国公式，美国国际问题和战略研究学者克莱因也提出了一个用以测度和评估一国

---

① 施祖辉：《国外综合国力研究》，《外国经济与管理》2000 年第 1 期。

国力的数学模型：综合国力 = （基本实体 + 经济能力 + 军事能力） × (战略意图 + 国家意志)。[①] 美国哈佛大学教授小约瑟夫 · S. 奈提出了"软、硬实力"评估模型，认为一个国家的实力由"软实力"和"硬实力"两部分组成。此外，还有一些国外学者也提出了不同的综合国力评估体系或模型。

（二）传统的贸易优势理论

国家之间的竞争首先是从贸易竞争开始的，国际贸易是国家之间竞争最直接的方式，传统贸易优势理论从国家贸易出发，分析各国在国际市场竞争中的利益优势，这些优势是各国竞争力的重要来源。传统的贸易优势理论主要是古典贸易阶段的理论，其内容是以比较利益为核心，假设企业是完全竞争的，一国生产资料在本国内可以充分利用，生产要素在各国之间不流动，等等。在此假设前提下，亚当 · 斯密、李嘉图、赫克歇尔和俄林都提出了具有一定见解的国际贸易理论。

绝对成本优势理论。这一理论是由英国古典政治经济学先驱亚当 · 斯密提出的，他认为土地、资本、自然资源是竞争力形成的主要来源。国家之间的贸易之所以发生是因为各国劳动生产率和生产成本上存在绝对差异，如果一个国家在某种产品上的劳动生产率更高或生产成本更低，那么，该国在这一产品上拥有绝对优势。斯密认为，每一个国家都拥有适宜其生产某些特定产品的绝对有利的条件，各国如果能根据自己的绝对优势专业化生产产品并进行交换，则每一个国家都能从国际贸易中得到好处，社会福利也将随之得到改善。[②]

比较成本优势理论。大卫 · 李嘉图在斯密研究的基础上提出了比较成本优势理论，他发现，并不是每个国家都能生产具有绝对优势的产品，"一个国家和一个人一样，只要出口那些它在生产率上具有比

① Ray S. Cline, "World Power Trends and U. S. Foreign Policy for the 1980s", pp. 16 – 23.

② 亚当 · 斯密：《国民财富的性质和原因的研究》（下卷），王亚南、郭大力译，商务印书馆 1974 年版。

较优势的产品和服务，它就会从贸易中获益”①。具体而言，就是在所有产品生产方面具有绝对优势的国家和地区，可以选择生产那些自身最具优势的产品而那些在所有产品生产方面都处于劣势的国家和地区，应该选择生产那些不利程度最小的产品，这样，每个国家都有产品生产和出口，就可以从区域分工和贸易中获得比较利益。

生产要素禀赋理论。瑞典经济学家赫克歇尔及其学生俄林探讨了生产要素对国际贸易产生的影响，形成了生产要素禀赋理论，被后人称为“H－O 理论”。这一理论认为，各国的资源禀赋是不同的，“一个国家最适合于生产需要更大比例地使用该国拥有的相对丰裕的要素的那些商品，最不适合于生产需要更大比例地使用该国国内拥有量最小或完全不拥有的要素的那些商品”，“每一个国家在密集地使用该国丰裕而价格低廉的要素的那些商品的生产上具有比较优势”②。后来，一些学者对生产要素禀赋理论提出了进一步的完善意见，诸如要素替代理论、新要素禀赋理论、技术差距理论、产品生命周期理论等。

传统贸易优势理论认为一个国家的竞争优势主要在于成本优势，拥有的成本优势越大，则一国在国际贸易中所处的竞争地位越有利，竞争力越强。在古典贸易理论中，竞争力的大小主要是由要素禀赋和生产率等外部因素决定的，因此也被称为外生比较优势理论。

（三）新贸易优势理论

由于传统的贸易优势理论是建立在严格的假设条件之上的，而这些条件在现实中又往往难以实现，再加上传统贸易优势理论偏重于自然资源禀赋等先天外部条件，忽略了一个国家内部后天要素的作用和动态发展变化趋势，特别是 1953 年提出的列昂惕夫悖论，使要素禀赋理论受到巨大挑战。比较优势内生理论从不同角度对要素禀赋理论进行了修正，认为比较优势可以通过后天的专业学习或是创新或是技术进步而获得。比较优势内生理论突破了传统贸易理论的条件束缚，

---

① 大卫·李嘉图：《政治经济学及其赋税原理》，商务印书馆 1976 年版，第 114—115 页。

② 俄林：《地区间贸易和国际贸易》，哈佛大学出版社 1967 年版，第 7—12 页。

对国际贸易竞争提出了新的解释，主要理论包括人力资本论、技术差距论、产品生命周期理论和规模经济论等，也称为新贸易优势理论。①

20世纪60年代，舒尔茨和贝克尔等把资本分为人力资本和物质资本，创立人力资本理论，由于劳动者的技能具有很大的差异，对劳动者进行教育和培训可以提高他们的劳动技能和知识水平，从而提高劳动生产率，这些教育和培训投资如同物质资本投入一样可以产生利益。杨小凯等运用分工与交易成本理论，认为专业化分工会增加人力资本和知识的积累，提高生产效率，但也会随之带来交易费用的增加，两难冲突的结果会产生最优分工水平，这种分工经济会产生内生比较优势。人力资本理论在现代西方颇为流行，这一理论强调对人力资源进行投资是值得借鉴的，但是它也把资本完全抽象化和泛化。

波纳斯和哈弗鲍尔最早提出技术差距论，认为各国的产业除了在资本、劳动等要素投入方面有区别外，还存在着技术上的差距，技术差距给产业带来暂时的比较优势，企业应用新技术便有可能减轻或摆脱对稀缺资源的依赖，弥补要素禀赋的劣势。卢卡斯等把技术作为内生变量，结合新经济增长理论研究比较优势的内生性与动态转移。技术变动的原因：一是先进技术拥有者的技术在贸易、投资等过程中会自然地输出，造成“技术外溢”，使技术落后的国家或行业通过“干中学”获得技术进步；二是自主投资、开发和研究而进行的技术创新。一方面国际市场竞争激励各国努力开发新技术和新产品，另一方面国际技术外溢也给予各国学习和借鉴的机会。

弗农的产品生命周期理论主要在于解释一国国内市场在贸易优势中的作用。随着产品生命周期的演进，比较优势呈现动态转移，贸易格局和投资格局随着比较优势的转移而发生变化，通过产业转移，每个国家可以根据自己的资源条件，生产具有比较优势的、一定生命周期阶段上的产品，并通过交换获得更大利益。

克鲁格曼等用内在规模经济和外在规模经济解释了发达国家之间和产业内的贸易，企业进行大规模生产使产品成本降低而产生经济效

---

① 符正平：《比较优势与竞争优势的比较分析》，《国际贸易问题》1999年第8期。

益，一个国家中具有规模经济的企业会产生成本优势，从而以更有利的价格销售产品，促进出口。

新贸易优势理论不再把产品成本看作一个国家竞争力的唯一来源，引入了规模经济、专业化分工、技术创新等因素来解释国际贸易发生的原因，不仅大大丰富了国际贸易理论，而且从动态的视角分析了国家竞争力的来源，剖析了国家在国际竞争中的主体性和能动性。

（四）新制度经济学竞争理论

新制度经济学从制度层面阐释了国家竞争力的来源，开辟了国家竞争力研究的新视角，这一理论也被称为制度竞争论。诺斯（1981）认为，国家有三个基本特征：服务、收入最大化、面临其他国家或潜在竞争者的竞争。因此，国家为了实现统治者的租金最大化和全社会总产出最大化，具有进行制度变迁的动力，且在制度创新中具有不可替代的作用。在新制度经济学者看来，国家可以通过制度变迁提高国家竞争力水平。柯武刚、史漫飞（2000）后来发展了这一思想，提出“全球化已经导致了‘制度（或体制）竞争’，推动内在制度和外在制度演化的因素，不仅有对国际贸易和要素流动的被动反应，而且还有为更好地占有市场份额和动员生产要素而对制度进行的主动调整。现在，制度系统对成本水平影响极大，以至于成为国际竞争中的重要因素。结果，各国政府也在不同程度上直接相互竞争。”由于不同的制度安排会产生不同的盈利结果，因此，各国都会选择有利于提高本国竞争力的制度安排。按照制度竞争论的观点，国家间竞争的实质是国家制度竞争或制度选择。

三　国家竞争力理论的建立与发展

（一）国家竞争优势理论

钻石模型（Diamond Model）又称为菱形理论，旨在回答为什么在国际竞争中一些国家成功，而另外一些国家失败。一国之所以能在某个特定产业中获得长久的国际竞争力，根本原因在于当地企业所处的特殊的国内竞争环境。波特将其分为四大要素：生产要素、需求要素、相关产业和支持性产业、企业战略、结构及竞争对手。

生产要素包括人力资源、知识资源、资本资源、天然资源和基础设施等。生产要素有两种分类方法：第一种是将生产要素分为初级生产要素（Based Factors）和高级生产要素（Advanced Factors）。初级生产要素是指一国先天拥有的或者不用花费太大代价就能得到的要素，包括天然资源、地理位置、气候、非技术工人等；高级生产要素是指通过长期的投资或者培育才能创造出来的要素，包括现代化通信的基础设施、高等教育人力等。尽管初级生产要素的技术含量不是很高，但它在人类历史的发展过程中仍然起到重要的作用，高级生产要素相对来说比较稀缺，需要大量人力、物力、财力的投入才能创造出来。第二种是根据专业程度不同来划分，即通用生产要素和特殊生产要素。通用生产要素是可以用于任何产业的生产要素，包括公路系统、融资和接受高等教育的员工，特殊生产要素则为限制在技术型人力、先进的基础设施、专业知识领域及其他定义明确且针对单一产业的要素。不同的产业因其生产技术的特点，对这些生产要素的依赖程度不一，这些生产要素的运作效率以及一个国家对这些生产要素的拥有程度也就决定了一国的竞争力水平。

需求要素是竞争优势的另一个关键因素，指国内市场对商品或者服务有支付能力的需求。国内市场的性质、规模、成长速度是产业发展的动力源泉，在产业竞争优势上，国内市场的影响力主要通过客户需求的形态及特征来表现，企业对客户需求做出的反应因市场特征的不同而不同。一般而言，国内市场促进产业竞争力的形成需要满足三个条件：①根据市场需求的差异性可以有针对性地细分；②欢迎内行而挑剔的客户，即这些客户是高标准严格要求的，只要能够满足这些客户的需求就等于满足了全世界客户的需求；③预期型需求，如果本国客户的需求先于其他国家，在未来的发展中就可以引领世界的潮流。

相关产业是指共有某些技术、共享同样的营销系统而联系在一起的产业。支持性产业是指提供原材料、零部件、机械设备的上游产业。一般情况下，一国一个产业的相关产业和支持性产业具有优势，那么该相关产业将对该产业起到促进和扩大竞争优势的作用。如与汽车产业相关的产业包括钢铁、有色金属、非金属材料、设备制造、原材料工业、配套产品、石油工业、公路建设、销售业、服务业、交通运输业等。汽车产业若想取得较好的发展，则必须以这些产业为依托，只有这些产业具有优势，汽车产业才能具有较强的优势。

企业战略、结构及竞争对手会因为产业具体情况和国情差异而不同，产业若想获得发展，必须掌握国家环境情况，不同的国家环境提供了不同的教育体系、宗教和社会系统等。如德国公司的传统是高级管理人员有较强的技术背景，公司的组织结构等级分明，因此，它们比较喜欢生产系列化的产品，避免高风险的竞争。这些特征使德国在光学、化工等技术性高、加工精密的产业上发展十分成功，有国家竞争力。①

波特认为上述四个要素处于相互依赖、不可分割的系统中，国家的竞争力往往是在这些要素长期强化的基础上形成的，而一些高级、专业的生产要素往往是在国内同业竞争、需求条件变化中形成的，这反过来又会进一步催生新的需求，同时，这种生产要素的变化也促进了相关产业和支持性产业的发展。除了这四个要素之外，波特还强调了机会和政府两个要素。机会多指一些突发事件，不可抗力，包括政策决策的变化、战争、技术创新等，可能使原来具有竞争优势的国家失去竞争优势，也可能让一些国家后来居上把握住竞争优势。政府行为对产业的发展影响巨大，采购、补贴、税收、资金注入、制度创新、竞争条例等政策会影响到企业、产业的国际竞争力。如图 5 – 1 所示。

波特的国家竞争优势理论提出了影响一国国家竞争优势的相互作用的决定性因素，而且这些因素之间相互联系、相互作用，共同构成一个相互增强的系统，根据这一系统的作用，波特进一步提出了国家竞争优势发展阶段理论，他认为，一个国家竞争优势的发展可以分为四个阶段：要素推动阶段、投资推动阶段、创新推动阶段、财富推动阶段，系统地分析了在每一发展阶段国家竞争优势的主要来源，提出

① 包学松等：《竞争力经济学概论》，国家行政学院出版社 2006 年版。

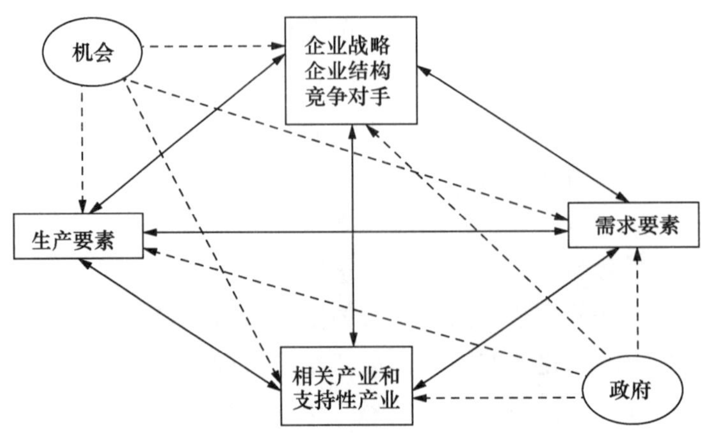

图 5－1 波特竞争优势的钻石模型

了每一阶段产业发展的特征和重点。波特的国家竞争优势理论将产业和企业视为国家竞争力的基础，深入分析了影响国家竞争力的要素，分析了不同阶段国家竞争优势的来源，构建了其系统的国家竞争优势理论，为国家竞争理论研究提供了一个全面的分析框架。这一理论被诸多研究机构和学者认可，成为当代国家竞争力研究重要的理论依据。

（二）IMD 国际竞争力理论

IMD 早期的评价模型由八大要素组成，分别是经济实力、企业管理、科技水平、国民素质、政府管理、国际化度、基础设施和金融体系，还从四个角度对一个国家竞争力的特征进行分析：扩展型还是吸引型、全球型还是区域型、存量型还是增量型、和睦型还是风险型（见图 5－2）。从 2002 年开始，IMD 改变了评价体系，将八大要素简化归并为四大要素，分别是经济表现、政府效率、商务效率和基础设施（见图5－3），每个要素又各自包括了五个子要素。该评价体系沿用至今。IMD 根据自己建立的竞争力评价模型，进一步细分指标，通过对指标体系计算，自 1989 年以来，每年都向世界发布《世界竞争力年鉴》，反映国家和地区的竞争力水平。

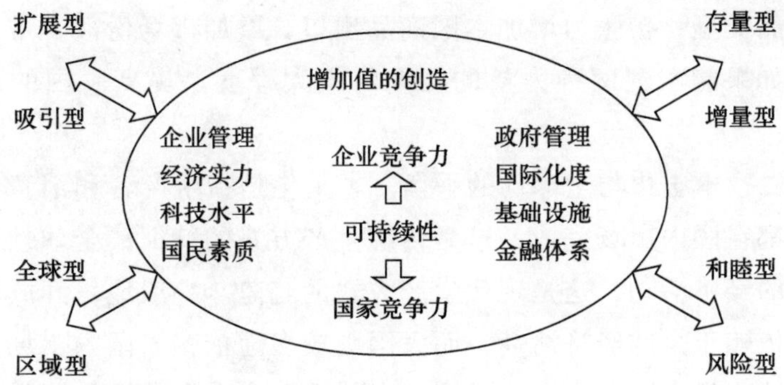

图 5－2　IMD 国际竞争力（早期）模型

资料来源：本图译自 IMD：WCY，1997。

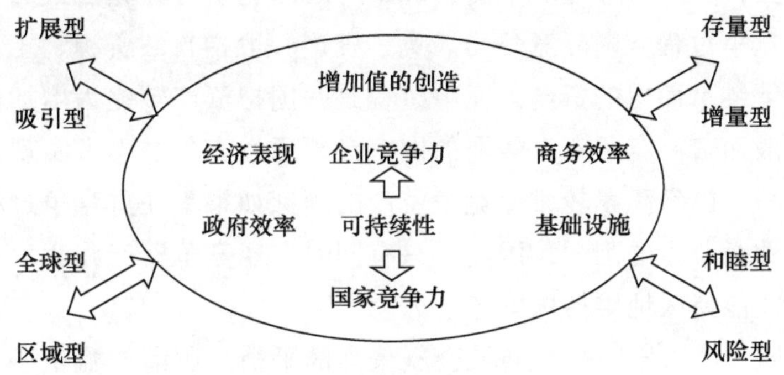

图 5－3　IMD 国际竞争力（现行）模型

资料来源：本图译自 IMD：WCY，2003。

瑞士洛桑国际管理学院认为，国际竞争力既是一国传统、历史和价值体系变迁的结果，也是政治、经济和社会发展的产物，在塑造竞争环境中存在着四种力量：吸引力与扩张力、本土化与全球性、资产与过程、个人冒险精神与社会凝聚力，只有把握和平衡这四种力量，才能推动国际竞争力的发展。

第一，吸引力与扩张力的平衡。经济全球化要求各国必须实行经济开放的模式，而经济开放是一个相互的过程，既要通过较强的吸引力引进国外的商品和投资，也要通过较强的对外扩张力对外输出商品和资本。吸引力可以为本国经济发展增加就业，增加财政收入，丰富市场产品类型；扩张力增加本国商品出口，增加市场份额，带来外汇收入。如果能实现两种力量的均衡将很大程度上提高一国的国际竞争力。

第二，本土化与全球性的平衡。本土化是指生产者和消费者的经济活动都在国内市场完成，这是传统生产方式的特征；全球性是指跨国企业的经济活动，这是现代生产方式的趋势。一般地，开放的小国较多地依赖于全球经济活动，而大国则较多地依赖于国内市场。随着经济全球化的推进，本土化经济越来越受到来自全球性经济的强烈冲击。因此，以本土化经济为主导的国家应如何应对全球化经济的挑战，适应国内经济发展与国际的平衡是提升国际竞争力的关键问题。

第三，资产与过程的平衡。IMD 的国际竞争力计算公式为：竞争资产 × 竞争过程 = 国际竞争力。竞争资产一般指自然资源、土地、人口规模等继承而得的资产，竞争过程是一国把资产转化为增加值的能力。一般而言，竞争资产较弱的国家必须通过竞争过程来实现竞争资产的累积，已经积累较雄厚竞争资产的国家如果不注重竞争过程也可能会导致竞争力的削弱，因此，只有同时实现竞争资产和竞争过程的平衡，才能持久地维持国际竞争力。

第四，个人冒险精神与社会凝聚力的平衡。所谓“盎格鲁—撒克逊模式”，强调个人冒险精神、放松管制、实行私有化、追求社会福利体系最小化；与此对立的“欧洲大陆模式”强调社会凝聚力、一致性和平等主义，追求广泛的社会福利体系。不能简单地评价这两种模式的优劣，在塑造国际竞争力的过程中，既要鼓励个人的冒险精神和个人奋斗，又要顾及社会的福利和稳定，只有实现两者的平衡，才能把外界环境和个人努力的内在因素有机地结合在一起。

IMD 的国际竞争力理论可以看作是一种结构平衡理论，在这一理论中，IMD 充分考虑了内部和外部的因素，注重各种相对力量之间的平衡，为一个国家累积国家竞争力、参与国际竞争提供了较为全面的思路。

第三节 国家竞争力的主要内容

研究竞争力问题最早是从研究国家竞争力开始的，从理论研究到评价体系的实证分析，研究机构和学者构建了国家竞争力研究较为丰富的理论体系。国家竞争力问题研究广泛建立在对产业竞争力、企业竞争力等问题研究的基础上，综合融入了国际贸易、经济增长等多项理论，展现了国家之间的竞争是涵盖了经济、文化、政治、军事等多个方面的综合国力的较量，国家竞争力是国家参与国际竞争最重要的砝码和手段。综合多数学者对国家竞争力研究的成果可以看出，国家竞争力的主要内容包括国家竞争力的来源、国家竞争力的构成要素、国家竞争力的评价模型、国家竞争力的提升路径等。

一 国家竞争力的来源

国家竞争力是使国家能持久保持竞争优势的持续力和后劲，首先要清楚国家竞争力到底来自哪里，国家竞争力的来源问题是国家竞争力研究首先要解决的问题。从国家竞争力理论的产生和发展可以看出，研究机构和学者们认为，国家竞争力来源于产业的发展、企业的成长、国际贸易的发展、国际市场的占有、制度的调整创新、资产的累积等，可以来源于其中的某一方面，也可以是多个方面的综合贡献。如波特认为，国家竞争力不仅来源于国际贸易，可能更重要的是来源于企业经营管理中的竞争战略和竞争策略，企业和产业集群、创新对竞争力的核心作用等都对竞争力有重要的影响和决定作用。

国家竞争力是一种综合竞争力，是一种在与其他国家竞争中所表现出的优势。因此，国家竞争力既来源于国内市场，也来源于国际市场。国内市场主要是国内经济社会发展各个层面、国内市场发展环境、政府作用等方面；国际市场主要包括竞争对手的强弱、国际市场的规则制度、国际环境的稳定性等。国家竞争力是国内外市场综合作用的结果，并且只有在积极参与国际竞争时，国家竞争力才能更好地表现出其发展的动态性。

在国家发展的不同阶段，国家竞争力的来源也不同。在农业社会，国家竞争力主要来源于农业生产。随着工业化的发展，新的产业和产品层出不穷，不同阶段的工业化为国家竞争力注入了不同的要素，使国家竞争力的内涵和外延都得到不断的充实和拓展。随着部分国家基本完成工业化后，科技创新成为国家竞争力的主要来源。总体而言，国家竞争力的来源是一个动态发展变化的过程，随着经济的发展和社会的进步，国家竞争力将越来越多地来源于创新和知识的内涵和软实力。

国家竞争力的来源是国家竞争力的首要内容，只有找到了提升国家竞争力的根源，才能真正为推动国家参与竞争、提升国际地位科学合理地制定相应的政策。

二 国家竞争力的构成要素

国家竞争力是一个综合而整体的概念，其具体又可以细分为哪些部分呢？许多研究机构和学者进一步分析了国家竞争力的构成要素，并根据这些构成要素进一步构建了国家竞争力的评价指标体系。如影响最为广泛和深远的 IMD 和 WEF 的国家竞争力评价指标体系中，它们从宏观经济、发展环境、政府作用、企业发展等方面来细分影响国家竞争力的要素，兼顾数量与质量、宏观和微观、主观和客观等层面。IMD 将国家竞争力的要素分为经济表现、政府效率、商务效率和基础设施四个部分，每个要素又各自分为五个子要素，并在此基础上构建了相应的评价指标体系。WEF 从开放度、政府、金融、技术、管理、基础设施、劳动、法规制度八大方面综合反映国家竞争力水平。波特将国家竞争的要素区分为初级生产要素和高级生产要素，初级生产要素主要包括天然资源、气候、地理位置、非技术工人和半技术工人、融资等一般性生产要素；高级生产要素包括现代化通信的基础设施、高等教育人力资源以及各大研究所等专业性生产要素，只有建立在高级生产要素和专业性生产要素基础上的国家竞争客体，才能构建起强大而持久的竞争力。

由于国家竞争力的构成要素涵盖了经济社会发展的各个层面，因此，国家竞争的主体既包括微观性的企业，也包括宏观性的政府主体。在这些主体中，又以企业最为活跃和最具能动性，产业是企业间竞争的实体依托，政府在国家竞争中承担间接和辅助的角色作用。随着经济科技发展的不断深入，国家竞争力的构成要素越来越复杂，特别是随着技术的进步，传统的要素可能会被新的要素所取代，高端要素发挥越来越重要的作用，也推动着国家竞争越来越深入化。

国家竞争力的构成要素是对国家竞争力的解剖和简化，更有利于探寻提升一国国家竞争力的路径。

三 国家竞争力的评价模型

国家竞争力模型是用来进一步解释国家竞争力决定因素的工具，几乎所有竞争力研究机构和学者在开展国家竞争力问题研究时都以国家竞争力影响要素为基础建立了评价模型，试图通过模型的构建厘清各要素之间的关系，清晰地展示国家竞争力的内外部动力和来源、各要素对国家竞争力的影响和贡献以及传导机制等。

波特根据其国家竞争力理论构建的钻石模型对国家竞争力研究的影响是最为广泛和深远的，之后，许多学者对波特的钻石模型进行改进和补充。如鲁格曼和克如兹认为波特的模型没有包括跨国公司活动的真正特征，他们以加拿大为研究对象，将跨国经营纳入分析，建立了双钻石模型，认为管理者为了生存、获利、成长而具有国际竞争力就必须同时考虑国内和国际两个“钻石”。穆恩等认为在许多国家实现价值增值也是企业持续发展的保证，他们通过构建国内“钻石”和国际“钻石”来解释经济小国的国际竞争力，建立一般化的双钻石模型，在这一模型中引入了跨国经营活动，同时也更加肯定了政府的作用，将政府作为重要变量。韩国学者乔东逊以韩国经济发展为实例认为，欠发达国家或发展中国家很难具备波特钻石模型中的母国基地，必须依靠自身努力去提升国家竞争力，由此他构建了一个包括四个人的要素、四个物的要素以及外部机遇的九要素模型，该模型主要用于解释欠发达国家竞争力的动态变化和来源。此外，我国不少学者也对钻石模型进行改进用来分析我国的国家竞争力。

建立竞争力模型已经成为评价国家竞争力的主流方法之一，随着国家竞争力的影响因素越来越多，模型的建立也越来越多样化。但是模型的构建是一个复杂的过程，不同国家的国情不同，模型也不能简单地套用，必须根据各国具体情况建立适宜的评价模型。建立评价模型并不是目的，目的是通过模型构建，引入适当的评价分析方法以真实深入地反映国家竞争力水平，所以，在构建模型的同时，还要注重数学、统计学等多种方法的应用。

四 国家竞争力的提升路径

对国家竞争力进行评价分析的目的是为了能探寻一条提升国家竞争力的路径，特别是在不同国家的竞争力比较中可以看出不同国家自身的竞争优势和竞争劣势，从而更好地找到提升国家竞争力的突破口。国家竞争力的提升路径与国家竞争力的影响要素也是紧密联系在一起的，在明确国家竞争力构成的具体要素的基础上，能更好地为提升国家竞争力找到更明确的途径。

一般而言，提升国家竞争力要具备全球化的视野、参与世界竞争的胆识和气魄，坚持自主创新原则、动态发展原则、核心优势原则、规模化原则等战略原则，着眼于内力与外力相统一，合作与竞争相统一，加快转变经济发展方式，积极推动产业结构升级，实施互利共赢的开放战略，推动国家竞争力的全面提升。在经济发展的不同阶段，国家竞争力提升的战略重点不同。正如波特将一个国家竞争优势的发展分为四个阶段：要素推动阶段、投资推动阶段、创新推动阶段、财富推动阶段，在不同阶段，推动国家竞争的政策重点也各不相同，从单一化到多样化，从简单化到复杂化。

虽然不同学者对国家竞争力的评价标准不一，但是试图找到合适的提升路径是共同的目标，探寻国家竞争力的提升路径也是国家竞争力研究的重要内容。

第四节 国家竞争力的评价与分析

在研究国家竞争力理论的同时，许多研究机构和学者也同时开始思考如何对国家竞争力进行评价，并从不同角度提出了国家竞争力的评价方法。早期学者们从国际贸易的角度出发，以竞争的结果对不同国家的国际竞争力进行评价。此后，随着竞争力理论研究的不断深入，研究机构和学者们从竞争力的来源或决定因素来评价国际竞争力，这种方法逐渐为更多的人所接受，其又可分为单一因素评价法与多因素评价法，竞争力评价体系就在这一动态变化过程中不断完善，不断成熟，更加客观，更加科学。不仅使国家竞争力研究不断丰富，而且也为其他领域竞争力研究提供了有益的借鉴。

一 以竞争结果为基础建立评价指标体系

国家竞争力首先是在国际竞争中表现出来的，使用进出口份额进行国际竞争力评价是常见的方法，最初对国际竞争力的评价是以结果指标为标准，描述竞争力作用发挥之后的静态结果。例如，Carmichael E. A.（1978）使用贸易竞争指数，即以进出口之差与进出口贸易总额之比来作为国家竞争力变化的评价指标，国家之间贸易竞争的结果就表现为贸易顺差或者逆差，这是对国家或区域争夺市场力量的评价。① Lundberg Lars（1988）使用相对国际竞争力指数，即某个产业或产品的国内生产与消费之差和整个国内生产总额和消费总额之差的比进行国际竞争力的评价。② 总的来说，指标值越高，说明该产品在国内和国外市场上的地位越重要。这是依据国家或区域产业竞争力结果进行的评价，表现在市场产品层次就是生产与消费的平衡和适应。美国总统产业竞争力委员会和其他一些学者认为，发展经济的最终目的应该是提高人民的生活水平，应该以人们的生活水平（通常用人均GDP表示）作为国家竞争力的判断标准，由于各国货币的购买力不同，依据汇率计算的GDP统计数据并不具有十分科学的可比性，无法进行直接的国际竞争力比较，于是，Kravis I. B.、A. Heston、R. Summers提出用153组商品的购买力平价（PPP）来计算真实反映

① 邹薇：《关于中国国际竞争力的实证测度与理论研究》，《经济评论》1999年第5期。

② 夏清华：《从资源到能力：竞争优势战略的一个理论综述》，《管理世界》2002年第4期。

各国经济实力的 GDP 水平。① 为了消除通货膨胀影响，Hill 进一步提出以相对购买力平价计算和比较 GDP,② 使各国人民的生活水平指标更具有可比性。

这些以竞争结果为基础建立起来的竞争力评价指标体系虽然比较直观也比较简单，但是这种静态的评价方法存在一系列的缺陷。首先，竞争结果并不是竞争力本身，竞争结果除了受竞争力的影响外，还受竞争力以外的政治、文化、环境、政策等一系列因素的影响，因此，竞争结果的比较并不能代表竞争力的真实水平；其次，竞争结果是一个静态的表现，是经过激烈竞争过程之后的结局，静态的比较不能反映竞争力本身动态的性质，竞争过程中竞争能力的表现和抗衡直接被竞争结果所抹杀和覆盖了；最后，竞争结果的评价指标往往只是单方面的表现，范围狭窄，缺乏可比性，从而影响到比较结果的准确性。正是因这些缺陷因素的干扰，以竞争结果为基础的竞争力评价指标体系并没有成为主流，也没有被多数学者所采纳。更多的学者转向从竞争力的源头即竞争力的影响和决定因素评价竞争力的强弱。

二 以竞争力影响因素为基础建立评价指标体系

竞争力影响因素对竞争力本身具有决定作用，以影响因素为基础建立的评价指标体系得出的评价结果更科学、更准确。竞争力的影响因素是从竞争力的源头来探索指标体系的构建，并且一直延续到竞争力作用发挥的整个过程。竞争力影响因素包括单一影响因素和多个影响因素组合，为评价指标体系建立提供了不同的基础。

（一）单一影响因素的评价指标体系

单一影响因素是指影响国家竞争力的某一个方面，如仅从产业、企业或科技方面，通过一个或多个指标对竞争力进行评价。国外以单一影响因素为基础建立的评价指标体系归纳起来主要有以下几种：

（1）生产率评价法

这种方法认为生产率越高的地区，其竞争力越强。克鲁格曼和波

---

① 金碚：《竞争力经济学》，广东经济出版社 2003 年版。

② 保罗·克鲁格曼：《流行的国家主义》，中国人民大学出版社 2000 年版。

特在他们的竞争理论中都提出了生产率是最恰当的国家竞争力评价指标，生产效率的高低直接关系到生产结果，关系到生产所带来的收益，生产效率越高则生产成本越低，在竞争中更具比较优势。以生产率高低为基础评价国际竞争力高低被多数学者所认同接受，但存在如何计算出具有可比性的生产率问题。

（2）成本评价法

成本评价法就是认为交易成本最小的地区最有竞争力，国外有不少学者采用了这种成本最小化的评价标准。Enoch 用单位劳动成本（ULC）来衡量国家制造业的竞争力。[①] Artto 提出了以相对总成本（RTC）的方法来评价竞争力。[②] Gibson 等通过计量国内资本系数来评价和研究不同国家和地区的产业竞争力。[③] Kennedy 和 Harrison 以总成本和成本要素的历史数据为基础来评价和分析美国制糖产业的竞争力。[④] 成本评价法虽然能比较直接充分地反映出比较优势，但是也存在同生产率评价法一样的可比性问题，即如何更科学地计算用来比较的成本。

（3）技术创新能力评价法

技术是发展的动力，特别是在现代信息社会中，技术创新成为越来越多国家追求的目标，发达国家广泛采用这种方法来评价国家竞争力水平。Gustavsson 指出，科技已经与要素价格及禀赋一起对竞争力产生了显著影响，应将科技与创新能力纳入竞争力评价。[⑤] Nasierowski

---

① Enoch C. A.， “Measure of Intenational Trade”， *Bank of England Quarterly Bulletin*， Vol. 18， No. 2， 1978， pp. 56 – 62.

② Artto， E. W.， “Relative Total Costs—An Approach to Competitiveness Measurement of Industries”， *Management International Review*， Vol. 21， 1987， pp. 47 – 58.

③ Gibson， R. R.， Faminow， M. D. and Jeffrey， S. R.， “The North American Hard Wheat Milling Industry Under Free Trade： Spatial Equilibrium and Nearly Optional Solutions”， *Can J Agric Econ*， Vol. 39， 1991， pp. 65 – 76.

④ Kennedy， P. L. and Harrison， R. W.， “Analyzing Agribusiness Competitiveness： The Case of the United States Sugar Industry”， *International Food and Agribusiness Management Review*， Vol. 2， 1998， pp. 51 – 62.

⑤ Gustavsson， R.， Hanson， P. and Lundberg， L.， “Technology， Resource Endowments and International Competitiveness”， *European Economic Review*， Vol. 43， 1999， pp. 1511 – 1503.

和 Arcelus 采用结构方程式和要素分析国家竞争力，已经扩展到国家创新体系指标上。① 在指标选取上一般包括使用工程师、科学家占总人口或产业人口的比例，申请专利数和申请商标数等。以技术创新能力来评价为大多数学者所接受，但是在具体指标设置中，还有不合理性，如科学家占总人口的比例这一指标被一些学者证明是不正确的。

（4）产业集中度评价法

产业集中度指以某一产业内企业的平均规模来评价产业的国际竞争力，这主要是对产业竞争力的评价，也称为企业规模评价法。企业规模越大，则产业的竞争力越强。很显然这种评价标准是不科学的，因为根据企业的平均成本曲线，企业总有一个最佳规模，达不到或者超过这个规模都将无法实现成本最小化，而这个最佳规模又是难以确定的。Baldwin 充分论证了用企业规模来评价产业竞争力缺乏解释力。②

此外，还有国家风险评价法，即对一国的信誉值和经济表现进行评价；投资规模评价法，以新增投资规模为基础进行国际竞争力的比较；等等。这些单要素所建立的评价指标体系一般是只针对影响竞争力的某个因素进行分析，指标体系比较简单，分析的范围有限。这种评价体系也具有一定的局限性，由于只是针对单个方面的分析，评价的结果往往不能代表一个国家或地区整体竞争力水平，无法反映其真正的经济实力，竞争力是受多个要素影响的，这些要素之间会彼此制约、互相抵消；单一要素评价建立的指标体系简单，评价方法也比较单一，一般会影响到评价结果的科学性和可比性；单一要素的评价体系还很不稳定，单一要素一旦受到偶然性因素和突发性事件的影响，评价结果的客观性和正确性也将受到质疑。

（二）多个影响因素组合的评价指标体系

正是由于单一影响因素评价体系的局限性，国外更多学者对区域

---

① Tange, T., "International Competitiveness of U. S. and Japanese Manufacturing Industries", In Bert G. Hicklnan, ed., *International Productivity and Competitiveness*, New York: Oxford, 1992.

② 姜爱林：《国际竞争力及其评价方法综述》，《北京行政学院学报》2003 年第 6 期。

经济竞争力的研究采用的是多要素综合评价分析，从一个更宽的角度和更广的范围将影响竞争力的多种因素进行综合处理，得出的评价结果更准确、更科学，真正代表一个国家或地区的综合竞争实力。在这方面，最具影响的是IMD和WEF所进行的国家竞争力排名。波特关于国家竞争力的分析评价、标杆测定法、SWOT分析方法等多要素综合分析法也具有较大的影响。

（1）IMD竞争力评价指标体系

IMD早期的评价模型由八大要素组成，分别是经济实力、企业管理、科技水平、国民素质、政府管理、国际化度、基础设施和金融体系，并且还从四个角度对一个国家竞争力的特征进行分析：扩展型还是吸引型、全球型还是区域型、存量型还是增量型、和睦型还是风险型。从2002年开始，IMD改变了评价体系，将八大要素简化归并为四大要素，分别是经济表现、政府效率、商务效率和基础设施，每个要素又各自包括了五个子要素，该评价体系沿用至今。

IMD根据自己建立的竞争力评价模型，进一步细分指标，通过对指标体系的计算，自1989年以来，每年都向世界发布《世界竞争力年鉴》，反映国家和地区的竞争力水平。当然，它所依据的指标体系随着经济的发展和形势的变化而不断进行调整。IMD的早期模型中，八大要素被进一步划分为若干子要素，每个子要素又配备数量不等的具体指标。如2000年IMD所使用的竞争力评价指标体系就由8要素、47个子要素、290个指标所构成。与IMD国际竞争力现行模型调整相适应，其指标体系也进行了相应的调整。2005年IMD采用的指标共314个，其中硬指标128个，在总排序中占2/3的权重；软指标113个，来自年度“经理人观点调查表”，对4000多名中高级管理者进行调查形成指标原始资料；还有剩下的73个是背景指标，不参加排名。如表5－1所示。

表 5 – 1 IMD 的国家竞争力的评价要素与指标概况（2005 年）

要素	子要素	指标	内容
经济表现（Economic Performance）	经济实力（Domestic Economy） 国际贸易（International Trade） 国际投资（International Investment） 就业（Employment） 物价（Prices）	77 个	国内经济的宏观绩效
政府效率（Government Efficiency）	公共财政（Public Finance） 财政政策（Fiscal Policy） 机构框架（Institutional Framework） 商务法规（Business Legislation） 社会框架（Societal Framework）	73 个	政府政策对竞争力的影响程度
商务效率（Business Efficiency）	生产力（Productivity） 劳务市场（Labor Market） 金融（Finance） 管理实践（Management Practices） 态度与价值（Attitudes and Values）	69 个	公司在创新、盈利和社会责任方面的表现
基础设施（Infrastructure）	基础性基础设施（Basic Infrastructure） 技术性基础设施（Technological Infrastructure） 科学性基础设施（Scientific Infrastructure） 健康与环境（Health and Environment） 教育（Education）	95 个	基本设施、科技设施和人力资源满足商业发展的程度

资料来源：IMD，“World Competitiveness Yearbook” 2005，pp. 620 – 621，http：//www01. imd. ch/wcc，2005 – 08 – 02.

根据指标体系收集的数据和资料，IMD 主要采用了标准差方法，分别计算每一个评价对象的标准化值，从而得出分析对象的可比指数。在对所得的数值排名时主要采用分层汇总的方法，先将所有指标的得分排名，根据事先设定好的权重对子要素若干指标计算加权平均值，然后逐层递进，得出各层次要素排名。

（2）WEF 竞争力评价指标体系

WEF 自 1980 年以来就创立了一套评价国家（地区）经济增长与竞争力的理论和方法，其出版《全球竞争力报告》已有 20 多年，参与其中评比的国家和地区也在不断地增加，截至 2005 年，已有 117 个国家和地区被纳入该报告的评价范畴。

1985—1990 年，WEF 采用的指标共分为 381 项，其中 249 项为硬指标，132 项为软指标，这些指标被归为十大类：经济活动、工业效率、市场趋向、金融活力、人力资源、国家干预、资源利用、国际化倾向、未来趋势和社会政治稳定。自 1996 年以来，WEF 的评价内容、指标和方法都有一定的变化，1996 年主要设计了三个国际竞争力指数：一是综合反映当前经济发展水平的国际竞争力综合指数；二是经济增长指数；三是反映在全球经济增长中市场份额增长指数。1998 年根据波特竞争力的理论，增加了微观经济竞争力指数，由影响企业生产率的投入要素、需求因素、相关产业、竞争环境方面的问卷调查指标组成。2000 年将国家竞争力定义为获得中长期经济增长的能力，设计了四个反映竞争力的指数，即增长竞争力指数（Growth Competitiveness Index）、当前竞争力指数（Current Competitiveness Index）、创造力指数（Economic Creativity Index）、环境管制体制指数（Environmental Regulatory Regime Index），根据这些指数，WEF 也按八大要素分类来定量分析国家或地区竞争力，其中 1/4 来自统计数据，3/4 来自调查数据，然后对不同要素和不同指标赋予不同的权重（见表 5－2）。

表 5－2　WEF 国家竞争力的构成要素与评价方法（2000 年）

要素	内容	数据分类[①]	权重[②]
开放度	参与国际竞争与合作、引资和扩张能力	3:1	1/6
政府	政府提升竞争力的政策供给和实践能力	3:1	1/6
金融	资本市场和金融服务的结构、质量和数量	3:1	1/6
技术	基础研究、应用研究与推广传播的能力	1:3	1/9
管理	组织效率、持续盈利能力和应变能力	1:1	1/18
基础设施	有利的自然、通信、技术、交通和电力资源	1:3	1/9

续表

要素	内容	数据分类①	权重②
劳动	及时的、充裕的、高质量的劳动供应	3∶1	1/6
法规制度	完善高效的法律、法规和制度框架	1∶1	1/18

注：①为各要素内部有关机构的统计数据与问卷调查数据的比例，②为各要素在竞争力指数排名过程中所占的比重。

资料来源：http：//www. wforum. org，2001，转引自杜晓力、李晗、崔立淳《国际竞争力理论与实证研究综述》，http：//www. csis. com. cn/xslt/It087 html，2004－09－26。

自2003年以后，WEF的竞争力评价都是由增长竞争力指数来表现的，包括技术指数、公共机构指数和宏观经济环境指数。不同指数又分别采用不同的计算方法，最终合成增长竞争力指数的计算公式：核心创新国经济增长竞争力指数＝1/2技术指数＋1/4公共机构指数＋1/4宏观经济环境指数；非核心创新国经济增长创新指数＝1/3技术指数＋1/3公共机构指数＋1/3宏观经济环境指数。

IMD和WEF的竞争力评价指标体系被国际公认最具影响力和权威性，它们以经济增长理论和动态比较优势理论为基石，并建立在大量统计数据和调查数据基础上，评价指标体系更加科学与客观，因此成为国际评价与研究国家竞争力的引领者。但是这两个指标体系也有不足之处，IMD的一些评价指标设置和处理不够合理，有些指标重复设置，如国内经济实力中关于GDP设置了7个颇为类似的指标；在指标处理方面不进行关键指标和相关指标的分析与筛选，致使指标多的评价要素在排名中所起的作用大于指标少的要素等。这在一定程度上影响评价结果。WEF的评价体系由于缺乏统一理论的指导，使其评价体系、评价结果在不同的年份差别较大；大量使用定性指标，使调查结果的准确性严重依赖回收的调查问卷的准确性和代表性，直接影响评价结果的准确性。①

（3）标杆测定评价方法

① 商春荣、黄燕：《国家竞争力评价理论与方法：演变过程及发展趋向》，《科学学与科学技术管理》2005年第6期。

所谓标杆测定，是在世界范围内寻求最佳实践，确认最佳做法，将自己的实际情况和世界最佳水平进行比较，确定自己竞争力的差距，并为自己提出改进方案的一种方法。这种方法20世纪70年代最早在美国实施，目前在美国应用很广泛，美、欧、日等许多国家建立了政府性质的标杆测定机构组织协调标杆测定，标杆测定法已成为许多国家提高竞争力的一种工具。标杆测定活动分别在企业、产业和国家基础环境构架三个层次展开。企业层次标杆测定经过循序渐进的过程发展到全球标杆测定阶段；产业层次标杆测定包括企业内工艺流程、企业外供应链、企业和政府关系、产业发展政策和环境等决定产业竞争力的各个关键环节；政府层次的标杆测定包括教育制度、海关通关、科研制度、企业创立手续等。标杆测定法也受到一些质疑，Boschma对标杆测定法能否真的提高区域竞争力进行了专门讨论，并认为根本不存在一个最佳的发展模式，一般来说不大可能模仿和复制一个成功的模式。① Budd和Hirmis也怀疑标杆性指标和方法对伦敦区域与其他大都市区进行竞争力比较时是否合适。②

（4）SWOT评价指标方法

国际知名的市场营销家菲利普·科特勒（Philip Kotler）于1997年提出了国家能力的SWOT分析方法，认为影响一个国家内在能力的因素包括五大方面（见图5－4），即国家的“文化、态度和价值观”“生产要素禀赋”“产业组织机构”“社会融合性”“政府的领导”五个因素。③

该模型主要从国家的角度分析竞争力的优劣，该模型的运用存在一定的局限性，主要是从定性的角度出发，忽视了定量的研究；指标有限，覆盖面不广；主要从宏观层次分析，忽略了对指标的进一步细分。因此，较少用该模型来分析国家竞争力，科特勒更多的是将该模

① Boschma, R. A., “Competitiveness of Regions From an Evolutionary Perspective”, *Regional Studies*, Vol. 38, No. 9, 2004, p. 1001.

② Budd, L. and Hirmis, A. K., “Conceptual Framework for Regional Competitiveness”, *Regional Studies*, Vol. 38, No. 9, 2004, p. 1015.

③ 菲利普·科特勒：《国家营销》，俞利军译，华夏出版社2003年版。

型用于对市场的分析。

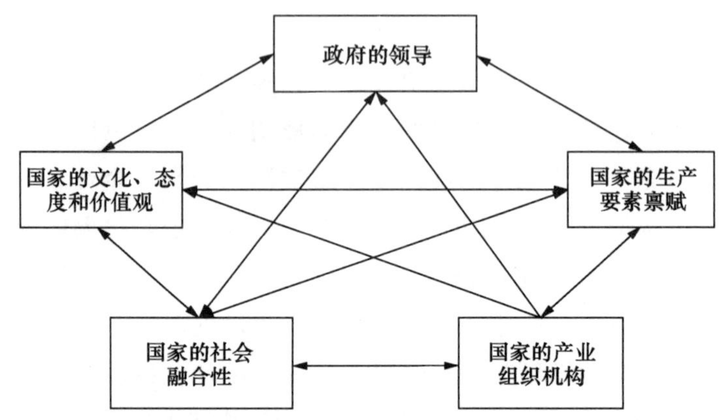

图 5－4 科特勒的国家能力研究模型

除了上述的四个影响力较大的竞争力评价指标体系外，还有许多国外学者提出了不同的评价体系，但由于存在不同的缺陷而没有被广泛地运用和推广。这些模型的建立初期一般是用于对国家国际竞争力的分析，后来随着各方面竞争力研究兴起，评价体系经过适当的修改或直接就应用于对其他领域经济竞争力的研究。

三 国内对国家竞争力的评价与分析

国际上对国家竞争力评价方法的不断成熟也引起了国内学者对这一领域研究的兴趣，20 世纪 80 年代中后期开始，国内许多研究机构和学者也开展了对国家竞争力的评价研究。研究思路主要从直接引入 WEF 和 IMD 的评价指标体系，到结合我国实际情况进行改进，再到创新性地提出更适合我国国情的评价体系的方法，推动我国竞争力问题研究不断深入和扩展。

1989 年，原国家体改委与世界经济论坛（WEF）、瑞士洛桑国际管理学院（IMD）商定了进行国际竞争力方面的合作研究，引进和介绍了 WEF 和 IMD 关于国家竞争力研究的理论和评价方法。狄照昂等（1992）在借鉴 WEF 和 IMD 国际竞争力评价指标体系和研究方法的基础上，出版了国内研究国际竞争力的第一部专著——《国际竞争力》。1994 年，原国家体改委设立了“国家竞争力比较课题组”，这是我国最早专门研究国家竞争力的机构。一年以后，我国就正式加入了国际竞争力的世界评价体系，从而正式参与国际竞争力的评价研究，同时也使中国的国际竞争力的比较研究有了世界标准。

20 世纪 90 年代后半期，我国国际竞争力的研究趋于兴盛，研究的领域不断扩展，形成一系列研究成果。较具代表性的有：①狄照昂、吴明录等的国际竞争力评价指标体系。该研究从国际竞争力的定义出发，对一国竞争力的决定因素经济能力、工业效能、财政活力、自然资源、创新能力、对外活动能力、人力资源和国家干预进行分析，提供了具体的评价方法和评价指标，并选取亚太 15 国进行竞争力的国际比较。[①] ②金碚等的工业国际竞争力评价体系。金碚等从 1995 年开始致力于对中国工业国际竞争力的理论和方法的研究，他们所完成的《中国工业国际竞争力——理论方法与实证研究》从中国工业品的出口、质量、品牌等方面探讨工业产业的国际竞争力，他们提出的工业品竞争力的实现指标、因素指标等对研究产业的国际竞争力具有一定的借鉴作用。③邹薇的显示性比较优势指标体系。1999 年，武汉大学的邹薇在《关于中国国际竞争力的实证测度与理论研究》一文中，利用显示性比较优势指标（RCA）对中国 9 大类产业和产品的 30 年历史数据进行分析，指出传统的利用人民币贬值和发展劳动密集型产业来提高中国产品的国际竞争力的方式是不对的。[②] ④王与君的“1122”国际竞争力评价体系。王与君在对 IMD 和 WEF（世界经济论坛）的国际竞争力模型研究的基础上归纳出：一个模型——从国家和企业两个层面上相互贯通构造的国际竞争力模型；一个公式——国际竞争力 = 竞争力资产 × 竞争力过程；两个基础——资产基础（含金融资产和基础资产）和过程基础（含经济体制和人力资本）；两个核心——金融实力和技术转换能力。[③] ⑤张金昌的国际竞争力评价方法

① 狄照昂、吴明录等：《国际竞争力》，改革出版社 1992 年版。

② 邹薇：《关于中国国际竞争力的实证测度与理论研究》，《经济评论》1999 年第 5 期。

③ 王与君：《中国经济国际竞争力》，江西人民出版社 2000 年版。

与模型。2002 年，张金昌出版了《国际竞争力评价的理论与方法》一书，对国际竞争力的概念、来源、理论进行了总结，在阐述国际竞争力的一般评价方法后，从国家、产业和企业三个层面提出了国际竞争力的评价方法与模型，最后就国际竞争力的决定因素进行实证研究与评价。[①] ⑥中国人民大学中国国际竞争力研究课题组评价体系。1997 年由原国家体改委经济体制改革研究院、深圳综合开发研究院及中国人民大学联合组成中国国际竞争力研究课题组，运用《世界竞争力年鉴》的研究方法对中国国际竞争力进行研究，形成了适用于发展中国家的“三位一体”的国际竞争力分析模型，并发布了《中国国际竞争力发展报告（1996)》。该报告运用 381 个指标数据，对中国国民经济的国际竞争力进行了分析和评价，内容涉及宏观经济、工业、科学技术、企业管理、金融体系、政府管理等方面，之后，该课题组还连续发布了以产业结构、科技竞争力、21 世纪发展研究、区域竞争力发展等为主题的一系列国际竞争力发展报告。

此外，裴长洪（1998）使用贸易竞争指数就中国的产业分工体系进行了比较研究；郭克莎（2000）从生产率、劳动成本、进出口、生产规模等角度对 1993—1998 年中国工业和世界工业的差距进行了研究；严勇（1999）开展了国际核心竞争力的分析和评价；耿弘等（2000）对产业组织竞争力进行了分析评价；等等。

① 张金昌：《国际竞争力评价的理论与方法》，经济科学出版社 2002 年版。

第六章 区域竞争力评价模型与分析

在对外经济关系中，国家是参与国际竞争的一个总体和综合的概念，一个国家内部又可以根据区位布局、经济发展水平、地域联系等不同的标准划分为不同的区域，随着区域概念的兴起，竞争也从国家层面开始向区域层面渗透，区域竞争成为一种普遍的经济现象。第二次世界大战以后，由于历史遗留问题、资源禀赋、地区产业结构与空间结构、制度、地方政府治理能力等原因，世界各国政府都面临着国内区域经济发展不平衡的问题。特别是由于资源的有限性，以及发展不平衡形成了区域间发展势能差异，不同区域在对资源的争夺中展开了激烈的竞争，竞争中实力和优势的累积便逐渐形成了区域竞争力。区域竞争是区域经济发展中的动态演变过程，区域竞争力也成为区域经济发展重要的内容和目标。

第一节 区域竞争力的内涵

“区域”一词是区域经济学和地理学的直接研究对象，根据研究对象的不同，对区域范围的界定也不同。相对于全球范围而言，一个国家或多个国家的联盟可以称为区域，如中国、欧盟、东盟；相对于一个国家而言，一个省份或者多个发展程度相似的省份可以看作是一个区域，如广东省、东部沿海地区；相对于一个省份而言，一个经济区或者行政区也可以是区域，如长江三角洲地区、海峡西岸经济区。最早从经济学角度对区域概念进行界定的也是目前大多数学者一直沿用的概念，当属 1922 年全俄中央执行委员会直属俄罗斯经济区划问题委员会给出的定义："所谓区域，应该是国家的一个特殊的经济上尽可能完整的地区。这种地区由于自然特点、以往的文化积累和居民及其生产活动能力的结合而成为国民经济总链条中的一个环节。"① 美国经济学家胡佛对区域给出的定义影响较大："所谓区域，乃为有内聚力的地区。它是通过选择与特定问题相关的特征并排除不相关的特征而制定的。也就是说，区域包含的地区具有同质性。"② 对区域界定的范围不同，区域竞争力的范畴表现也不同，从大的范围来看，国家竞争力也是一种区域竞争力，从小的范围来看，区域竞争力又是国家竞争力的重要组成部分，不论范围如何，以地域为限划分的国家竞争力或是区域竞争力，从本质上看是同源和共生的。

一　区域竞争力的概念

国际上对竞争力的研究主要是国际竞争力和国家竞争力的研究，在多数研究机构和学者的眼里，国家竞争力理论完全适用于对区域经济的研究。自从我国开展对竞争力问题研究以来，我国多层次的区域结构和区域经济发展的差异引起了学者对区域竞争力问题的关注，形成了一系列的研究成果，也形成了我国在区域竞争力问题研究方面的特色。我国区域竞争力研究始于 1996 年，国家体改委国际司、中国人民大学统计系、深圳综合开发研究院以向瑞士两大机构的研究提供中国资料为基础，利用瑞士公布的全球国际竞争力报告及相关资料，对我国的区域竞争力展开研究。同时，一批专家学者对区域竞争力理论及其相关问题进行研究，研究成果最早见于《浙江经济》1996 年第 8 期刊载的《区域竞争力若干问题探讨》。由于研究的角度不同，对区域竞争力概念和内涵的认识也有所不同，具有一定代表性的观点主要有：

（1）强调资源优化配置能力

区域竞争力表现为对区域资源的争夺能力，并在资源争夺中促进

---

① 俄罗斯经济区划问题委员会：《苏联经济区划问题》，商务印书馆 1961 年版，第 82 页。

② 方伦：《区域经济学的研究对象》，《区域经济研究》1988 年第 1 期。

资源的优化配置。如王秉安（2000）认为："区域竞争力就是一个区域争夺大区域市场和资源的能力，或者说，区域竞争力是一个区域在其所从属的大区域中的资源优化配置能力。"这一观点中特别强调"优化"二字，体现了区域竞争力内涵的深化和提升。①

（2）强调区域经济实力

持这种观点的学者认为区域竞争力主要表现为区域经济实力。如严于龙（1998）提出："区域经济竞争力是一个地区（省、区、直辖市）国民经济在国内竞争中表现出来的综合实力的强弱程度。"费洪平（1998）认为区域竞争力的概念一方面反映了一区域目前的经济实力；另一方面也可以比较准确地勾画出区域经济发展的趋势和水平。李宝新（2001）认为："区域竞争力是一个区域在政治、经济、社会基础建设、环境、科技等各领域所能达到的先进程度的综合反映。"这种观点主要着眼于当期宏观经济的运行状况，而在IMD和WEF的竞争力概念中，经济实力只是竞争力构成要素之一。

（3）强调区域比较优势和竞争优势的培育能力

持这一观点的学者认为在区域竞争中要重视比较优势和竞争优势的培育。王国辉（2001）认为，区域竞争力是指区域在内部软、硬环境等方面具有明显优于且不易被其他区域模仿的，能够给区内企业提供良好的发展条件，并形成区域经济特色，不断促进区域经济快速、协调、健康发展的独特综合能力。赵修卫（2001）认为，区域核心竞争力是区域经济竞争力的优势表现，是指区域所特有的在资源利用、产品开发、生产、市场开拓及服务中，与其他区域相比具有较大的竞争优势，且不易被其他地区所模仿或学习的综合能力与素质。可以看出，学者们是从核心竞争力的角度研究区域竞争力的。

（4）强调产品提供能力

有些研究者将区域竞争力定义为区域向大区域提供产品与服务的能力，认为不同区域提供相同产品给同一市场，于是就出现竞争，必

① 王秉安：《区域竞争力研究——理论探讨》，《福建行政学院福建经济管理干部学院学报》1999年第3期。

然产生竞争力问题。[①] 阳国新（1995）认为“区域竞争力是指各经济区域所提供的商品在某一特定区域市场中占据的市场份额”。这一定义把区域竞争的注意力集中到产品或服务市场的竞争上。

不同学者对区域竞争研究的角度不同，定义的区域竞争力的侧重点也各不相同，总的来说，区域竞争力的概念脱胎于国家竞争力，区域竞争力的构成要素与国家竞争力具有相似性，不过，国家竞争力会更多关注一国在国际竞争中如何实现国家福利的增长和最大化的能力，而区域竞争力更多考虑在市场竞争中区域增强自身活力以及与其他区域协调合作、共同发展的能力。

二 区域竞争力的特征

区域竞争力是区域经济在国内外竞争中表现出的综合实力的强弱程度，是自然资源环境条件、产业结构优化水平、市场占有率、区域形象影响力、历史传统和人力资本质量等因素综合作用的结果。区域竞争力是区域参与社会分工，区域间交流合作的重要基础和出发点。虽然区域竞争力与国家竞争力、产业竞争力、企业竞争力等竞争力问题研究的理论基础和起源相同，但是区域竞争力研究也有自身独有的特征。

（1）区域竞争力是一种空间集聚竞争力

区域竞争的主体是区域，而区域的形成越来越突破行政区划的界限，更加注重市场机制引导下具有相似资源要素优势的地区在空间上的集聚，这些地区通过共同的利益纽带紧密联结在一起，并且形成了对周边的辐射力和要素的吸引力，逐渐成为一个能独立同周边区域相竞争的主体。

（2）区域竞争力对资源环境的依赖性较大

一般而言，区位条件优越、自然资源丰富、交通便利、基础设施完善的地区，其区域竞争力相对较强，这是区域的天然优势，而且这种优势会进一步吸引其他地区的要素集聚，进而拉大区域间发展的差距。如我国的东部地区和西部地区区域发展差距的扩大很大程度上就

① 费洪平：《中国区域经济发展》，科学出版社1998年版。

是因为这两个地区资源环境的差异。但是随着中部崛起和西部大开发的推进，我国中西部地区的基础设施不断完善，在一定程度上增强了中西部地区的区域竞争力，促进了区域经济协调发展。

（3）区域竞争力的稳定性较弱

区域竞争力是一种区域的综合实力，主要来源于区域内产业和企业竞争实力的累积，随着区域壁垒的减少和消除，资源要素在各区域更加自由地流动，区域竞争力很容易受要素优势变化、政府政策等因素的影响。如在我国区域竞争中，长江三角洲地区更加便宜的要素资源和更加优惠的政策措施吸引着珠江三角洲地区众多的产业和企业向北迁移，沉重地打击了珠江三角洲地区的竞争实力。我国中西部地区一系列区域规划的出台和实施以及更加便宜的劳动力资源要素，也源源不断吸引东部地区产业和企业落户，在东部地区尚未培育出成熟新产业的同时，区域间的发展差距会有所缩小。

（4）区域竞争力是行政力量与市场力量共同作用的结果

以行政区划为边界的区域，其竞争力水平很大程度上受区域政策的影响，一系列优惠政策的实施会吸引大量的产业和企业，夯实区域竞争力的基础。国家出台的一系列区域规划和区域发展战略也通过自上而下的方式为区域经济发展注入新的动力。区域竞争力一方面是在市场机制引导下促进资源优化配置，另一方面又很大程度上受行政力量影响，是行政力量与市场力量双重作用的结果。

第二节 区域竞争力的产生与发展

对区域竞争力问题的研究产生于区域经济学的研究之中，区域竞争力的产生和区域经济学的产生具有同源性，区域竞争力主要就是区域经济竞争力。区域竞争力的理论基础既来源于区域经济理论，又来源于竞争力理论，是竞争的要素融入区域经济发展的结果。区域竞争力的产生和发展是一系列因素共同作用的结果。

一 区域竞争力的理论渊源

区域竞争力理论是以区域经济理论为基础和源泉的，区域经济理论从区位的选择、区域力量对比、区际差异、区域增长的动力机制等方面考察不同区域之间的关系，并进而探讨造成区域发展力量差异的原因。从某种程度上说，区域发展力量的差异就是区域竞争力的差异，对区域发展力量差异的解释也是在探讨区域竞争力的影响因素。自区域问题研究进入区域经济学家研究视野以来，出现了一批区域经济理论，其中较具代表性的主要有古典区位理论、增长极理论、循环积累的因果关系理论、不平衡增长理论、中心—外围理论、新经济地理理论等，这些理论从不同的角度探讨了区域发展差异的原因。

（一）古典区位理论

区域经济发展的理论渊源最早可以追溯到 19 世纪初创立的区位理论，厂商如何确定最佳的位置不仅影响微观企业的生产成本，而且影响区域的总体布局和结构，进而影响区域发展的整体综合实力。1826 年，德国经济学家杜能（Johan Heinrich von Thunen）在《孤立国农业和国民经济的关系》一书中开启了区位理论研究的序幕，他通过阐述农业生产会受空间距离的影响，对假想孤立国中农业生产布局的安排进行了设计。随着工业的发展，工业区位布局研究开始进入经济学家的研究视野，韦伯（Alfred Weber，1909）提出了工业区位理论，认为要选择最优的工业生产地点必须要综合考虑运费、工资和集聚因素，从而选择最优的生产地点。马歇尔（A. Marshall，1920）认为专门工业集中于特定地方主要受供给和需求两方面的影响。在需求方面，“聚集在宫廷的那些富人，需要特别高级品质的货物，这就吸引了熟练的工人远道而来，而且培养了当地的工人”。[①] 在供给方面，空间集聚会引起外部规模经济性，自发形成了工业的区域定位。马歇尔的研究被布瑞斯（E. S. Brezis）、克鲁格曼（P. R. Krugman）等评价为是至今关于产业区位怎样导致产业更好发展的研究中最好的一个

① ［英］马歇尔：《经济学原理》（上卷），朱志泰译，商务印书馆 1997 年版，第 282 页。

描述①。

克里斯泰勒（W. Christaller，1933）在韦伯工业区位论的基础上提出了中心地理论，认为大大小小的城镇会组成区域经济活动的核心。勒施（A. Losch，1946）提出了市场区位理论，认为要把贸易流量和服务区位问题也纳入产业布局进行研究②。胡佛（Hoover，1937，1948）在韦伯的工业区位研究体系基础上进行补充，考虑了更复杂的运输费用结构、生产投入的替代物和规模经济③。汤普森（Thompson，1966）提出了"区位生命周期论"，认为工业区和人的生命体一样会经历一个发展过程，在年轻期，区域工业发展会表现出强大的竞争力；而步入成熟期后，区域通过对外扩张的方式推动工业向外移动；进入老年期，区域工业发展的活力逐渐丧失，只有重新启动二次创新为产业发展注入新的活力，开始新一轮生命周期循环④。古典区位理论主要着眼于产业区域布局的影响因素，不同的区位条件会形成不同的产业发展规模，必须顺应区位条件布局产业，条件越好的区域对产业发展越有利，越有利于区域竞争力的提升。

（二）增长极理论

增长极理论最早是由法国经济学家弗朗索瓦·佩鲁（Francois Perroux）于20世纪50年代提出的。他认为，"增长并非同时出现在所有地方，它以不同的强度首先出现在一些增长点或增长极上，然后通过不同的渠道向外扩散，并对整个经济产生不同的终极影响"。⑤ 根据佩鲁的观点，在地理或抽象的空间上，会有一种占统治或支配地位的大型推进型企业位于增长极的中心，并通过各种方式联系和影响着其他企业的发展。这样，一个推进型企业的出现将导致一整群企业销售

① Brezis, E. S., Krugman, P. R., Tsiddon, D., "Leapfrogging in International Competition: A Theory of Cycle in National Technological Leadership", *American Economic Review*, Vol. 83, No. 5, 1993, pp. 12 - 13.

② ［德］奥古斯特·勒施：《经济空间秩序》，商务印书馆1995年版。

③ ［美］埃德加·M. 胡佛：《区域经济学导论》，商务印书馆1990年版。

④ 马子红：《中国区际产业转移与地方政府的政策选择》，人民出版社2009年版，第22页。

⑤ ［法］弗朗索瓦·佩鲁：《增长极概念》，《经济学译丛》1988年第9期。

规模的增长[①]。20世纪60年代，法国地理学家布代维尔（J. R. Boudeville）把佩鲁的增长极概念扩展到内容更为广泛的区域范围，提出了区域增长极概念。他认为，“一个区域增长极是指区位在一个城市区，并在其影响范围内引导经济活动进一步发展的一系列推进型产业”。[②] 增长极理论提出后也得到了很多经济学家的拓展和延伸，波兰经济学家萨伦巴和马利士在此基础上提出了点轴开发理论，认为在重视“点”（中心城镇或经济发展条件较好的区域）增长极作用的同时，还要强调“点”与“点”之间的“轴”，即交通干线的作用。网络开发理论是点轴开发理论的进一步延伸，该理论认为，随着经济的发展，某一地区的增长极和增长轴的影响范围会不断扩大，并会在较大的区域内形成商品、资金、技术、信息、劳动力等生产要素的流动网及交通、通信网，各种要素在网络内相互联系，促进区域经济一体化。从竞争力的角度来看，区域增长极、点轴以及区域网络是影响区域竞争力大小的重要因素，而这些因素又取决于区域内推进型产业、周边环境、传导机制等。

（三）循环积累的因果关系理论

1957年，美国经济学家缪尔达尔在《经济理论与不发达区域》中提出了循环累积因果原理，描述了经济社会是一个由多因素相互联系、相互影响的动态过程，某一社会经济因素的变化，会引起另一社会经济因素的变化，后一因素的变化，反过来又加强了前一个因素的变化，形成了一个循环累积变化的过程。在这一循环过程中，“市场力量通常倾向于增加，而不是减少区际不平等”。按照缪尔达尔的观点，由于集聚经济的存在，繁荣地区会因市场的作用而持续、累积地加速增长，并同时产生扩散效应和回流效应。扩散效应是指生产要素从发达地区向不发达地区扩散，有利于缩小区域差距；回流效应是指生产要素从不发达地区向发达地区流动，会扩大区域差距。由于扩散

---

① ［法］弗朗索瓦·佩鲁：《增长极概念》，《经济学译丛》1988年第9期。

② J. R. Boudeville, *Problems of Regional Economic Planning*, Edinburgh University Press, 1966.

效应远小于回流效应，经这一不均衡的互动过程，繁荣地区越来越繁荣，落后地区越来越落后，区域差距不断扩大。因此，缪尔达尔认为，在区域经济发展的初期阶段，应促进基础好的地区优先发展以获得较快的经济增长速度，然后通过扩散效应带动其他地区经济的发展。缪尔达尔之后，卡尔多提出效率工资的概念以解释循环累积因果关系理论，他认为效率工资的高低会决定各地区经济增长趋势，效率工资低的地区，经济增长率高；效率工资高的地区，经济增长率低。影响区域经济发展的各种要素会形成区域竞争力的惯性，使不同区域间竞争力的差异越来越大，特别是伴随着竞争的动态过程，会使得这一差距进一步扩大化。

（四）不平衡增长理论

著名发展经济学家赫希曼1958年在其《经济发展战略》一书中，从稀缺资源应得到充分认识的角度系统地论述了区域经济不平衡增长理论。他认为，资本是不发达国家或地区的主要稀缺资源，要实现全行业及各区域的经济增长，难以突破资本的约束。由于资本的有限性，经济发展难以在各个部门同时开展，增长在部门间不均衡现象是不可避免的，只能先将资本集中于核心区域发展，然后通过核心地区的发展带动外围地区的发展，或者首先发展某一类或几类有带动作用的部门，通过这几类部门的发展，带动其他部门的发展。与此同时，劳动力和资本等要素会从外围地区迅速涌入核心区，加强核心区的发展，又起着扩大地区差距的作用。通过从不平衡达到新的不平衡的方式，经济进步巨大的推动力将使经济增长围绕在初始空间进行且集中，增长极的出现必然因外部效应等因素而使区域之间的经济增长并不平等。赫希曼在考察了各种不平衡发展的效率后，认为这种不均衡现象的产生是极化效应与涓流效应共同作用的结果。在市场机制作用下，极化效应会使区域差距扩大，但随着涓流效应的逐步显现，区域差距可能逐步缩小，这两种效应中，极化效应起着支配作用，要缩小区域发展差距，只能加强国家的干预。由于不平衡增长总是存在的，因此，在区域竞争过程中，由于资源的稀缺，区域经济发展的差异会使区域间的竞争总是存在，区域竞争力的强弱会在一定程度上改变资源分布的现状。

（五）中心—外围理论

1966 年，美国区域经济与区域规划专家弗里德曼根据罗斯托的经济发展阶段理论，以区域经济发展不平衡理论为基点，在其专著《区域发展政策》中提出了区域经济发展过程中的中心—外围模式。他认为，根据区际发展不平衡的态势可以把区域经济布局划分为中心和外围两个部分。中心地区处于经济发展的主导和支配地位，发展条件优越，经济效益高；外围地区处于经济发展的从属或被支配地位，发展条件落后，资源匮乏。中心地区由于处于支配地位，对周边的生产要素产生强大的磁吸力，迅速累积优势和促进经济增长，而外围地区则由于资源匮乏发展缓慢。但是当经济进入持续增长阶段时，政府为消除因经济增长差距过大而导致的区域差异，必然采取一定的区域措施以促进外围落后地区的发展，从而使中心—外围模式逐步消失，区域经济发展差距逐渐缩小。弗里德曼还根据工业产值在国民生产总值中所占比重不同，将空间内的经济一体化的过程分为前工业阶段、过渡阶段、工业阶段、后工业阶段四个阶段。随着工业化阶段的推进，区域经济发展的差距逐渐缩小，中心和外围的发展界限也逐渐模糊。

（六）新经济地理理论

20 世纪 90 年代，以克鲁格曼为代表的经济学家，把地理学引入对区域产业布局的研究中，推动区域经济学和地理学理论融合创新，开创了“新经济地理学”理论。1991 年，克鲁格曼在《政治经济学杂志》上发表了《收益递增与经济地理》一文，对经济空间布局问题进行了初步探讨，他运用规模经济和不完全竞争的工具建立了一个两地区、两部门的一般均衡区位模型，处于模型中心的是制造业地区，外围是农业地区，一个国家或地区通过使运输成本最小化来实现规模经济的目标，从而在区位选择上，制造业企业会倾向于选择在市场需求大的地方。因此，中心—外围模式的出现主要取决于运输成本、规模经济以及国民收入中的制造业份额等因素[①]。克鲁格曼还论述了产业集聚是由于经济活动在地理位置上趋向集中而形成的，产业的地方化是基本要素、中间投入品和技术的使用三个方面原因综合的结果。瓦尔兹（Walz，1996）经过研究得出的结果是，地方经济增长源于产业部门在地理上的集中，这种集中会使生产率获得持续增长的效应。区域经济一体化是产业部门集中的重要引导力量，会促进生产的递增和产品创新在区域内集中[②]。戴维斯（Donald R. Davis）和温斯坦（David E. Weinstein）（1997）构建一个包含“国内市场效应”和H－O模型特征的边际报酬递增的经济地理模型，以日本的区域产业结构为例进行实证分析，他们在对一些制造业部门的研究中得到了有关经济地理效应的一些分析依据，而且这些效应具有重大的经济意义。

二　区域竞争力的理论发展

区域竞争力的理论渊源与区域经济的理论渊源具有同源性，区域经济理论中所揭示的区位经济布局、区域经济发展不平衡的影响因素、区域经济发展的路径和特征等也构成了区域竞争力的来源和影响因素。由于资源要素的稀缺性以及在区域间分布的不平衡，区域竞争的过程表现为不同区域对资源要素的争夺过程，因此，区域竞争是一个动态变化的过程，累积了较为强大竞争实力的区域便成为区域经济发展较快的区域，而在竞争中处于弱势的区域其经济发展的速度较慢。区域竞争力变化的规律与区域经济发展的规律是一致的，正是由于不同区域经济发展水平和层次的差异构成了区域竞争力差异的重要来源。

区域竞争力理论既建立在一系列区域理论的基础上，同时又融合了竞争力理论，使区域竞争力理论更具动态性，更强调区域之间的关联和互动。区域竞争力研究是从国家竞争力研究中拓展出来的一个分

---

① Paul Krugman，“Increasing Returns and Economic Geography”，*Journal of Political Economy*，Vol. 99，No. 3，1997.

② U. Walz，“Transport Costs，Intermediate Goods，and localized Growth”，*Regional Science and Urban Economic*，Vol. 26，No. 6，1996.

支，由于国家在一定程度上也可以看作是一个范围较大的区域，因此，国家竞争力研究的理论体系和方法也适用于对区域竞争力的分析。从当前国内外对区域竞争力的研究来看，大多数学者把国家竞争力的理论直接运用于对区域竞争力的分析。如波特的国家竞争优势理论及其经典的钻石模型也可以用来构造区域竞争力的理论模型；WEF 和 IMD 的国际竞争力理论和评价体系进行适当的调整后也可以用来对区域竞争力进行评价；国家竞争力各种不同的指标评价体系和评价方法也可以直接应用于区域竞争力研究中。因此，国家竞争力理论的发展和演变的过程也正是区域竞争力的发展演变过程，这部分内容在第五章中已经阐述，本章不再赘述。

虽然区域竞争力理论与国家竞争力理论交织重合在一起，但是区域与国家毕竟是两个不同的概念，因此在具体分析中的侧重点不同。国家竞争力侧重于一个国家整体综合实力的较量，竞争过程中都致力于维护自身国家的利益，并且将政治、制度、国际话语权的因素融入其中，竞争的结果是旨在比其他国家具有更强大的竞争优势，并且要确保竞争优势的连续性。区域竞争力侧重于在一个区域整体内部各不同区域之间实力的较量，虽然不同区域之间也致力于建立自身的竞争优势，但又会受总体共同利益的约束。因此，区域之间的竞争既要确保建立竞争优势，又要注重加强区域合作，区域竞争的结果更多体现为通过不同区域间的追赶和扶持，促进资源的优化配置，缩小区域经济发展的差距。区域竞争力的特征决定了在区域竞争力研究中要更多考虑区域竞争力的重要影响要素。

三　区域竞争力的重要影响要素

区域竞争力形成的决定和影响要素很多，而且在不同的国家和地区也表现各异，从国内外学者对区域经济发展规律和竞争力形成机制的探讨中可以总结出以下影响区域竞争力的重要的共性因素，这些因素相辅相成，共同构成了区域竞争力的有机整体。

（一）区位条件

区位条件主要包括区域所处的地理位置、自然资源、交通等，区位条件相对具有固定性和整体性，大部分是由区域发展过程中天然因素决定的，在后天的发展中只能不断优化和完善，弱化区位条件中的不利因素，但却很难从根本上改变区域所处的位置。这也决定了区位条件不能像资本、劳动力等生产要素那样在不同国家和地区之间流动，优越的区位条件构成了区域竞争力天然有利的条件。虽然区位条件自身难以改变，但却可以影响其他要素的流动和配置，区位条件较好的地区一般是交通便利、基础设施完善、地理位置优越、信息发达的区域，其对资本、劳动力等生产要素会产生强大的磁吸力，自然而然地吸引生产要素向条件优越的区域集中；区位条件较差的地区不仅不能吸引生产要素的集聚，反而会使本区域内的要素流出。大规模的专业分工往往需要大量的生产要素和产品，而优越的区位条件可以为区域分工准备这些有利的条件，提高整个区域的规模效益，推动经济结构调整。如美国的东北部由于最接近西欧国家，率先受工业革命辐射和影响而实现经济起飞，德国也是在最靠近英国的西部北大西洋沿岸率先实现区域发展的。我国的东部沿海地区凭借优越的区位条件率先开放，成为我国经济发展最快的区域。

（二）资源禀赋

根据联合国环境规划署的定义，自然资源是在一定的时间和技术条件下，能够产生经济价值，提高人类当前和未来福利的自然环境因素的总称。自然资源是自然界天然存在的未经加工的自然物，是一切能够为人类所利用的自然物质要素，同区位条件一样，自然资源禀赋也是区域竞争力的天然要素，是历史和时间长期积累的结果，人为因素是无法改变的。但是自然资源本身并不会形成竞争力，只有经过人类加工和合理利用才能形成区域竞争优势，特别是随着生产力的发展，自然资源开采和加工利用的程度越来越高，合理的利用会成为区域特有的竞争优势。但是，自然资源形成的竞争优势具有不稳定性，特别是技术进步涌现出的新能源、新材料等人类开发的新资源，很容易取代自然资源，从而使区域经济发展中先天自然资源禀赋的不足可以通过后天的努力得到弥补，而且现实的区域经济发展对自然资源的直接依赖程度也在不断减弱。不过，自然资源禀赋的差异对区域竞争力的基础性作用不可能完全消失，自然资源的集中程度、组合方式和地理位置的区域差异会加深社会分工的细化。

（三）人力资源

人是经济发展中最积极能动的因素，人口素质的高低会对区域竞争力产生直接影响。人口素质既包括身体素质，也包括思想文化和道德素质，身体素质是劳动力参与生产劳动的基础，思想文化和道德素质是提高劳动者劳动能力的重要保证。随着人口素质的不断提高和知识经济的发展，劳动力中的高素质专业化人才成为影响区域竞争力的关键因素，而高素质专业化人才正是区域经济发展的人力资源。人力资源是影响区域竞争力的关键核心要素，人力资源利用自己掌握的知识和技术，不断进行创新，把新工艺、新技术应用于产业的加工制造过程中，不断降低企业生产成本，提高企业经济效益，从而促进整体区域生产效率的提升。人力资源丰富的地区会对广大企业特别是一些高科技企业产生强大的吸引力，吸引众多的企业落户，从而带动资金、技术、管理、知识等要素大量流入该区域，而区域经济的发展又会广泛吸引各地人才的加入，形成了人才积累和经济积累的良性循环。

（四）发展环境

发展环境是区域经济发展所依托的重要外部条件，包括硬环境和软环境。硬环境主要是指区域基础设施建设，包括交通、通信和能源等方面。区域基础设施的容量大小和负荷能力决定该地区的产业规模，先进的基础设施水平可以为区域产业发展提供更加便利的条件，节约生产、运输、交易费用，降低产品生产的单位成本；可以为区域开放提供更大的载体和平台，吸引区域外的资本、技术、劳动力、信息等生产要素集中，增强区域竞争实力，并产生促进经济腹地发展的辐射力。软环境主要是指区域经济的服务水平和市场体系的完善程度，如果某个区域能为区域经济发展提供较为全面便捷的服务，如政府部门简化行政审批手续、社会信用体系完善、市场竞争秩序良好等，会为区域产业和企业的发展提供良好宽松的环境，使产业和企业引得进和留得住人才，确保区域经济发展的稳定性和持续性。

（五）科学技术

科学技术是人类文明的原动力，对区域竞争力的形成至关重要，特别是当区域竞争越来越从外在的资源要素的现实力竞争转向注重区域内涵和持续力的潜在力竞争时，科学技术在挖掘区域潜在力方面发挥着越来越重要的作用。在经济全球化日益深入的今天，国与国、地区与地区之间的竞争归根结底是科技水平的竞争，科学技术发展水平越高的区域，其创新能力越强，能够率先在高新技术领域实现突破，建立起新兴的产业部门和产业体系，成为产业技术创新的引领者并进而增强区域竞争核心优势。随着人类步入知识经济时代，区域经济发展对自然资源的依赖程度不断降低，知识、智力、技术和信息资源对区域竞争力的影响日益突出，科学技术是可以通过创新不断增值的资源。在科学技术和知识发达的地区，能够吸引域外的资本、人才等生产要素的流入，形成地区内产业、企业发展的强大动力，增强竞争能力，科学技术的交流与合作有利于推动政治、经济、文化的交流与合作，推动区域全面开放。

（六）制度体系

制度是区域经济发展过程中需遵守的规范和约束，良好的制度会为区域经济关系的处理和区域经济发展提供一个稳定有序的环境，理顺区域内部发展机制，激发区域经济发展的积极性和潜能，增强区域经济竞争力。制度包括正式制度、非正式制度和实施机制。正式制度是一系列法律法规，主要用于界定人们分工的责任规则，规定人们行为空间的选择；非正式制度是人们在长期交往中自发形成并能够不断扩展的秩序，主要包括意识形态、伦理道德、风俗习惯、价值观念等在人们之间约定俗成和自觉遵守的规范；实施机制是确保各项制度和规范能够实施的强制性规定。在一个竞争力较强的区域内，既有规范的正式制度，同时又能保证非正式制度的实施，还有政府制度的强制实施机制，各项制度机制间相互配合，能有效实现违约成本大于违约收益，有效地遏制人们的违约行为，从而营造一个良好的市场氛围和秩序，形成有利于区域竞争的优良的软环境。

第三节　区域竞争力的主要内容

区域竞争力是区域经济在国内外竞争中表现出的综合实力的强弱程度，是区域内自然资源条件、产业发展水平、市场完善程度、科学技术水平、人力资源质量等一系列要素综合作用的结果，区域竞争力同国家竞争力一样，也是一种综合的竞争力，区域竞争力是产业竞争力、企业竞争力、科技竞争力、文化竞争力、环境竞争力等多种中观和微观方面竞争力在区域层面的综合表现。因此，评价和分析区域竞争力也要从这些方面入手，考察区域竞争力的构成要素及其相互之间的作用机制。区域竞争力的主要内容包括以下几个方面：

一　区域竞争力的内涵和要素

区域竞争力的内涵和构成要素是区域竞争力理论体系的重要组成部分，虽然不同的学者对区域竞争力的内涵定义不同，但普遍都认为区域竞争力是区域对资源的吸引力和争夺力，是区域为其自身发展进行的资源优化配置能力。区域竞争力的内涵和构成要素往往交织在一起，其内涵往往通过构成要素得以体现，因此，在分析区域竞争力内涵的同时会一并分析区域竞争力的构成要素。对区域竞争力内涵和要素的分析是开展区域竞争力评价的基础和理论依据，是理顺区域竞争力理论体系和脉络的前提，大多数学者对区域竞争力的分析都是从这一方面入手的。如王秉安（1999）认为区域竞争力包括直接和间接两个层次，直接层次是产业竞争力、企业竞争力和涉外竞争力；间接层次是经济综合实力竞争力、基础设施竞争力、国民素质竞争力、科学技术竞争力。郝寿义（2001）提出三个层面理论，即贡献、投入以及方向和过程，贡献指提高增加值和居民社会福利价值的能力；投入指资源的争夺、动员、整合和转化能力；方向和过程指引进吸收、转化提升和输出扩转能力。张辉（2011）认为区域竞争力是由区域网络、区域内部流、区域外部流三维构成的，并由此推导出区域竞争力最优点——静态均衡点和动态均衡点。樊纲（2004）在其GRICC系统理论中提出区域竞争力包括经济基本竞争力、国际一体化竞争力、政府公共管理竞争力、金融体系竞争力、基础设施竞争力、企业竞争力、科技创新竞争力、人力资本竞争力。虽然不同学者分析的角度和出发点不同，但是都较为认可区域竞争力是包括中观和微观多个层面的综合竞争实力，区域竞争力是衡量区域经济发展的重要标准。

区域竞争力是一种综合竞争实力，但是随着经济全球化和区域经济一体化进程的加快，区域的边界外延不断拓展，不仅一个国家内部可以根据资源禀赋和发展水平划分为不同的区域，具有某种共同利益的相邻不同国家也可以构成一个区域，这就为区域竞争力内涵注入了新的要素。区域竞争力不仅包括在一定区域空间内的资源争夺力，还包括国家间或地区间的合作以及捍卫全球共同利益的协调力和凝聚力，区域竞争力也突破了传统的区域空间，表现为不同大洲区域和大洋区域之间的竞争，区域竞争力的构成要素除了产业竞争力、企业竞争力等外，还包括合作力、协调力等。未来区域经济仍将是经济发展最为活跃的组成部分，随着新一轮科技创新的推动，区域内的产业结构将面临重大调整，企业发展战略也面临着重要的转型，区域竞争力中科学技术的影响将发挥越来越重要的作用。

二 区域竞争力的形成机制

区域竞争力的形成机制是指区域经济发展中各个组成部分和要素的相互关系，如何通过共同的利益纽带以及相互间的影响和传导形成区域优势，确保该区域在同其他区域竞争过程中能表现出更强的资源争夺力和配置力，逐渐占据了众多区域经济发展中的核心地位，并成为其他区域经济发展的影响者和引导者。区域竞争力的形成机制是从动态的角度强调区域竞争力的形成过程和机理，强调竞争力的形成路径。在区域经济发展的理论中，区位理论、增长极理论、循环累积因果关系理论、中心—外围理论、新经济地理理论等理论从不同角度强调了不同区域在经济发展中的地位和作用，突出了处于优势区位的中心地区的核心作用，都较为普遍地认为处于核心地位的区域会比其他地区具有更强的要素吸引力，特别是在资源有限的前提下，这种强大的吸引力会助推核心区域聚集大量生产要素而成为率先发展的区域，与周边区域形成不平衡发展的局面，而后再通过向外扩散和带动作用，实现周边地区的共同发展。

区域竞争力的形成机制是区域竞争力研究的一项重要内容，剖析区域竞争力的形成机制可以更加明确区域竞争力的来源、主要影响因素、形成过程等，理顺区域竞争力的发展脉络、特征及和国家竞争力、产业竞争力等竞争力问题研究的不同之处。区域竞争力的形成机制包括动力机制、发展机制、演化机制、提升机制等，这些机制彼此之间又是错综地联系在一起的，动力机制是基础和源泉，发展机制和演化机制反映过程的变化，提升机制是结果和目标，动力机制是动力源，通过发展和演化一连串的过程实现最终的竞争力的提升，在这一过程中，不仅关系到区域经济的发展，而且会广泛涉及区域的产业、企业等中观和微观实体，涉及与其他区域的联系和互动。应该把区域竞争力的形成机制看作是一个系统的过程，运用系统学、经济学、地理学、管理学等多学科的研究思路和方法进行深入的考察，只有这样才能较全面地剖析区域综合竞争实力。

随着区域经济的发展，区域竞争力处于不断发展变化中，区域竞争力的形成机制也被不断注入新的内容，传统区域经济发展中，自然资源、资本、劳动力等物质要素投入是区域竞争力形成的重要保障，而在现代区域经济发展中，人力资源、科学技术、知识等智力资源的投入成为区域竞争力形成的关键。在未来的区域竞争中，要实现区域竞争力的拓展和延续，高级要素的投入是不可或缺的。

三　区域竞争力的评价

与开展国家竞争力等其他方面的竞争力研究一样，对区域竞争力进行科学、客观的评价至关重要，对区域竞争力的内涵界定和形成机制的研究是为了构建区域竞争力研究的理论体系，奠定区域竞争力研究的理论基础，而开展区域竞争力的评价研究是以实证的分析方法对区域竞争力的强弱、不同区域竞争力的差距进行量的测度，只有将理论研究与实证研究结合在一起，才能确保理论研究的充实性和实证研究的科学性。

我国对区域竞争力的评价方法基本上是沿用或改进对国家竞争力

的评价方法，将对国家竞争力的研究思路和评价模式用于对区域竞争力的研究，归纳起来，其主要的评价方法有三种：一是直接沿用了国家竞争力的评价指标体系，如直接引用 WEF 和 IMD 的评价指标体系，只是把分析的对象由不同的国家转换为不同的区域。由于国家和区域毕竟是两个不同的地域空间概念，直接引用评价方法对区域竞争的特征和个性欠缺考虑。二是用单一的指标衡量区域竞争力水平，如有的学者运用 GDP 指标，有的运用贸易竞争指数等，单一的指标虽然比较简单，但往往也是比较片面的，只能反映区域竞争力的某一方面水平，无法反映综合竞争实力。单一的指标一般较多用于对区域自身竞争力的衡量，很少进行区域间的比较。由于单一指标的不足，这种分析方法越来越少被使用。三是建立区域竞争力的评价模型，根据评价模型的构成要素建立区域竞争力综合评价指标体系，并根据区域竞争力的特征设置不同层级的指标，运用统计和数量分析方法得到区域竞争力的综合评价结果。随着区域竞争力研究的不断深入和拓展，区域竞争力评价指标体系也不断完善和充实，指标体系内容愈加丰富，这不仅克服了单一指标评价范围有限的不足，而且还从评价的层面充实了区域竞争力的理论体系，这种方法常用于对不同区域竞争力的比较，由于是多个方面综合的结果，因此评价的结果也较为科学客观。

区域竞争力的评价是区域竞争力研究的重要组成部分，搭建起区域竞争力理论研究和实证研究的桥梁，随着竞争力研究的不断深入和方法的创新，特别是统计和数量方法的不断注入，也使得区域竞争力评价的方法不断丰富。随着区域经济发展以及学科的不断融合，未来区域竞争力的内容体系会更加庞大，区域竞争力的评价重点也会转移，将更加注重区域科技发展实力、区域创新能力、区域能源消耗和环境变化等，区域竞争力的评价方法也会更多引入系统动力学、管理学、地理科学等学科的方法。但是，开展区域竞争力评价并不是最终的目的，从评价结果中探寻提升区域竞争力的突破口和现实路径才是真正的意义所在。

四　区域竞争力的发展战略

“战略”一词最早用于军事领域，后来被逐步延伸至政治和经济领域，主要指统领全局、决定胜败的对策方案。当前，各国在经济发展的不同阶段制定不同的战略已经成为普遍现象，作为经济发展中具有全局性、长远性、根本性的总体构想，经济发展战略在经济发展中发挥着重要的指导和引领作用。正确的战略选择是经济发展的动力，会使经济活动按既定的计划和步骤，循着科学发展路径，实现既定的目标，同时兼顾协调好经济与社会、政治、文化等其他方面的关系。对我国区域经济发展而言，增强区域竞争力，使本区域具有比其他区域更强的资源争夺力和辐射力是区域经济发展的重要任务和目标，制定出最佳的区域发展战略是区域竞争力研究的重要内容。对区域竞争力研究的最终落脚点应该是从研究结果中找到本区域经济发展的优势和劣势，探索一条能快速推动区域经济发展和竞争力提升的道路。无论是竞争力强的区域还是弱的区域都具有本区域的比较优势，也具有本区域的比较劣势，这些比较优势和劣势是区域发展战略制定的出发点。

在区域经济发展的不同阶段，区域竞争力的战略重点不同，在区域经济发展的初级阶段，其战略重点是夯实区域竞争力的基础和快速提升区域竞争力水平；在区域竞争力达到一定水平之后，其战略重点是巩固区域竞争力优势，不断开拓增强区域竞争力的平台空间。本书认为，在区域经济发展的不同阶段，增强区域竞争力的可选战略主要包括：

创新战略。围绕创新开展竞争将是未来区域竞争的主攻点，特别是在资源要素有限和实体经济发展受限的前提下，通过创新引领科技进步实现经济发展将是未来区域经济发展的突破口。

竞合战略。区域之间既相互竞争又相互合作，通过竞争增强区域经济发展的动力，而建立在优势互补基础上的区域合作则对各区域经济发展都是有利的。

开放战略。区域要以开放的姿态和眼光融入大区域乃至全球的竞争合作中，同时也要以开放包容的心态广泛吸引资源要素的流入，为区域竞争力提升营造一个更加自由宽松的制度环境。

选优战略。产业是提升区域竞争力的基础和来源，产业结构调整带动的产业更新换代和构建产业体系是增强区域竞争力的重要手段，区域要明确产业发展的重点和方向，选择发展优势产业和新兴产业以夯实产业发展基础，增强区域竞争力水平。

随着区域竞争的推进，区域经济发展战略也是不断变化和推进的，在区域战略的选择上一般是实施多种战略组合，区域经济发展战略的创新和突破将会从总体上理顺区域经济发展的方向，实现区域竞争力跨越提升。

第四节　区域竞争力的评价与分析

与研究国家竞争力一样，学者们在开展对区域竞争力理论研究的同时也开展了对区域竞争力的评价分析，通过建立评价模型和指标体系对不同区域竞争力的强弱进行比较评判，从定量的角度开展区域竞争力的评价研究。区域竞争力评价过程是一个融合多门学科知识与方法的过程，包括区域经济学、竞争力经济学、统计学、计量经济学等学科知识的交叉融合，为了确保评价结果更加科学客观，在评价方法的选择上也更加慎重多维。虽然区域竞争力的评价与分析并不是区域竞争力研究的最终目的，但为了衡量区域竞争力的表现结果，这一评价又是不可忽略的重要过程，只有通过科学的评价和抽丝剥茧般的层层分析才能深刻领悟区域竞争力的深刻内涵，明确区域竞争力的真正来源以及不同区域间竞争力差距所在和原因。

一　国内外区域竞争力评价与分析的研究述评

国外对竞争力的研究基本上是围绕着国际竞争力和国家竞争力而展开的，开展区域竞争力研究较少，即使对区域竞争力进行评价分析也基本上是沿用了 WEF 和 IMD 的评价指标体系和分析方法，并没有在区域竞争力评价方面形成研究特色。Janne Huovari、Aki Kangasharju

和 Aku Alanen（2001）[①] 把区域竞争力定义为一个区域培育、吸引和支持各种经济活动以使区域内居民能够享受较好经济福利的能力，并且构建了一个测量区域竞争力的评价模型。他们认为有竞争力的区域通常能够不断获得并吸引所需的各种生产要素，从而促进经济发展，主要从人力资本、创新能力、产业聚集和市场能力来体现，如图 6－1 所示。

欧盟委员会联合研究中心[②] 2010 年发布了对欧盟国家进行区域竞争力评价的模型，他们认为区域竞争力由输入和输出两部分构成，其中输入部分由人力资本，技术创新和政府管理、基础设施、经济环境三部分决定。具体来看，人力资本表现在健康、中小学教育质量和高等教育水平三个方面；技术创新表现在技术领先水平方面；政府管理、基础设施和经济环境表现在机制、宏观经济稳定性和基础设施三个方面。对输出而言，又表现在劳动力市场效率、市场规模、商业效率和创新能力四个方面。具体见图 6－2。

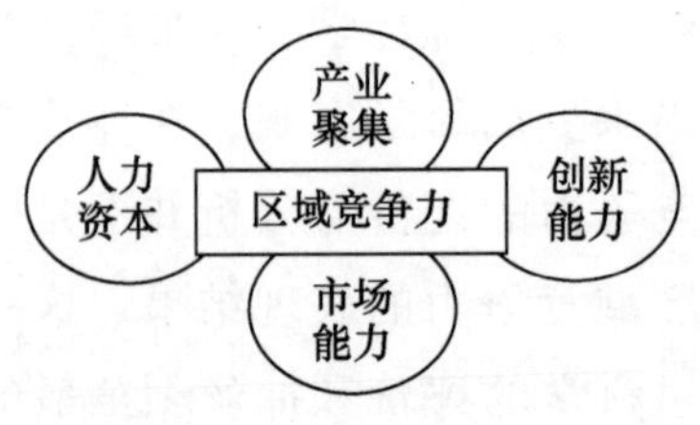

图 6－1　Huorari 等的区域竞争力模型

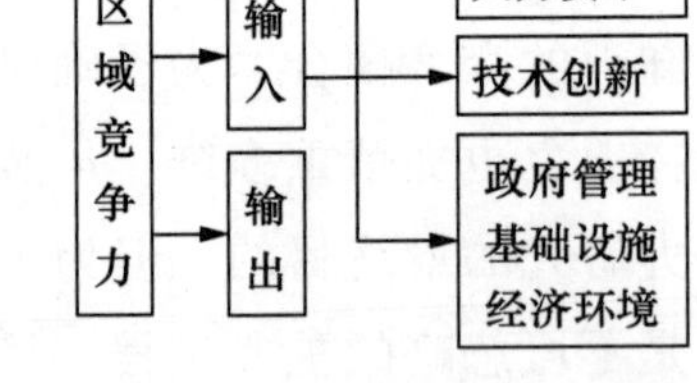

图 6－2　欧盟区域竞争力模型

开展对区域竞争力的评价研究是我国竞争力研究的一大亮点和特色，随着竞争力研究的兴起与发展，竞争力理论和方法被迅速拓展到经济发展的各个领域，形成了一系列的研究成果。我国对区域竞争力的评价研究基本上是针对区域经济综合竞争力方面，主要是吸收和借

① Janne Huovari，Aki Kangasharju，Aku Alanen，“Constructing an Index for Regional Competitiveness”，Pellervo Economic Research Institute，Working Papers No. 44，June 2001.

② Paola Annoni and Kornelia Kozovska，“EU Regional Competitiveness Index（RCI 2010）”，European Union，2010，p. 30.

鉴国外关于国家竞争力和竞争优势研究的理论成果，针对我国国家和地区发展的特殊情况，建立了适合我国国情的区域经济综合竞争力评价体系。目前，国内学者大都主张建立诸如“总目标—准则—分准则—指标”的多层次区域竞争力综合评价体系①，涌现了一批较具影响力和代表性的研究成果。

（一）直接引用 IMD 早期评价指标模型

国内早期有部分学者对区域竞争力的评价直接援引了 IMD 早期的竞争力评价模型，建立了包含八个主要影响因素的评价指标体系。1998 年，严玉龙在《经济日报》上发表了《全国各省市区域经济实力谁执牛耳》一文，用八大指标对全国各省市区的竞争力进行了测评，主要包括地区经济实力、对外开放程度、政府作用、金融活动、基础设施、管理水平、科学技术及人力资源。樊新生、李小建也使用了同样的八因素评价指标体系，但是在二级指标的设置上比严玉龙有所增加，由 16 项增加到 24 项，在此基础上使用主成分分析法和德尔菲法对我国东、中、西部地区的竞争力进行测评。在引用 IMD 评价模型中影响最大的当属中国人民大学竞争力与评价研究中心的“三位一体”的竞争力评价模型，该模型将八大要素进一步向上总结归为核心竞争力、基础竞争力和环境竞争力。该中心认为，从“三位一体”出发，核心、基础、环境竞争力结构协调升级才是发展中国家现阶段最为重要的内容，才能达到追赶发达国家的积极效果②。深圳综合开发研究院的指标评价体系也是直接引用 IMD 指标评价体系中影响力较大的一组指标。深圳综合开发研究院华南及深港经济研究中心于 1998 年首度尝试对京九沿线各地区综合竞争力进行实际测算，该评价指标体系将影响区域竞争力的指标体系分解为 8 个一级指标和 35 个二级指标（见表 6－1）。

① 芦岩、陈柳钦：《国内区域竞争力研究综述——历程、问题与进展》，《河南社会科学》2006 年第 7 期。

② 中国人民大学竞争力与评价研究中心研究组：《中国国际竞争力研究发展报告（2003）——区域竞争力发展主题研究》，中国人民大学出版社 2003 年版。

表 6-1　　深圳综合开发研究院评价体系

一级指标	权重	二级指标
资源	0.15	土地面积、耕地面积、人均耕地面积、总人口、非农业人口
经济实力	0.15	GDP、人均 GDP、农业总产值（1990 年不变价格）、人均农业总产值、工业总产值（现值）、人均工业总产值、乡及乡以上工业总产值、人均社会消费品零售总额
经济开放性	0.15	外贸出口总额、人均外贸出口总额、实际利用外资、人均实际利用外资
经济效率	0.15	工业资金利税率、工业增加值率、农业劳动生产率、全员劳动生产率
经济发展潜力	0.15	全社会固定资产总投资、人均全社会固定资产总投资、固定资产投资率、人均银行各项存款年末余额、人均银行各项贷款年末余额
政府调控能力	0.10	财政收入占 GDP 比重、地方财政收入、财政支出占 GDP 比重
生活质量	0.08	城市居民人均储蓄、居民消费价格指数、全部职工平均工资
社会发展	0.07	第三产业比重、邮电业务总量、人均邮电业务总量

直接引用 IMD 评价指标模型中的八大因素指标，覆盖的范围比较全面，指标建立的依据也较充分，但是由于多数学者对二级指标的设置不尽合理，或设置较少影响了一级指标的全面性，或设置过多，影响一级指标评价的客观性。而且直接引用国外模型多多少少会与我国区域发展的实际情况相脱节，进而影响了评价结果的准确性。所以更多的学者是对国外竞争力评价指标模型进行相应的调整，建立起比较适合我国国家和区域发展实际的评价体系。

（二）国内区域竞争力指标评价模型的调整与创新

国内多数学者是从多角度构建指标体系来对区域竞争力进行研究的，目前在区域竞争力评价体系的构建中，指标选取的一个明显特征是数量多、范围广，研究者一般用两类指标进行研究：一类是定性指标，另一类是定量指标，大多学者会将两类指标进行有机组合。总而言之，定性分析的评价指标还不成熟、不可靠，主要依据专家系统，采用调查、打分方法来确定；定量分析则是建立三级或更多层次指标，通过统计年鉴或相关的专业年鉴进行数据收集和整理进而分析区域竞争力。

（1）突出竞争优势的指标评价体系

这类指标评价体系主要以波特的国家竞争优势理论为基础，同时也参考了IMD的区域竞争力评价模型，着重突出区域产业竞争力的重要性。

国内学者建立的此类指标评价体系中首推福建行政学院的王秉安教授及其同人所建立的竞争力评价指标体系。他们于2000年提出了由三个直接竞争力因素和支撑它们的四个间接竞争力因素构成的区域竞争力模型。三个直接竞争力因素为产业竞争力、企业竞争力和涉外竞争力；四个间接竞争力因素为经济综合实力竞争力、基础设施竞争力、国民素质竞争力和科技竞争力（见图6－3）。据此设计由7个一级指标、24个二级指标和69个三级指标构成的指标体系。该项评价指标体系也存在一定缺陷，在指标设置上主要是硬指标，忽视了一些软指标因素的影响；指标权重的处理带有较强的主观判断性；指标的

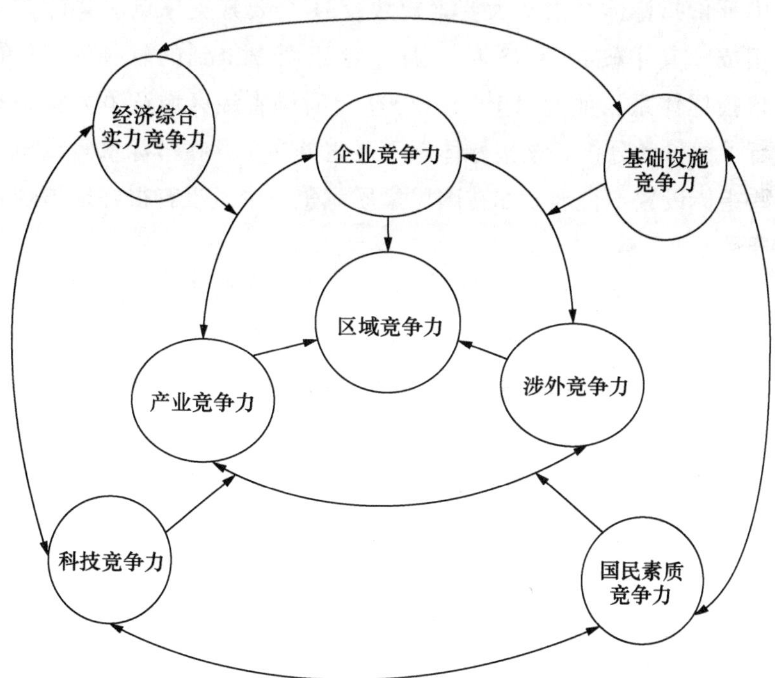

图6－3　王秉安教授竞争力评价指标体系

设置忽略了政府和金融等关键性要素，将国际化的区域竞争局限于一国内部①。

南京大学长江三角洲经济社会发展研究中心2003年针对长江三角洲地区综合竞争力的评价指标体系也较具代表性。他们把综合竞争力划分为核心竞争力、基础竞争力和辅助竞争力等3个一级指标、7个二级指标、19个三级指标和88个子指标，在确定区域竞争力方法时，采用德尔菲赋权法对各指标进行加权处理，并对核心竞争力、基础竞争力、辅助竞争力以核心竞争力为基准进行标准化比较，最终找出各区域差距的原因。该指标体系比较全面，但不足之处在于7个二级指标中缺少产业竞争力这一重要指标，而且采用的数学方法也比较简单，可能会导致评价偏差。

天津财经大学统计学系竞争力研究工作室采用WEF和IMD的理论和方法作为分析的理论依据，结合我国国情建立起省级区域竞争力的理论分析框架、评价指标体系和评价方法。其建立的中国省级区域竞争力评价指标体系由9大要素模块、31个要素支撑点、共计119项指标组成，其中硬指标93项，通过专家调查得到的软指标26项②。根据该指标体系，他们对1995—2004年我国省级区域竞争力状态和水平进行了评价和分析。该指标体系不足之处在于存在指标重复设置，以及有些指标设置不合理，如在国民素质竞争力中，没有很好地体现知识的重要性。

迄今为止，对区域特别是省域经济综合竞争力研究最有针对性、建立的指标体系最多也最完整的当属全国经济综合竞争力研究中心，他们在2007年出版的第一部《全国省域综合竞争力发展报告(2005—2006)》一书中根据科学性原则、客观性原则、系统性原则、公正性原则、可行性原则和可比性原则，从宏观经济、产业经济、财政金融、知识经济、可持续发展、发展环境、政府作用、发展水平、

① 芦岩、陈柳钦:《国内区域竞争力研究综述——历程、问题与进展》,《河南社会科学》2006年第7期。

② 天津财经大学统计学系竞争力研究工作室:《中国区域竞争力发展报告(1985—2004)》,中国统计出版社2004年版。

统筹协同九个方面衡量省域经济综合竞争力，具体见图6-4。在指标体系建立的数学模型中，采用了德尔菲专家调查法分别赋予各指标以相应的权重，经过分级加权合成，形成了各级指标的合成结果①。之后，该中心不断对指标体系进行调整，目前已经出版了6部评价报告，该评价体系涵盖范围广，指标体系全面，评价结果也客观科学。但是该指标体系不足之处在于忽视了软指标的设置，没有把一些主观影响因素考虑在内。

此外，徐宏和李明（2005）、左继宏（2005）等建立的评价指标体系也较具代表性。这些有关区域竞争力的评价指标体系凸显了区域之间的竞争优势，旨在通过指标体系的综合评价得出不同区域竞争力的强弱。

（2）突出比较优势的指标评价体系

突出比较优势的指标评价体系与突出竞争优势的指标评价体系的主要区别在于这类研究成果将自然资源、人口、资本等基础要素也作为影响竞争力的要素考虑在内，更加凸显自然资源和要素对区域竞争力的影响，但这些指标的重要程度往往相对较低。

高志刚（2006）将区域竞争力分解为8种竞争力：资源环境竞争力、经济实力竞争力、产业市场竞争力、对外开放竞争力、基础设施竞争力、人力资本竞争力、科技创新竞争力和管理服务竞争力。其核心在于经济实力竞争力、产业市场竞争力、人力资本竞争力、科技创新竞争力②。这8种竞争力构成了一级指标，一级指标下设40个二级指标。根据指标体系，采用由主成分分析法、层次分析法确定权重的多指标综合评价法，实证分析了全国除台湾、西藏以外的30个省、市、自治区的竞争力状况。该指标评价体系所采取的方法克服了单一方法带来的片面性和局限性，评价的效果不错，但是就评价指标体系本身而言，所覆盖的范围不够全面，仅到二级指标为止，并且二级指标的数目设置偏少。

① 李建平等：《全国省域经济综合竞争力发展报告》，社会科学文献出版社2007年版。

② 高志刚：《基于组合评价的中国区域竞争力分类研究》，《经济问题探索》2006年第1期。

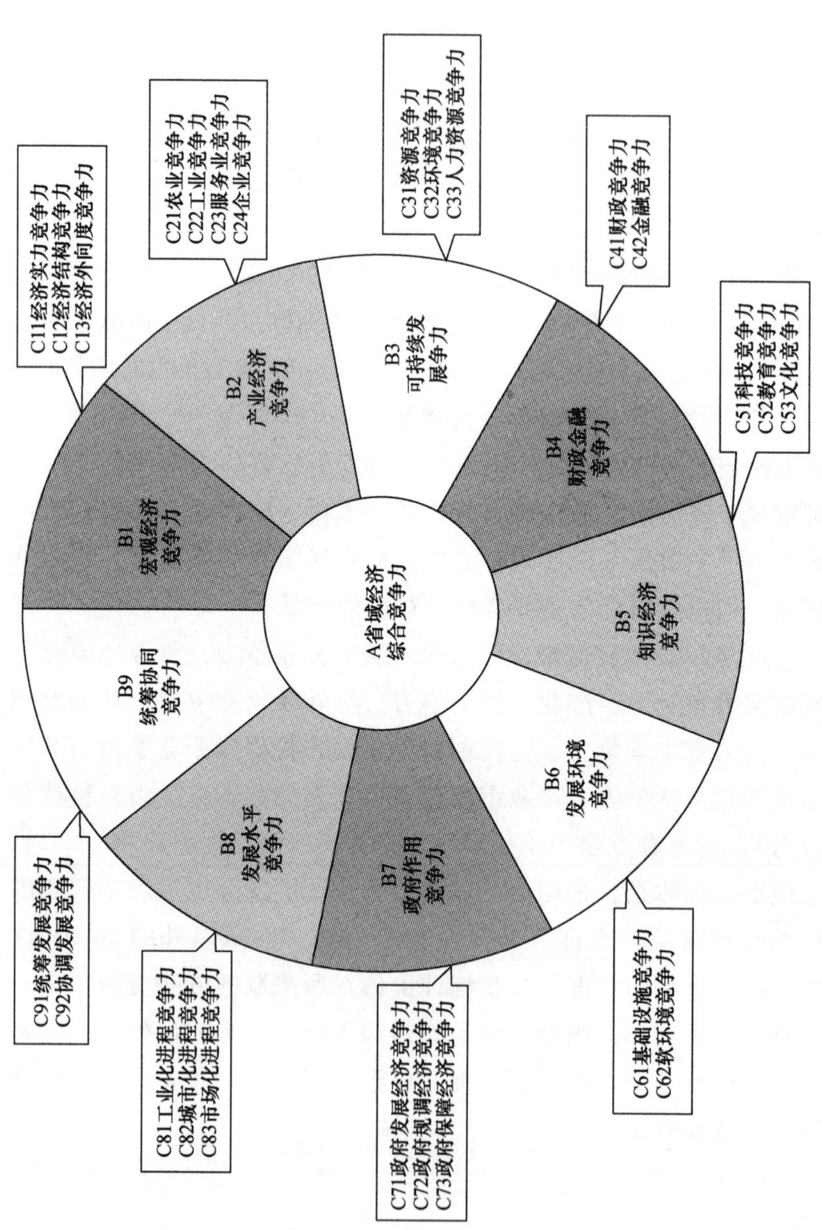

图6－4 省域经济综合竞争力评价模型

刘勇在其论文《我国典型地区区域竞争力初步研究》中将区域竞争力分为初始竞争力、潜在竞争力和现实竞争力。其中，初始竞争力指由区位条件、自然资源、生态环境、人口与劳动力、资本存量等自然或静态因素所决定的区域比较优势，这是区域本身所具备的，一般难以在短时间内改变。其对三种竞争力所赋的权重分别为0.2、0.3、0.5，初始竞争力权重最低，现实竞争力的权重最高，同时分类指标数量高达107项。该指标体系将比较优势考虑在内，同时包括软硬因素，较具合理性，但是其没有给出权重分配比例的依据，也没有具体介绍评价方法。

潘丽柳（2004）主要选用25个指标对区域竞争力进行分析，这些指标涉及经济、环境、科教文卫等各个方面①。然后采用因子分析法，通过对各因子得分的加权平均计算出各样本的总得分，然后将总得分进行排名，分析我国各区域竞争力的强弱。根据这一评价指标体系和评价方法，对全国除台湾以外31个省、市、自治区的综合竞争力进行排名。该指标体系列入了资源、人口等具有比较优势特征的指标，但是该指标体系所列举的指标较少，范围有限，无法客观准确地反映出区域总体综合竞争力水平。

（3）突出区域协调发展的指标评价体系

与前两类指标评价体系不同的是，这类评价体系主要从区域经济有效运行和持续发展的角度出发，依据不同因素在区域发展中的不同作用对IMD早期评价体系进行了重构，突出反映区域发展的协调性和有机性，以及区域协调运行下的竞争力效果。一般而言，竞争力指标评价体系都突出地表现为竞争优势和比较优势，通过竞争优势和比较优势来间接地反映区域发展的协调性，直接表现出区域协调发展的指标评价体系较少。而且在指标体系设置中，考虑到指标设置的简洁性，一般指标之间独立性较强，因此这类评价体系较少，比较典型的有张为付、吴进红提出的“核心竞争力—基础竞争力—辅助竞争力”三力体系。核心竞争力包括区域经济实力、科技水平和金融实力，是

① 潘丽柳：《我国区域竞争力评价》，《内蒙古科技与经济》2004年第12期。

竞争力强弱的最重要因素。其中，经济实力涵盖经济总量、经济质量、产业结构和外向经济四方面。基础竞争力包括基础条件、教育和居民素质，对核心竞争力提高具有支撑作用，是区域经济持续健康发展的保障。辅助竞争力能协调核心竞争力与基础竞争力增长的不均衡状态，并通过对人流、物流的集聚、扩散促进区域竞争力提升①。因此该指标体系设置了7个一级指标、19个二级指标，以及88个三级指标。该指标体系考虑到指标与指标之间的协调关系，并且区分指标间影响力和作用力的大小，但由于指标之间的关联性较大，影响指标独立性作用的发挥，使评价结果对问题的反映比较有限，许多问题可能无法体现出来。

综上所述，我国国内区域经济竞争力指标评价体系一般都借鉴了国外的竞争力指标体系，虽然指标的设置不尽相同，但大体上都包含了产业竞争力、经济实力、企业竞争力、对外开放竞争力、技术水平、人力资源、政府作用、金融财政、自然环境与资源、基础设施、生活环境等方面，同时对指标体系进行分级，一般至少包含3个指标层级。在评价方法上，主要有因子分析法、层次分析法、聚类分析法等，借助相关的统计和计量软件对采集的数据进行相应的处理。虽然每个指标体系或多或少都存在一定的缺陷，但总体而言，大多数指标体系都具有较强的客观性、综合性和可比性。

二 区域竞争力评价与分析的发展

区域已经成为我国经济发展中最为活跃的主体之一，特别是随着近年来我国一系列区域发展规划的出台并上升至国家战略，以区域为主体的竞争已经突破了行政区域的限制，更加明确各个区域发展的方向和重点，有利于培育经济增长极和具有国际竞争力的区域，推进国际区域合作和提升区域对外开放能力，探索先进的区域管理模式。区域发展思路和模式转化推动现代区域经济发展越来越突破传统发展模式的束缚，更加注重区域之间的竞合和一体化发展，更加注重区域的

---

① 张为付、吴进红：《对长三角、珠三角、京津地区综合竞争力的比较分析》，《浙江社会科学》2002年第6期。

开放性和包容性，更加注重发挥区域内涵增长力和驱动力以增强外在资源争夺竞争力。在经济全球化和区域经济一体化的进程中，区域竞争也越来越融入全球竞争的浪潮中，因此，对区域竞争力的评价和分析也要顺应这一变化趋势，更加注重区域在全球竞争中的表现，更加凸显区域作为全球竞争的新兴主体地位。

区域竞争力的评价与分析是区域竞争力研究不可或缺的重要内容，评价思路和分析方法又是随着区域经济发展而不断动态演变的。随着区域经济的发展，在设计区域竞争力具体评价思路上应更加注重开放性和协调性，从国际和国家总体利益角度上注重经济发展水平和程度不同区域之间的竞争性和包容性；更加关注区域经济结构和产业结构调整以及技术创新推动为区域经济发展注入的内涵力和发展潜力；弱化区域的行政边界，在关注区域经济硬实力的同时注重制度安排、市场体系等软实力的较量。随着学科知识的融合，区域竞争力的分析方法也将不断充实，除了常用的统计学、计量经济学等分析方法外，实验经济学、计算机技术等方法也将被引入，以确保评价结果更科学、客观。

第七章　产业竞争力评价模型与分析

第一节　产业竞争力的内涵

产业是介于宏观经济与微观经济之间的中观经济，相应地，产业竞争力属于竞争力问题研究的中观层次。随着产业经济理论在分析现实经济问题方面的作用越来越显著，作为中观层面的产业竞争力问题也越来越受到重视，成为一个重要的研究课题。

一　产业的基本定义及其分类

产业是在经济发展和社会分工的基础上形成的、具有某种同类属性或相似属性的企业经济活动的集合。产业是一个中观的概念，微观企业的集合构成产业，产业的集合与消费者和政府的经济活动构成国民经济。① 在传统社会主义经济学理论中，产业主要指经济社会的物质生产部门，如“农业”“工业”“交通运输业”等。随着社会生产力水平和分工专业化程度的不断提高以及经济理论研究的不断演进，产业的内涵逐渐充实，外延逐渐扩展，产业分类更加复杂。

20 世纪 20 年代，国际劳工局最早对产业作了比较系统的划分，即把一个国家的所有产业分为初级生产部门、次级生产部门和服务部门。后来，许多国家在划分产业时都参照了国际劳工局的分类方法。第二次世界大战后，西方国家大多采用了三次产业分类法。产业的分类方法比较多，总结起来，主要有以下几种：①马克思按照产品的最

① 简新华、瑰姗：《产业经济学》，武汉大学出版社 2005 年版。

终用途不同将产业分为两大部类，第一部类是专门生产生产资料的部门，第二部类是专门生产生活资料的部门；②按照物质生产在劳动对象、劳动资料、生产过程等方面的不同将物质生产划分为农业、轻工业和重工业；③按照产业发展的层次顺序及其与自然界的关系划分为第一产业、第二产业和第三产业；④按照要素密集程度不同划分为劳动密集型产业、资本密集型产业、技术（知识）密集型产业等；⑤按照产业在国民经济中的地位和作用不同划分为基础产业、瓶颈产业、支柱产业、主导产业、战略产业和先行产业等；⑥按照产业生命周期可划分为新兴产业、成长产业、成熟产业、衰退产业等；⑦在三次产业划分的基础上进行的扩展分类，将第三产业中与信息技术、科学研究相关的高新技术产业以及教育、信息产业归为第四产业。此外，还有基于循环经济的资源产业、农业、工业、服务业和环境产业的五次产业分类方法，为统一国民经济统计口径而由权威部门制定和颁布的标准产业分类法，等等。

二　产业竞争力的基本概念

通过对目前相关文献资料的整理与研究可以发现，尽管产业竞争力是理论和政策研究的热点问题，但是学术界还未形成一个统一的概念界定。国内外学者从不同角度、不同层次对产业竞争力的概念进行诠释，概括起来主要有以下几种：

（一）生产力学说

迈克尔·波特（2002）从产业的角度研究国家竞争力，认为国家竞争力取决于产业的竞争优势，而产业的竞争优势又取决于“国家环境”。他强调国际竞争环境对一个国家经济发展水平及其国际竞争力水平的重要作用，产业国际竞争力是在国际自由贸易的条件下，一国特定产业以其相对于其他国更高的生产力开拓市场、占领市场，并持续获得盈利的能力。金碚（2003）认为，产业竞争力就是一国特定产业通过在国际市场上销售其产品而反映出来的生产力。这一定义明确说明了产业竞争力的实质就是一国特定产业相对于国外竞争对手的比较生产力，产业竞争力最终的实现指标主要是相关国家特定产业的产品国际市场占有率和盈利能力。

（二）比较优势和竞争优势学说

裴长洪、王镭（2002）从产业“集合”的属性出发认为产业竞争力首先体现为不同区域或不同国家的不同产业的各自相对竞争优势，即比较优势；当出现比较优势相近的同一产业或产品的比较时，产业竞争力将取决于它们各自的绝对竞争优势，即质量、成本、价格等一般市场比较因素。蔡昉等（2003）持类似的观点，他们认为竞争力的来源之一是产业结构和技术结构的选择遵循比较优势原则，能否识别和遵循产业比较优势是产业获得和保持国际竞争力的关键。金碚（2003）认为，影响产业竞争力的所有因素可以归纳为比较优势和竞争优势，比较优势和竞争优势的本质都是生产力的国际比较。

（三）综合能力学说

盛世豪（1999）认为产业竞争力是指某一产业在区域之间的竞争中，在合理、公正的市场条件下，能够提供有效产品和服务的能力，它是产业的供给能力、价格能力、投资盈利能力的综合。张超（2002）认为产业竞争力是指属于不同国家的同类产业之间效率、生产能力和创新能力的比较，以及在国际自由贸易的条件下各国同类产业最终在产品市场上的竞争能力。郭京福（2004）认为产业竞争力是指某一产业或整体产业通过对生产要素和资源的高效配置及转换，稳定持续地生产出比竞争对手更多财富的能力，体现的是在市场竞争中的比较关系，表现为市场上如产品价格、成本、质量、服务、品牌和差异化等方面与竞争对手的差异化能力。伦蕊（2005）认为产业竞争力是指反映在产业经济活动中的较高的资源利用效率与配置效率（表现层），是产业技术进步能力、产业组织成长能力、产业空间聚散能力和产业要素引斥能力的有机统一（本质层），是产业在持续创新过程中提升技术效率和制度效率的结果（来源层）。王春梅、闫红博（2009）认为，区域产业竞争力指区域内各经济主体在市场竞争的过程中形成并表现出来的争夺资源或市场的综合能力。

（四）区域环境学说

陈红儿、陈刚（2002）认为产业竞争力是指在一国内部各区域之间的竞争中，特定区域的特定产业在国内市场上的表现或地位。这种表现或地位，通常是由该区域产业所具有的提供有效产品或服务的能力具体显示出来。唐志红（2003）提出区域产业竞争优势持续力取决于三项重要条件：区域产业发展所拥有的特殊资源优势、区域产业中具有竞争实力的企业数量和质量及相应的市场组织结构竞争力以及区域产业持续改善和升级。饶南湖（2008）认为区域产业竞争力是某地区特定产业中所有企业综合运用区域内外生产要素，在同本地区以外的企业进行市场竞争中表现出来的占领市场、获取利润并得以持续发展的能力。

综上所述，我们认为，产业竞争力是指某一产业或整体产业通过对资源和生产要素的高效配置及转换，以提高生产效率为动力，以实现市场占有和经济利益为目标，持续稳定地生产出比竞争对手更多财富的能力，体现的是产业在国际或国内市场竞争中的比较关系，表现为市场上如产品价格、成本、质量、服务、品牌和差异化等方面相对于竞争对手所具有的竞争优势。从国际贸易理论的角度出发，产业竞争力可以体现产业的出口和进口替代能力；从区域经济学理论的角度出发，产业竞争力应突出反映产业集聚、产业扩散、产业转移、区位优势等影响区域经济发展的各种因素；从微观经济或管理学的角度出发，产业竞争力是指该特定产业范围内所有企业的综合竞争力和产品的市场实现能力；从宏观经济研究的角度出发，产业竞争力是国家竞争力的重要组成部分，反映受各种宏观经济因素影响的产业在国际市场上的竞争能力和地位。

三　产业竞争力的基本特征

产业竞争力是一个复杂、系统、动态的概念，其特征如下：

首先，产业竞争力受多种因素的综合影响，有些因素直接影响产业竞争力的高低，如产业规模、产业结构、产业资本投入、劳动生产率、市场占有率等；有些因素间接影响产业竞争力的高低，如技术进步、产业政策、产业成长、产业贸易条件等。因此，应系统、整体地把握影响产业竞争力的各个因素。

其次，产业竞争力是一个比较的概念，是相对于竞争对手而言的，因此，需要通过比较才能判定同一产业范畴内竞争力的强弱。产业竞争力比较既可以表现为不同国家在同一产业领域内的竞争力水平的比较，也可以表现为一个国家内部不同区域之间相同产业领域的竞争力水平的比较。通过比较，选择能够发挥国家或区域比较优势，发展前景较优、竞争力较强的产业，同时，找出劣势产业存在的问题，有针对性地加以提升。

再次，产业竞争力可以通过构建分析框架、建立指标体系进行量化测定，可以在时间和空间上进行评价比较。产业竞争力是一个动态发展的过程，随着时间的推移和各种能动因素的变化，产业竞争力也会发生变化，所以应强调产业竞争力的未来发展潜力和发展趋势。

最后，产业竞争力具有层次性的特征。产业竞争力是介于国家竞争力和企业竞争力之间的一种中观层次的竞争力，产业竞争力决定着国家竞争力，产业竞争力由企业竞争力体现，产品竞争力是产业竞争力的基础。它们之间存在着一种逻辑层次关系，正确认识它们之间的关系有助于从不同层次进行合理分工、准确定位。

第二节　产业竞争力的产生与发展

一　国外产业竞争力的产生与发展

产业竞争力的研究最早始于美国，很快就受到各个国家的重视，并形成了丰富的研究成果和具体实践。在此，我们首先对国外产业竞争力的产生与发展进行简要梳理。

20 世纪 70 年代美国最早开始了“开放经济下的产业竞争力”研究。20 世纪 70 年代末 80 年代初，美国在产业发展中的霸主地位遭到来自日本、西欧等国家的强有力挑战。美国钢铁产业自 19 世纪 80 年代以来一直处于世界领先地位，但是到 1976 年，日本的钢铁产业在数量和质量上都超过了美国，1982 年和 1983 年，美国钢铁工业共亏损了 67 亿美元；汽车产业方面，1980 年日本取代美国成为世界最大的汽车生产国，年产 1000 万辆，而美国仅产 800 万辆；从 1978 年起，美国劳动生产率也开始连年下降，1979 年下降 1.2%，1980 年再下降0.3%，从而导致美国工业品在世界市场中的竞争力下降，从1981年起外贸逆差逐年增大，1987年竟高达1405亿美元；除了钢铁、汽车、机械等一些重要的传统产业的竞争优势在逐渐丧失之外，美国的一些高科技产业如半导体集成电路芯片、计算机等的竞争优势也受到了极大的威胁，这些问题引起了美国政府以及学术界的震惊和反思，并掀起了产业竞争力的研究热潮。①② 为了保持在产业竞争力方面的竞争优势，1978年，美国白宫和参议院要求美国技术评价局开始对产业竞争力进行研究。1979年美国总统签署的贸易协定（草案）规定：总统应向国会报告有关影响厂商在世界市场上竞争能力的因素，以及增强美国竞争能力的政策。1983年6月里根总统任命了一个来自官、产、学界30个成员组成的“工业竞争能力总统委员会”，并于1985年1月提交了题为《全球竞争：新的现实》的报告。1987年初第100届美国国会又成立了由国会两党150名议员组成的“竞争能力委员会”，试图通过立法增强美国的产业竞争力。1990年，美国又成立了“竞争力政策理事会”，就如何提高美国产业国际竞争力向总统和议会建言献策。1998年，美国在《综合贸易与竞争法案》中规定了“一般301条款”“超级301条款”和“特殊301条款”，美国总统可以对外国损害美国产业的任何活动加以限制，并可以采取广泛的报复措施，以此来强调产业竞争力的培育与提高。与此同时，日本和欧洲国家也开始从国家层面寻找产业竞争力研究的着手点。从1983年开始，日本通产省组成课题组对美国和日本的产业竞争力作了比较研究。1993年3月，日本成立了由相关大臣和产业界代表组成的“产业竞争力会议”，作为首相直属机构，开始加强产业竞争力的综合性研究。日本通产省作为产业发展的主管机关也设立了一个咨询机构叫“产业技术审议会”，于2002年4月召开专门会议，提交了题为《产业技术策略》的报告，对生物技术等拟重点发展的13个领域41

---

① 包学松、王雪芳、童章成、周旭霞：《竞争力经济学概论》，国家行政学院出版社2006年版。

② 欧永洪：《评美国提高产业国际竞争力》，《亚太经济》2001年第4期。

个个别策略方案做了详细规划，力求全面提高日本的产业竞争力。2002 年 5 月，经济产业相平沼赳夫的私人咨询机构——“产业竞争力战略会议”发表了《加强竞争力的 6 项战略》，提出要支持有竞争力的企业发展，提升日本产业的国际竞争力。① 欧洲国家为应对来自日本、太平洋地区和美国公司的竞争，于 20 世纪 80 年代初也开始研究产业竞争力。英国、德国等国家纷纷成立了专门的产业竞争力课题研究小组。大多数国家建立了自己的国际竞争力促进和协调机构，为提高其产业国际竞争力开展工作。1983 年英国经济社会研究理事会委托一些大学和研究机构进行了 20 多个项目的研究，并于 1986 年在布鲁塞尔的欧洲高级管理学院举办这些成果的国际研讨会。1992 年开始，英国政府贸易产业部发布系列的竞争力报告，如 1995 年的“Competitiveness：Helping Small Firm”。欧盟于 1994 年 11 月开始定期就欧洲产业竞争力问题向欧洲议会报告，此后每年分专题提交一份《欧洲产业竞争力》报告。德国政府于 1995 年制定了在 2000 年以前建立欧洲第一的生物产业集群的计划，该计划于 1999 年完成，极大地提高了德国在生物产业方面的竞争力。②

在政府为推动产业竞争力研究提供政策支持和组织协调的同时，民间科研机构和学者也纷纷开展对产业竞争力的研究。其中最为著名的是哈佛大学的迈克尔·波特教授，从 1980 年到 1990 年连续出版了四部经典著作：《竞争战略》《竞争优势》《全球产业中的竞争》《国家竞争优势》(《竞争战略》《竞争优势》《国家竞争优势》被称为“竞争三部曲”)，在《国家竞争优势》中第一次将产业竞争力与国家竞争力做了区分，提出了著名的钻石模型，认为产业国际竞争力的影响因素来自六个方面：生产要素状况、需求状况、相关及辅助产业的状况、企业的经营战略、结构与竞争方式、机遇和政府行为。这一理论引起极大反响，诸多学者针对钻石模型提出了自己的改进或批评意

① 刘小铁：《国内外产业竞争力研究综述》，《广东财经职业学院学报》2006 年第 6 期。

② 傅钧文：《德国产业竞争力与竞争优势分析》，《德国研究》2003 年第 4 期。

见。例如，邓宁认为应该在钻石模型中加入“跨国商务活动”，波西、纳瑞拉也分别从民族文化和技术角度提出改进意见，[①] 帕德莫尔和吉布森提出了一种分析区域产业竞争力的决定模型——GEM 模型。[②] 20世纪 90 年代，美国学者哈默尔和普哈拉在《竞争大未来》（*Competing for the Future*，HBS Press，1994）中提出产业制胜战略理论，认为任何产业竞争都要经历产业先见之争、核心能力之争和市场地位之争三个阶段，该理论从构想未来产业出发，通过创建核心能力来保障产业长远发展，通过市场试探与学习来营造市场优势。1980 年，总部设在日内瓦的民间组织“世界经济论坛”（WEF）和瑞士洛桑国际管理学院（IMD）创立了国际竞争力评价体系，对工业化国家竞争力指数进行排名，并从 1985 年开始合作每年出版《全球竞争力报告》，对工业化国家和重要发展中国家的竞争力进行综合评价，其理论方法对产业竞争力研究产生了重要的影响。自 2002 年开始，联合国工业发展组织采用工业竞争力指数评价各国生产和出口工业制成品的竞争能力。此外，马萨诸塞·卢维尔大学（UML）成立了“工业竞争力研究中心”、哈佛大学肯尼迪政治学院成立了“企业与政府研究中心”等，这些机构组织了一大批专家学者对美国及其来自欧洲、东亚的竞争对手国的产业竞争力问题进行研究，并举办经常性的专题研讨会，发表了大量的相关研究成果。最近的文献表明，以“低碳”“绿色”为主题的产业竞争力研究正成为各国学者和机构关注的新热点。

二　国内产业竞争力的产生与发展

国内关于产业竞争力的研究启动较晚，20 世纪 90 年代以后，随着改革开放的逐渐深入，我国日益参与到全球化竞争当中，对外经济贸易日益增多，我国出口商品总额占 GDP 的比重由改革之初的 4%—5% 上升到 90 年代初的 12%—13%，在此背景下，有关产业竞争力问题的研究才逐渐受到广泛关注，相关文献和研究成果开始大量涌现。

---

① 邓立治、杨洁冰、何维达：《中国产业竞争力研究现状、差距与展望》，《华东经济管理》2011 年第 10 期。

② Padmore T.，Gibson H.，“Modelling Systems of Innovation：A Framework for Industrial Cluster Analysis in Regions”，*Research Policy*，Vol. 26，1998，pp. 625 – 641.

产业竞争力的研究首先表现为从产业层次上研究国际竞争力问题。1991 年原国家科委下达了软课题——“国际竞争力的研究”，标志我国国际竞争力、产业竞争力的研究正式开始。1995 年 2—3 月，南京大学洪银兴教授在《新华日报》连续发表三篇有关产业竞争力的文章，对我国开展产业竞争力研究产生了重要的推动作用。同年，以金碚博士为首的课题组承担了中国社会科学院的招标课题——“我国工业品国际竞争力的比较研究”，开始真正从产业层面上研究国际竞争力，其最终成果《中国工业国际竞争力——理论、方法与实证研究》是我国关于产业竞争力研究的第一部专著。金碚认为，在市场经济中，经济活动的关键环节是生产效率和市场营销，产业竞争力是一国的某一产业能够比其他国家的同类产业更有效地向市场提供产品或服务的综合素质，产业国际竞争力最终通过产品的市场占有份额来衡量和检验。因此，从一国特定产业参与国际市场竞争的角度看，特定产业的国际竞争力就是该产业相对于外国竞争对手的比较生产力。国际竞争力的核心是比较生产力，国际竞争的实质就是比较生产力的竞争。① 这一定义被国内许多学者广泛引用。此后，王洛林教授组织学者对外商直接投资及对中国工业发展的影响等问题进行了研究，于 1999 年出版了《中国工业利用外商投资研究报告》。1997 年，裴长洪以《利用外资与产业竞争力》为其博士论文题目，对产业竞争力问题作了进一步的系统研究。2007 年，裴长洪出版了《经济全球化与当代国际贸易》一书，他指出，对产业而言，因其是一个集合概念，其竞争力必定是在不同地域间的比较，在不同地域间的比较又必定离不开区际或国际交换活动，而国际交换活动受国际分工规律的制约，因此产业竞争力必然首先体现为不同区域或不同国家不同产业（或产品）的各自相对竞争优势，即比较优势。但现实生活中，国际交换活动即便完全按照比较优势规律进行，市场上也会出现比较优势相近的同一产业或产品的比较，这时，竞争力将取决于它们各自的绝对竞争优势，即质量、成本、价格等一般市场比较因素。所以，

① 金碚：《竞争力经济学》，广东经济出版社 2003 年版。

产业竞争力是指属地产业的比较优势和它的一般市场绝对竞争优势的总和。①

90年代后期，与产业竞争力相关的研究主要有：1996年，原国家体改委研究院、深圳综合开发研究院与中国人民大学统计学系、国际经济系成立了“中国国际竞争力研究课题组”，应用世界经济论坛（WEF）和瑞士洛桑国际管理学院（IMD）《全球竞争力报告》所提供的理论和方法，对中国的国际竞争力、产业竞争力状况进行评价和总结。与此同时，中国人民大学成立了“竞争力研究与评价中心”，在赵彦云教授的主持下，对我国国际竞争力的问题进行持续研究。1999年，中共浙江省委党校盛世豪教授运用现代竞争理论，从产业结构、技术创新、规模经济、全球经济一体化等方面，对产业竞争力问题也进行了系统研究，出版了专著《产业竞争论》。②

进入21世纪以后，国内许多学者从不同侧面和角度对产业竞争力进行了大量研究，从产业竞争力的内涵、决定因素、评价标准和指标体系到区域产业竞争力问题、具体行业的实证研究等都有不少研究成果问世。在学术期刊论文方面，2000—2009年，通过《CNKI中国期刊全文库》对《管理世界》《科研管理》《中国软科学》《管理工程学报》《科学学与科学技术管理》《中国科技论坛》《经济管理》《中国工业经济》《财贸经济》《国际贸易问题》《世界经济》《数量经济技术经济研究》等20种核心期刊进行检索，发现在论文题目中包含“产业竞争力”或“产业国际竞争力”检索词的记录有92条，对“产业竞争力”研究较多的机构是武汉大学、中国人民大学、华中科技大学、吉林大学、暨南大学、江西财经大学和西安交通大学等高校。这些成果中主要关注的问题包括产业竞争力的评价、产业竞争力的提升路径、产业竞争力的影响因素、产业竞争力理论前沿、产业竞

① 裴长洪：《经济全球化与当代国际贸易》，社会科学文献出版社2007年版。

② 刘小铁：《国内外产业竞争力研究综述》，《广东财经职业学院学报》2006年第6期。

争力内涵等。① 在著作方面，2005 年李春林等系统地论述了区域产业竞争力的理论与分析方法、生产要素与产业竞争力、产业结构与产业竞争力、企业竞争优势与产业竞争力、各地区工业的相对比较优势分析与产业竞争力、高新技术产业的竞争力分析、主导产业的竞争力分析等问题。2007 年吴宗杰在《中日韩产业竞争力的比较研究》中，通过对中日韩产业竞争力的纵向和横向比较，分析了我国产业发展存在的优劣势，阐述了日韩从落后的“发展中国家”跃升为发达的工业化国家的经验及其启示。同年，周亚在其专著《产业竞争力：理论创新与上海实践》中，以如何提升上海产业竞争力为主题，提出了提升产业竞争力的“新钻石模型”，试图对如何提升城市产业竞争力进行理论上的探求与创新。2008 年赵洪斌在《改革开放以来中国产业演化与竞争力研究》中对中国主导产业的现实演化进行了实证研究，分析了中国产业发展的路径和产业竞争力状况。2009 年赵彦云等在《中国产业竞争力研究》中研究了中国企业管理软国际竞争力研究模式、提升我国区域制造业竞争力的基本对策、中国制造业产业国际竞争力评价与分析、中国工业产业对外贸易发展和贸易国际竞争力等内容。2010 年芮明杰等在《产业国际竞争力评价理论与方法》中，对中国产业国际竞争力评价的构成要素、生态特征、演化机制等进行深入分析，并通过主成分分析法和层次分析法建立起符合中国特色的产业国际竞争力评价指标模型，最后对中国汽车产业和银行业的国际竞争力进行了分析和评价。2011 年佘镜怀编著的《中国产业竞争力研究》从宏观、中观、微观三个层面深入分析阐述了中国民族产业的国际竞争力。

此外，中国台湾地区对产业竞争力的研究也比较活跃。其主要的研究机构有台大“产业竞争力研究中心”、台湾经济研究院、中华经济研究院、“中研院”经济研究所、中正大学国际经济研究所等。近年来台湾产业竞争力的研究大致分为三类：一是研究美、日、韩等发

① 邓立治、杨洁冰、何维达：《中国产业竞争力研究现状、差距与展望》，《华东经济管理》2011 年第 10 期。

达国家和新兴国家产业竞争力提升的经验，并经常选派人员对这些国家进行实地考察；二是围绕台湾支柱和主导产业国际竞争力问题进行国际比较研究，如电子信息产业、生物技术等；三是围绕台湾加入WTO后的产业发展战略、产业竞争力提升等问题进行对策研究。台湾产业竞争力研究的一个重要特点是注重应用性研究，尤其是对具体新兴产业的研究较多。

第三节　产业竞争力的主要内容

一　产业竞争力及其相关概念

在经济学领域，竞争力按照研究对象的不同，可以分为宏观、中观和微观三个层次的概念。国家竞争力、国际竞争力是宏观层次的竞争力概念，主要是指一个国家（或地区）作为整体性经济主体而参与国际市场竞争并获取相关经济利益的能力。产业竞争力和区域竞争力、城市竞争力等属于中观层次的竞争力概念，产业竞争力是指某一产业作为一个整体而参与（国际或国内）市场竞争，并与其他同类产业相比能获取较高经济绩效的能力。企业竞争力、产品竞争力等是微观层次的竞争力概念，企业竞争力是指一个企业在国内外市场上提供产品或服务，并获得盈利和自身发展的比较优势和综合能力，产品竞争力是指产品符合市场要求的程度，主要体现在产品的成本和质量等方面。这些概念既相互联系又相互区别。

（一）产业竞争力与国家竞争力

从产业上看，一个国家（或地区）范围内所有产业构成一国（或地区）的国民经济。波特认为，产业竞争力决定着国家竞争力，“产业有竞争力，国家自然会有竞争力”，同时，国家又通过其制度与政策等方面的“环境塑造”来影响着产业竞争力。促进产业结构升级、发展战略性新兴产业、加快建立产业技术创新体系等既是提升产业竞争力的关键内容，也是提高国家竞争力的重要步骤。国家制定产业政策、进行直接或间接的政策调控的目的就是提高国家整体产业竞争力，从而提高国家竞争力。

（二）产业竞争力与区域竞争力

区域竞争力的强弱直接表现为区域内产业（或企业）相对于其他区域内产业（或企业）创造财富、争夺国内外市场能力的强弱。区域产业竞争力是区域竞争力的核心组成部分，一个区域的竞争力水平很大程度上是由该区域的产业竞争力反映和体现的。提升一个区域的综合竞争力的核心在于提升其经济竞争力，而提升经济竞争力的关键又在于提升产业竞争力，因此，一个区域培育和增强产业竞争力对提升区域竞争力具有非常重要的意义。

（三）产业竞争力与城市竞争力

产业竞争力与城市竞争力相互联系、相互制约。产业竞争力是城市竞争力的重要组成部分，产业竞争力的高低直接影响城市竞争力的强弱，同时也受城市竞争力的制约。产业发展的规模、层次和水平是城市竞争力的关键所在。《中国城市竞争力报告》蓝皮书显示，城市竞争力相对较强的城市，城市产业集群发展相对较好，尤其东部中小城市，竞争力跨越式提升来源于产业集群的成长。

（四）产业竞争力与企业竞争力

产业是由许许多多具有相同或相似属性的企业组成的，企业是社会经济的“细胞”，企业竞争力最终决定产业竞争力，产业内企业竞争力的增强是该产业竞争力增强的基础，因此，没有企业竞争力，产业竞争力就无从谈起。但是，产业竞争力不是企业竞争力的简单相加，而是许多企业的个别竞争力通过“力的合成”而形成的综合竞争力。从比较的角度来看，产业竞争力是产业内企业能力的差异、产业发展所需的资源条件的差异和产业发展环境的差异等的反映，企业竞争能力的差异构成产业竞争力比较的主要方面。

（五）产业竞争力与产品竞争力

产品竞争是产业或企业竞争的载体，任何产业（或企业）竞争都是通过产品竞争表现出来的，产品质量、产品品牌、产品内容、产品形式等是产业竞争力的最终反映。因此，产品竞争力是产业或企业竞争力的基础与源泉；产业或企业竞争力是产品竞争力的综合体现。

综上所述，可以看出，国家竞争力、产业竞争力、企业竞争力是属于三个不同层次的竞争力概念，企业发展的关键在于产品的竞争力，产业竞争优势的增强在于企业竞争力的提升，而国家竞争力的提高有赖于产业的振兴和产业国际竞争力的不断提高，它们之间存在着一种逻辑关系，即产品竞争力→企业竞争力→产业竞争力→国家竞争力。另外，产业竞争力、区域竞争力和城市竞争力是属于同一层次的竞争力概念，三者在竞争内涵、竞争角度、竞争要素等方面存在差异。

二　产业竞争力的构成要素及其主要内容

瑞士洛桑国际管理学院（IMD）将国际竞争力的形成机理描述为：国际竞争力是竞争力资产与竞争力过程的统一，用公式可以表示为：国际竞争力 = 竞争力资产 × 竞争力过程。朱春奎对 IMD 的国际竞争力过程理论进行改造，提出了相应的产业竞争力分析模型，即产业竞争力 = 竞争力资产 × 竞争力环境 × 竞争力过程。国家发改委宏观经济研究院产业发展研究所课题组曾建立了产业竞争力的评价体系，认为产业竞争力包括竞争实力、竞争能力、竞争潜力、竞争压力、竞争动力、竞争活力六个方面。北京大学经济观察研究中心提出把产业竞争力分为产业核心竞争力、产业基础竞争力和产业环境竞争力三部分，并突出竞争是人才的竞争、科技的竞争、市场的竞争等国际竞争的本质。金碚等将反映竞争结果的指标称为产业竞争力的实现指标，将反映竞争实力和竞争潜力的指标称为竞争力的直接因素指标和间接因素指标，建立了产业竞争力的分析框架和统计指标体系。① 刘小铁提出产业竞争力“五因素论”，把产业竞争力的决定因素确定为资源条件、技术创新、企业素质、产业组织结构和政府作用五个方面。② 综合产业竞争力的相关研究，我们从产业竞争力影响因素的结构层次来看，产业竞争力的构成要素源于以下三个层次：

---

① 金碚：《竞争力经济学》，广东经济出版社 2003 年版。

② 刘小铁：《产业竞争力因素分析》，博士学位论文，江西财经大学，2004 年。

（1）产业竞争力基础因素

是指影响产业竞争力的基本因素，构成产业竞争力的直接来源，主要包括自然资源、劳动力资源、资金等生产要素以及产业基础设施建设等因素。

生产要素对产业竞争力的影响主要通过两种途径实现：一是要素投入的增加；二是综合要素生产率的提高。以要素投入增加来促进产业竞争力提升的方法是粗放型发展方式，难以实现产业的可持续发展，应该鼓励创造高等要素和专门要素，推动生产要素高级化，提高综合要素生产率，实现产业集约化发展。

自然资源是实现产业发展和经济增长的基本要素，一个国家或地区在自然资源方面的优势是构成产业竞争力的重要方面。从经济租金角度来分析，自然资源往往具有区位专有性、不易模仿和不易替代等特性，很容易产生“李嘉图租金”，使资源所有者获得较高收益。当然，一个国家或地区在利用自然资源获取比较优势的同时，要避免对自然资源的过度依赖，应在资源优势的基础上，通过扩散效应加强资金、技术、管理等方面的积累，防止进入“比较优势陷阱”。①

劳动力资源对产业竞争力具有重要的影响，特别是对于那些劳动密集型产业。在同等技术水平条件下，如果一个国家或地区的劳动力资源比较充裕，则劳动力价格相对较低，该国家或地区的产业在市场竞争中就会具有较强的成本优势。劳动力资源如果发展成为具备科学知识和专业知识、富有创造力的人力资源，则会大大提高生产要素的配置效率和利用效率，并逐渐成为产业竞争力的核心构成要素。这一点也会体现在技术创新、知识创新当中，将在产业竞争力核心因素中予以重点分析。

资金投入是产业发展的基础条件，资金丰裕程度直接决定着产业的投资能力，资金利用效率是产业可持续发展的基本要求。因此，产业竞争力的形成离不开相应的资金供应和有效的资金利用，特别是那些资金密集型产业，如果没有充裕的资金来源和良好的资金效率，那

---

① 盛见：《中部地区产业竞争力研究》，中国地质大学出版社2009年版。

么其生产规模不可能得到扩大，技术水平也不可能得到迅速提高，因而也就无法形成较强的产业竞争力。

基础设施是一个国家或地区产业发展的基本“硬环境”，包括公路、铁路、电力、通信、自来水、管道煤气等产业生产所必需的条件。基础设施是任何一个产业形成和发展的基本前提，基础设施的容量大小和负荷能力强弱直接决定产业规模和产业发展水平。基础设施的发展能够降低产业生产经营的成本，有利于产业竞争力的提升。如果一个国家或地区缺乏相对完善合理的基础设施与产业发展配套，则产业竞争力提升的目标就不可能实现。

（2）产业竞争力环境因素

是指影响产业竞争力的外部环境，构成产业竞争力的间接来源，主要包括需求条件、相关与支持产业、政府作用、制度环境、机遇等因素。良好的产业发展环境不仅能够有效集聚产业发展所需要的资源，而且能够引导产业发展、优化资源配置，进而提高产业竞争力。

需求条件是影响产业竞争力的重要因素。市场需求包括国内需求和国际需求，可分为需求规模和需求层次。波特认为，国内需求条件的不同会导致各国产业竞争优势的差异。比如说，如果一个国家或地区在某一细分市场上的需求量大，那么将有利于其在这一细分市场上占据竞争优势；如果国内需求者比较挑剔，需求层次比较高，那么企业必须通过不断的技术创新和管理创新来提高产品的质量和服务的水平等，以满足消费者的高要求，从而带来产业竞争力的提高。从另外一个角度来看，较大的市场规模会刺激企业进行大规模的投资，改进技术并提高生产率，因而有助于提高那些具有规模经济特点的产业竞争力。

相关与支持产业的发展状况和竞争力水平也是影响产业竞争力的一个重要因素。相关与支持产业主要是指原材料、零部件等上游产业及其他相关产业。上游产业具备竞争优势显然有助于提高下游产业的竞争力，通过上下游产业之间的紧密合作还有助于实现双方的互利共赢。对某一产业的竞争优势具有重要影响的相关产业包括可以与之相协调和共享某些活动的产业，或者互补产品的产业。如果一个国家或地区的相关和支持产业比较发达，具有较强的竞争力，就可以对该国或地区特定产业的竞争力产生较大的影响，增强这些产业的竞争力水平。

政府作用和制度环境因素对产业竞争力的影响是不容忽视的。一国或者地区产业竞争力的强弱与其所在政府的作用密不可分，政府通过改善产业发展的环境和条件，制定适当的产业政策，使资源得到合理、有效、充分的利用，形成竞争优势。比如，在产业政策方面，政府通过制定一系列的政策体系，明确产业发展的方向，规划产业发展的目标，调节各个产业之间的相互关系，引导产业经济活动有效开展。产业政策包括产业的结构政策、产业的组织政策、产业的技术政策、产业的布局政策、本国产业与国际产业关系政策、产业激励与限制政策等，其最终目的是优化产业间的资源配置，提高产业竞争力。对于市场经济制度成熟程度不一样的国家，政府在提升产业竞争力时所起的作用是不一样的。在市场经济制度比较成熟的发达国家或地区，政府只是影响产业竞争力的一个辅助因素，而在市场经济制度不成熟的发展中国家或地区，政府作为一个决定性因素，对产业竞争力的影响作用极为突出。波特认为，政府对产业竞争力的影响只是“辅助”因素，政府所能做的是创造和提升竞争环境的各种构成要素，同时维护好竞争环境，通过竞争环境和制度安排间接地培育和塑造产业竞争优势。

机遇是指一些突发性因素，主要包括重大科技创新、发明创造、外国政府的重大决策、世界经济政治格局变化、战争等。这些偶然性事件对产业竞争力的形成和发展也起到不可忽视的作用。偶然事件之所以重要，是因为其造成的冲击可以使竞争格局重新洗牌，使一些能够抓住机遇的竞争者获得竞争优势。

（3）产业竞争力核心因素

是指影响产业竞争力的关键因素，对于产业竞争力的形成和持续发展具有决定性作用，主要包括技术创新、企业素质、产业组织结构等因素。着力把握影响产业竞争力的核心因素，对于促进产业结构调整和优化升级、引导产业向价值链高端延伸、提升产业核心竞争力具有重要的意义。

技术创新在产业竞争力的提升过程中发挥着关键性且不可替代的作用。技术创新主要包括新产品、新工艺的创造和改进，新生产方式、新组织体制的管理系统的建立和运行，新资源的开采和利用以及新需求、新市场的开拓与占领。[①] 从熊彼特、索洛到罗默、卢卡斯等，许多经济学家都认为技术创新是经济增长的主要因素，是调整产业结构、转变经济发展方式的中心环节。技术创新有利于降低产业经营成本，提高产业劳动生产率。一方面，通过技术创新来研发更为先进的生产工具和设备；另一方面，在生产装备不增加的情况下，通过工艺创新来改进生产方法和流程，提高生产数量。技术创新有利于提高产品的质量、促进产品的差异化，产品质量是消费者购买产品的前提和保障，是决定产业竞争力的重要前提，产品的技术含量和生产装备的国际化水平影响产品档次和质量，通过技术创新来提高产品技术含量和生产装备的国际化水平是提升产业竞争力的必由之路。技术创新有利于推进产业内部结构高级化，在知识经济时代，产业竞争大多围绕高新技术展开，由于传统技术的普遍扩散，使竞争各方很难获取比对手更有利的状况，因此，各个国家通过研制高新技术产品来占领市场，不断增加技术产品所占的比重来获取产业竞争优势。可见，技术创新是促进经济发展方式转变的有效途径，是增强产业竞争力的重要途径和关键因素。

企业素质也是决定产业竞争力的核心因素。这是因为，产业是同类企业的集合，其竞争力的强弱最终取决于所在产业内企业素质的高低，企业竞争优势是产业竞争力的重要组成部分，而企业素质是决定企业竞争优势的主要因素。一般而言，一个产业内所拥有的大多数企业在技术、管理、人才、规模等方面与国际同业相比具有较显著的竞争优势，则该产业的竞争力就较强。因此，一个国家要提升产业竞争力，必须全面提高该产业内企业的素质水平。[②]

---

① 朱春奎：《产业竞争力评价方法与实证研究》，博士学位论文，华中科技大学，2002 年。

② 刘小铁：《产业竞争力因素分析》，博士学位论文，江西财经大学，2004 年。

产业组织结构是指同一产业内企业的集中或分散程度（企业规模结构），以及大、中、小企业之间的分工协作关系。产业竞争力与该产业的组织结构有很大的关系，产业组织结构从两个方面影响产业的竞争优势和产业的竞争力：一是规模经济；二是竞争性组织结构。产业规模经济是通过产业内企业的规模经济表现出来的，企业的规模经济分为企业内部的规模经济和企业外部的规模经济。企业内部的规模经济是指企业内部的专业化分工、生产规模的扩大带来成本的节约；企业的外部规模经济是指随着产业而不是企业规模增大而给企业带来的利益，如成本的节约、产业的技术进步、管理效率的提高等。可见，存在外部规模经济的条件下，产业内的企业通过专业化分工与合作，既共享产业的技术、信息及管理经验，又相互竞争，促进了企业效率的提高。竞争是创造和保持产业竞争优势的有力刺激因素，有效竞争的市场结构是增强产业竞争力的关键因素。市场结构的特征之一就是竞争，产业竞争力来源于竞争环境的创造。要增强产业竞争优势就必须进入市场去参加竞争，只有适应竞争的产业组织才具有市场竞争力，而这种竞争力也只有在竞争过程中才能加强，同时又使市场形成有效的竞争结构。合理的产业组织结构能够促进企业合理竞争，提高产业集中度及产业内协作与分工效率。

三　产业竞争力构成要素的内在联系

产业竞争力是一个内涵丰富的综合性概念，产业竞争力的形成是一个动态的复杂过程。综上所述，产业竞争力的构成要素主要由基础因素、环境因素和核心因素组成，每一个因素组成部分中又包含许多具体的要素或指标。产业竞争力的基础因素是影响产业竞争力的基本因素，是产业竞争力形成和发展的根基和依托所在，构成产业竞争力的直接来源，体现为产业基础竞争力。产业竞争力的环境因素是影响产业竞争力的外部环境，为产业竞争力发展提供方向引导和动力支持，构成产业竞争力的间接来源，体现为产业环境竞争力。产业竞争力的核心因素是指影响产业竞争力的关键因素，是产业所具有的不易被竞争对手模仿或替代的独特优势，对于产业竞争力的形成和持续发展具有决定性作用，体现产业核心竞争力。产业竞争力的三个部分是紧密联系、相互作用、相互交叉和渗透的有机整体，是产业竞争力的重要基石。产业基础竞争力是产业环境竞争力和产业核心竞争力发挥作用的基础和必要条件，离开产业发展所必需的基础条件，产业发展的制度环境、政策环境、创新行为等也就无从谈起。产业环境竞争力为产业基础竞争力和产业核心竞争力的发挥提供保障和支撑，良好的产业外部发展环境有助于优化产业资源配置，提高资源利用效率，促进产业技术创新和能力提升。产业核心竞争力则是产业基础竞争力和产业环境竞争力发展的目标，是产业竞争优势的关键所在，通过打造产业核心竞争力，可以保证资源和要素的持续集聚和永续利用，增强资源和要素的优化配置能力，有利于促进产业环境的持续改进和完善，形成良性互动，最终实现产业竞争力的不断提升。产业竞争力及其三个组成部分之间的关系如图 7－1 所示。

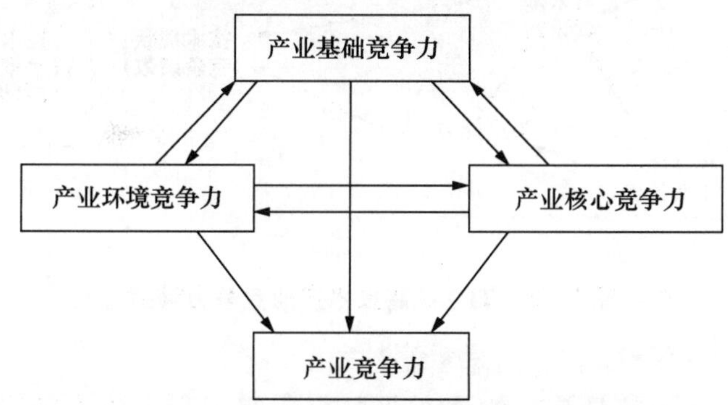

图 7－1　产业竞争力及其构成要素关系模型

第四节　产业竞争力的评价与分析

一　国外产业竞争力的评价与分析

早在 1986 年，美国乔治亚理工大学技术政策评估中心（TPAC）①

① Porter, A. L. and Roessner, J. D.,"Indicators of National Competitiveness in High Technology Industries", Final Project Report (Vol. 2 Plus executive summary), Georgia Institute of Technology, Atlanta, Technology Policy and Assessment Center, 1991.

构建了一个竞争力关键因素模型，用以衡量一国高技术产业竞争力变化。该模型分为输入和输出两大模块，其中输入模块包括国家导向（National Orientation）、社会经济基础设施（Socioeconomic Infrastructure）、技术基础设施（Technological Infrastructures）、生产能力（Productive Capacity）四部分，输出模块包括技术现状（Technological Standing）、技术重点领域（Technological Emphasis）和技术增长率（Rate of Technological Change）三部分，模型中各指标关系见图7－2。模型主要是致力于预测后起发达国家和发展中国家的高技术产业竞争力态势，以及对美国等传统发达国家高技术产业的挑战。

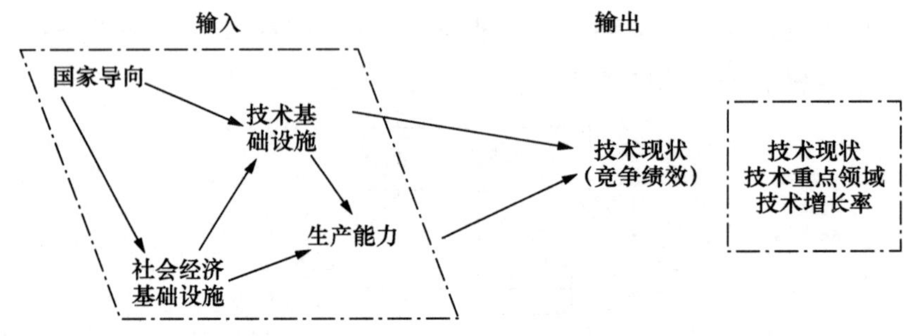

图7－2　TPAC高技术产业竞争力模型

迈克尔·波特是第一位从产业层次研究国际竞争力的学者。① 此后，许多学者对波特的产业竞争力模型进行修正和补充，并提出了各自的观点。

（一）波特的钻石模型

迈克尔·波特（1990）提出了产业国际竞争力的钻石理论，认为产业国际竞争力是由生产要素、需求条件、相关与辅助产业及企业策略、结构和同业竞争四个主要因素以及政府和机遇两个次要因素共同决定的。在钻石模型中，生产要素是指一个国家或地区在特

① 史清琪、张于喆：《国外产业国际竞争力评价理论与方法》，《宏观经济研究》2001年第2期。

定产业竞争中有关生产方面的表现，波特将生产要素区分为基本要素和高级要素，并认为基本要素丰富反而不能提高甚至会降低国际竞争力，要求大力开发高级要素。需求条件是指本国市场对该产业所提供产品或服务的需求程度。相关与辅助产业是指这些产业的相关产业和上游产业等是否具有竞争优势。企业策略、结构和同业竞争是指企业的发展战略、组织和管理形态，以及应对国内市场竞争对手的表现。政府发挥对其他要素的干预作用。机遇主要是指一些突发性因素对产业竞争力的影响。波特的钻石模型如图 7－3 所示。

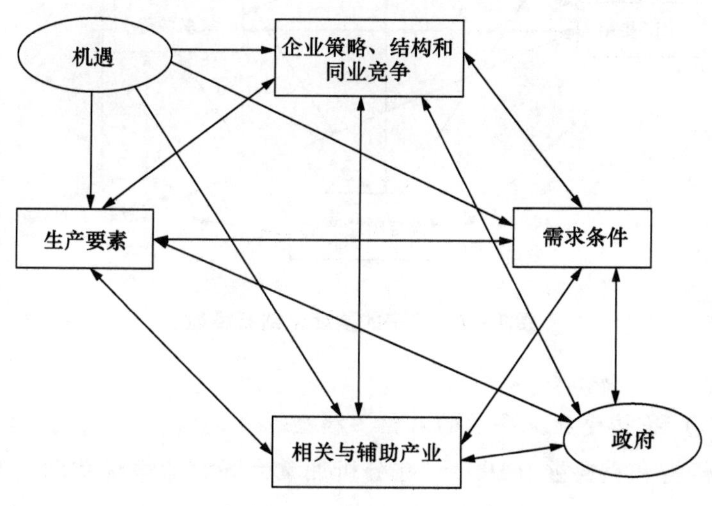

图 7－3　波特的钻石模型

（二）邓宁的国际化钻石模型

20 世纪 90 年代以后，由于经济全球化、国际资本活动和跨国公司的行为对各国经济发展的影响日益突出，于是英国学者邓宁（1993）对波特的钻石模型进行了补充和修正。他认为，日益增加的跨国界经济活动和跨国公司的经营活动会直接或间接地影响波特钻石模型中的各个互动的关键要素，应该将“跨国公司的商业活动”看作第三个外生变量添加到波特的钻石模型中，这样可以解决波特的钻石模型低估产品和市场全球化对国家竞争优势影响的问题。据此，邓宁在波特钻石模型的基础上构建了他的国际化钻石模型，也称波特—邓宁模型，以此来考察七大因素及其支撑指标对产业竞争力的决定作用。邓宁的国际化钻石模型如图 7－4 所示。

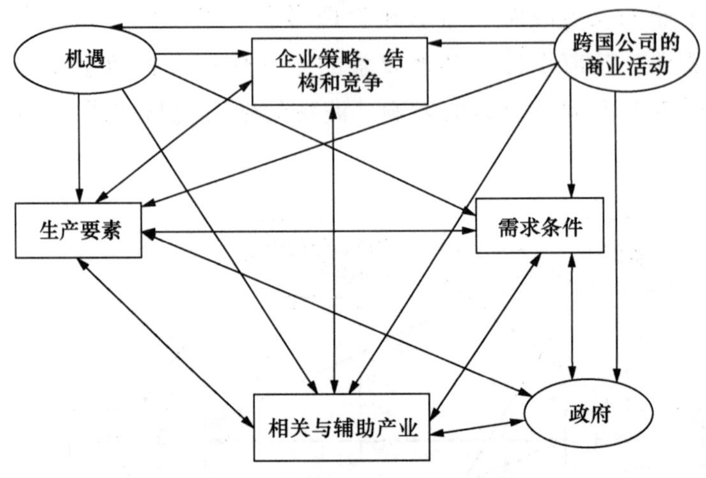

图 7－4　邓宁的国际化钻石模型

（三）鲁格曼和克鲁兹的双钻石模型

鲁格曼和克鲁兹（1993）在分析加拿大国家竞争优势时，发现波特的钻石模型在应用于具有经济规模小、开放的贸易经济国家时，缺乏较好的解释力。加拿大—美国自由贸易协定使国家之间的边界对发展加拿大产业战略和产业政策的影响越来越小。为了能够和美国的领先产业竞争并生存下来，加拿大本土经营者必须将加拿大钻石模型和美国钻石模型联系起来。随着创新和成本的竞争日益激烈，加拿大不再是单独的一个钻石模型和自然资源基地，必须考虑美国模型，因而形成了双钻石模型，如图 7－5 所示。

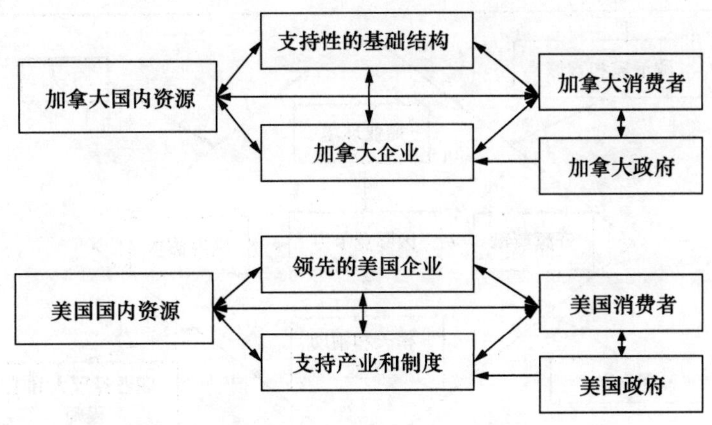

图 7-5 鲁格曼和克鲁兹的“双钻石模型”

(四) Dong - Sung Cho 的九因素模型

波特的钻石模型很好地解释了发达国家经济的国际竞争力来源，然而对于欠发达国家或发展中国家而言，它们的现实经济并不必然地具备与波特钻石模型相称的国内经济环境，它们不得不依靠自身不断地去为提高本国的产业国际竞争力创造条件。为此，很多学者对钻石模型进行了修改和完善，以适合不同的国情。

韩国汉城大学教授赵东成（Dong - Sung Cho，1994）根据波特的钻石模型，结合韩国的实际，提出了九要素模型。赵东成认为，新模型应符合以下两个目标的要求：一是更好地评估创造欠发达国家国际竞争力的因素；二是说明一国如何增强其国家优势。他将决定产业国际竞争力的要素分为三大类九个要素，有四种决定国际竞争力的物理因素，即资源禀赋、商业环境、相关和辅助产业与国内需求；同时也有四种决定国际竞争力的人力因素，即工人、政治家和官僚、企业家与职业经理人和工程师；外部机遇是决定国际竞争力的第九个因素。Dong - Sung Cho 的九因素模型如图 7-6 所示。

(五) 帕德莫尔和吉布森的 GEM 模型

加拿大学者帕德莫尔（Tim Padmore）和吉布森（Hervey Gibson）(1998) 在对钻石模型进行改进的基础上，提出了一种分析区域产业

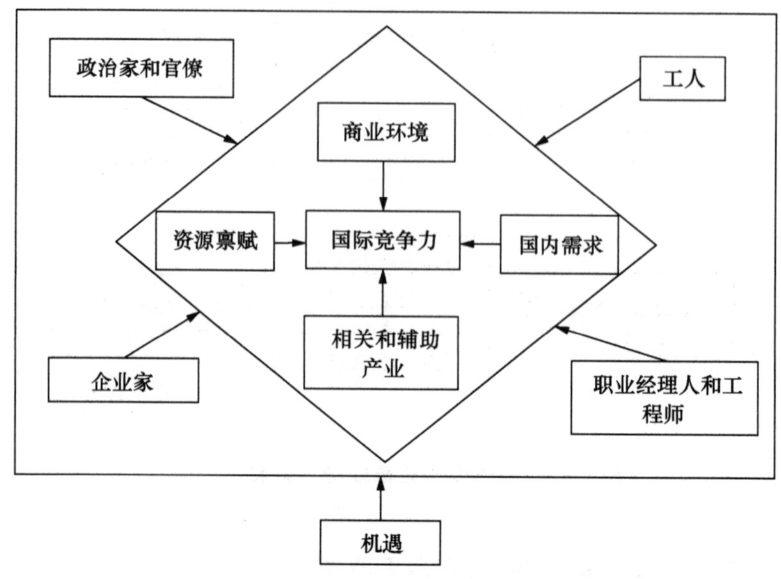

图 7－6 Dong－Sung Cho 的九因素模型

竞争力的模型——GEM 模型。该模型包括 6 个因素，这些因素被分为 3 对，其中“资源”和“设施”合称为“因素对Ⅰ”——基础（Grounding）；“供应商和相关辅助行业”和“企业结构、战略和竞争”合称为“因素对Ⅱ”——企业（Enterprises）；“本地市场”和“外部市场”合称为“因素对Ⅲ”——市场（Markets）。GEM 模型正是这 3 个“因素对”英文名称第一个字母的缩写。GEM 模型以区域产业为研究对象，充分考证了区域内社会、经济、文化对区域产业竞争力影响的重要性。该模型着重强调政府的作用，采用定量评分的方法，以世界标准为参照按 10 个等级分别对 6 个因素进行评分，通过“因素对分值平均”体现因素对之间的相互替代关系。GEM 模型对开展相似区域产业的对比、预测区域产业发展趋势、选择有效政策措施有重要意义。GEM 模型结构可以形象地用一个六边形的蛛网图表示，如图 7－7 所示。①

---

① 刘友金：《产业集群竞争力评价量化模型研究——GEM 模型解析与 GEMN 模型构建》，《中国软科学》2007 年第 9 期。

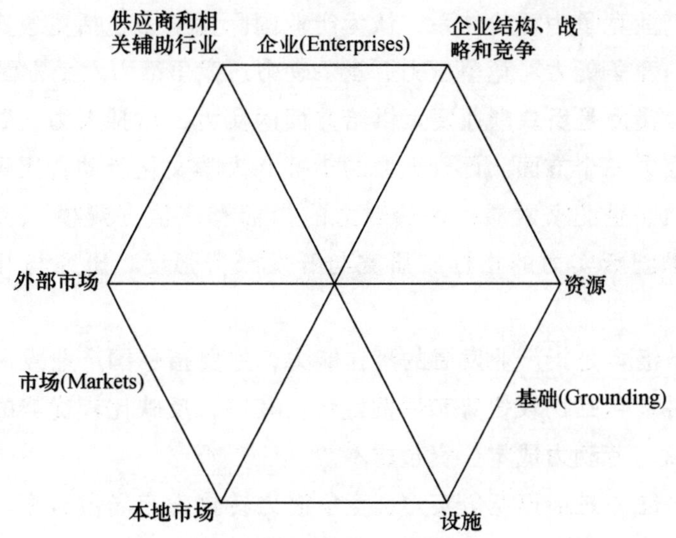

图 7－7　帕德莫尔和吉布森的 GEM 模型

此外，J. Fagerberg（1995）采用 16 个 OECD 国家 1965—1987 年的统计数据拟合对数线性回归模型，对波特“钻石”中的需求条件因子，特别是其中的国内成熟的消费者对于产业竞争力的决定作用进行了实证检验，证明这一因子对于产业国际竞争力具有很强的正向影响。D. Kim 和 B. Marion（1997）用美国食品制造业 1967—1987 年的数据建立计量经济学模型，证明了波特关于国内市场结构与竞争强度对于产业国际竞争力的决定作用，产业集中度对净出口份额的反向作用。A. Xepapadeas 和 A. Zeeuw（1999）用理论模型推导的方式证明了波特关于政府环境政策对竞争力的正向影响，并对其进行了补充和修正。①

二　国内产业竞争力的评价与分析

（一）国家发改委宏观经济研究院产业发展研究所课题组的产业竞争力评价体系

国家发改委宏观经济研究院产业发展研究所课题组（2001）建立

① 明娟、王子成：《产业竞争力研究述评》，《广州市经济管理干部学院学报》2006 年第 2 期。

了一个产业竞争力评价体系，认为产业国际竞争力包括竞争实力、竞争潜力、竞争能力、竞争压力、竞争动力、竞争活力六个方面。①

竞争实力是反映产业要素供给方面的实力，包括人力、财力、技术创新实力三个方面。评价人力的指标有大学文化劳动者比重、技术工人素质、企业家素质；评价财力的指标有产值（规模）、总资产；评价技术创新实力的指标有研究与开发经费强度、研究与开发人员强度。

竞争潜力是指产业发展的潜在能力，主要指一国产业发展面临的有利条件，包括比较优势和后发优势。其中，反映比较优势的指标有资源禀赋、劳动力成本、资金成本。

竞争能力是指把竞争实力、竞争潜力转化为市场占有率、竞争优势的能力，包括市场转化能力、资源转化能力和技术创新能力。评价市场转化能力的主要指标有经济增长率、市场占有率、显示性比较优势；资源转化能力是反映产业将资源转化为产品的效率和获利能力，包括全员劳动生产率、总资产贡献率、增加值率三个指标；技术创新能力是反映产业将技术转化为商品的能力，包括创新度（新品产值率）、专利数比重两个指标。

竞争压力是反映产业发展的外部推力。显然，激烈的市场竞争有助于产业提高竞争力。

竞争动力是反映产业参与竞争的能动性。众所周知，一个产业只有在竞争中才能提高竞争力，离开了竞争就没有竞争力可言。

竞争活力是反映产业参与国际竞争的灵活性指标，其取决于产业结构（相关与辅助产业状况）、产业组织、基础设施等方面的因素。

（二）金碚的工业品国际竞争力分析框架

金碚（1997）认为我国关于产业国际竞争力的研究尚处于起步阶段，研究的视野应集中于经济分析较易把握的领域以及因果性比较清晰的关系。因此，可以从对工业品的国际竞争力研究开始，因为目前

---

① 王昌林、史清琪、费洪平等：《我国主要产业国际竞争力的评价方法》，《北京统计》2001 年第 7 期。

我国大多数企业参与市场竞争的关键之一是必须能生产出可以为市场接受的产品，所以从国产工业品的市场占有率和盈利状况及其直接和间接决定因素的分析入手，逐步建立起适合我国产业发展具体情况，并易于进行更深入的国际比较研究的经济分析范式。在此基础上，构建了工业品国际竞争力分析框架，如图7－8所示。①

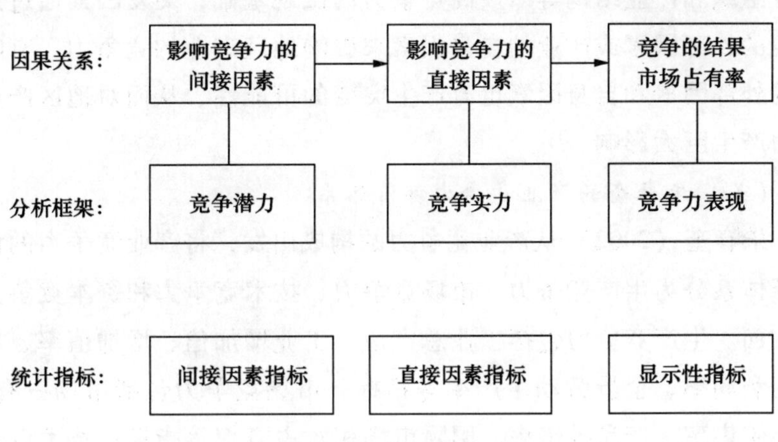

图7－8 金碚的工业品国际竞争力分析框架

（三）穆荣平的高技术产业竞争力评价体系

穆荣平（2000）认为，可以从现实竞争力（竞争实力）、潜在竞争力（竞争潜力）、竞争环境和竞争态势四个方面对高技术产业（竞争主体）的国际竞争力进行分析。反映竞争实力的指标包括资源转化能力、市场转化能力、技术能力；反映竞争潜力的指标主要有运行状态、技术投入、比较优势、创新活力；反映竞争环境的指标包括技术环境、贸易环境、政治经济环境、相关产业发展、产业政策环境五个定性指标；竞争态势代表上述相关指标随时间的变化趋势，指示高技术产业国际竞争力演变的方向。②

---

① 金碚：《中国工业国际竞争力——理论、方法与实证研究》，经济管理出版社1997年版。

② 穆荣平：《中国高技术产业国际竞争力评价指标研究》，《中国科技论坛》2000年第3期。

（四）贾若祥的产业竞争力评价体系

贾若祥（2002）将影响地区产业竞争力的因素归结为产业的外围因素、核心因素和突发因素三大类。外围因素是指通过影响产业自身的组成要素间接影响其竞争力的因素，主要包括宏观经济政策、社会文化背景、基础设施和区位等；核心因素包括生产要素、产业政策、产业组织和产业结构等以及高竞争力的微观基础；突发因素通过影响产业的外部因素或产业的自身因素来影响地区产业的竞争力，有时产业的外部因素和自身因素也有产生突变的可能性，从而对地区产业竞争力产生巨大影响。①

（五）朱春奎的产业竞争力评价体系

朱春奎（2002）从产业竞争力的构成出发，将产业竞争力的评价指标体系分为生产竞争力、市场竞争力、技术竞争力和资本竞争力四个方面。生产竞争力包括工业总产值、工业增加值、增加值率、成本费用利润率、全员劳动生产率等指标；市场竞争力包括市场占有率、产品销售率、产品外销率、国际市场相对占有率等指标；技术竞争力包括技术人员、技术人员投入强度、技术经费投入、技术经费投入强度、新产品产值、新产品产值率等指标；资本竞争力包括固定资产原值、固定资产净值、固定资产新度系数、职工装备水平、总资产贡献率、资本保值增值率、流动资产周转率等指标。②

（六）崔大沪的产业竞争力评价体系

崔大沪（2003）构造了一个包括第一、第二和第三产业的递进的评价指标体系，用以评价我国产业的国际竞争力的动态演变状况，并选择了 14 个国家进行相关比较，表明一国产业竞争力的强弱不仅取决于经济的增长速度，还取决于经济发展的质量和可持续发展能力。如图 7－9 所示，该研究首先构造了由产业现实生产能力和产业结构转化能力所体现的产业现实竞争力指标；在产业现实竞争力指标基

---

① 贾若祥：《地区产业竞争力理论研究》，《资源·产业》2002 年第 3 期。

② 朱春奎：《产业竞争力评价方法与实证研究》，博士学位论文，华中科技大学，2002 年。

础上，增加了产业竞争力指标、贸易竞争力指标和产业开放度指标，从而形成产业增长竞争力指标；在产业增长竞争力指标基础上，再辅之以产业发展环境指标，形成最终的可持续增长产业竞争力指标。①

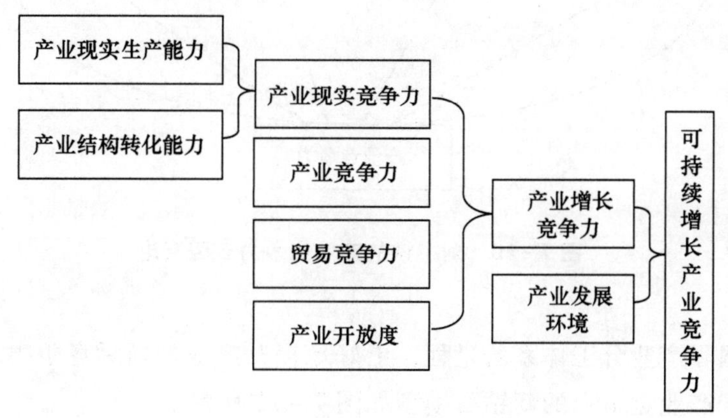

图7－9　崔大沪的产业竞争力评价体系

（七）刘小铁的产业竞争力五因素论

刘小铁（2004）把产业竞争力的决定因素确定为五个方面，即资源条件、技术创新、企业素质、产业组织结构和政府作用，形成产业竞争力的五因素论。技术创新、企业素质和产业组织结构是核心要素，是决定产业竞争力强弱的最关键的力量；资源条件起着基础性作用；政府则通过影响其他四要素发生作用，进而作用于产业竞争力。其关系如图7－10所示。②

（八）芮明杰的新钻石模型

芮明杰（2006）提出了新钻石模型，在波特钻石模型的基础上，增加了一个核心，即"知识吸收与创新能力"一项，认为有了这个核心才能真正发展出中国产业的持续的竞争力，这样才能更完整地说明

① 崔大沪：《强国战略中的中国产业国际竞争力》，《世界经济研究》2003年第9期。

② 刘小铁：《产业竞争力因素分析》，博士学位论文，江西财经大学，2004年。

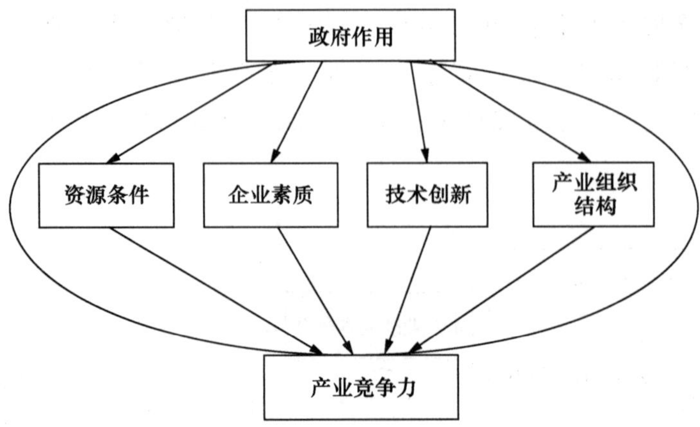

图 7－10　刘小铁的产业竞争力五因素论

参与国际产业分工体系的过程，更好地提升产业的国际竞争力。芮明杰关于产业竞争力的新钻石模型如图 7－11 所示。①

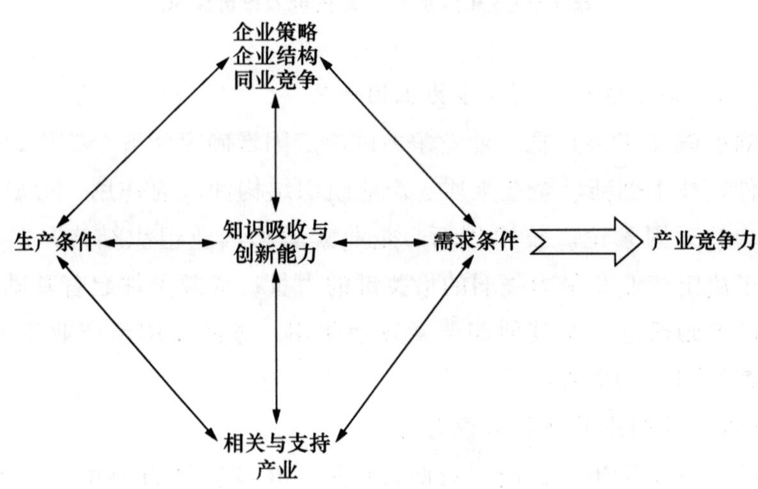

图 7－11　芮明杰的产业竞争力新钻石模型

① 芮明杰：《产业竞争力的“新钻石模型”》，《社会科学》2006 年第 4 期。

（九）张金昌的产业竞争力模型[①]

张金昌较早研究产业竞争力，他认为产业是由众多企业构成的，一个产业的竞争力既与企业有关，也与企业存在较大的不同，产业的竞争力更多地依赖于国家经济发展阶段和国家的宏观经济政策环境。国家经济发展所处的阶段决定了有竞争力的产业类型，国家的宏观经济政策环境对产业的竞争优势培育和形成有很大的影响。因此，产业类型、成长阶段、市场结构、国家发展阶段和宏观经济政策五个部分是影响产业竞争力的决定性因素，这些因素共同决定了一个产业的竞争力（见图7－12）。

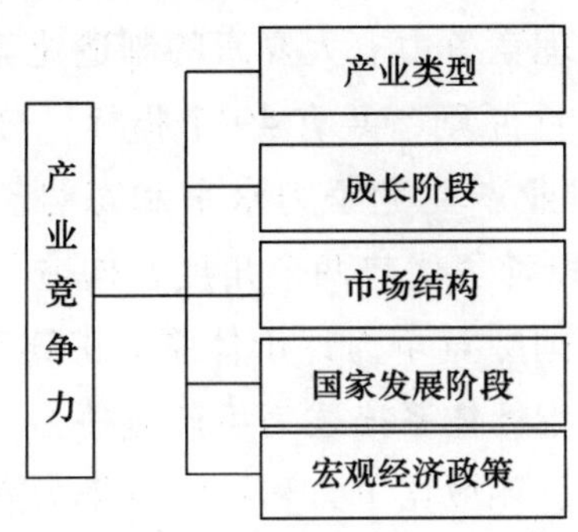

图7－12　产业竞争力要素模型

此外，许多学者也提出了各自的产业竞争力评价体系和方法。魏后凯和吴利学（2002）提出了一个衡量地区工业竞争力的基本理论框架，根据这一基本理论框架，设计了一个简便的测度地区工业竞争力的综合评价指标体系，包括市场影响力、工业增长力、资源配置力、结构转换力和工业创新力五个方面，并据此对当前我国各地区的工业竞争力状况进行了初步评价。黄祖辉、张昱（2002）从静态竞争力评价、竞争力潜在变动趋势估计以及竞争力影响因素对竞争力变动的贡献分析三个层面出发，通过一系列指标与模型，构建了产业竞争力实

---

① 张金昌：《国际竞争力评价的理论和方法》，经济科学出版社2002年版。

证研究的系统性框架。杨嵘（2004）在对我国石油产业国际竞争力的分析中，借鉴了 WEF 和 IMD 的评价方法和体系，构造了包括竞争实力指标、竞争潜力指标、竞争环境指标和竞争动态指标的中国石油产业国际竞争力指标体系。刘国亮、薛欣欣（2004）构建了一个包括产业实力竞争力、产业效益竞争力、技术水平竞争力、市场绩效竞争力四个子要素，15 个具体指标的区域产业竞争力评价指标体系，在分别对产业比较优势与竞争优势进行评价分析的基础上，通过竞争力评价矩阵来综合评价区域产业竞争力。赵彦云、张明倩（2005）根据 IMD 的国际竞争力理论和迈克尔·波特的产业竞争力理论构建了包括制造业竞争力实力、成长竞争力、市场竞争力、成本竞争力、创新竞争力、投资竞争力和管理竞争力七大要素的制造业竞争力评价框架，该指标体系采用对称设计原则，共有 49 个指标，分别从上述 7 个方面详细描述了地区制造业产业竞争力水平和态势。金碚、李钢、陈志（2006）从比较优势和竞争优势两个角度，构造了包括三个层次、八个指标的我国制造业国际竞争力评价体系。王连芬、张少杰（2008）将产业竞争力的评价指标体系描述为生产竞争力、市场竞争力、技术竞争力、资本竞争力、环境竞争力和组织竞争力六大方面的内容。甄峰、赵彦云（2008）从宏观数据角度出发，借助多指标综合指数和多元统计方法，将我国制造业国际竞争力与主要国家（地区）进行比较，从不同层次直观展示我国制造业国际竞争力的发展现状和水平。张继良、胡荣华（2010）构建了适合区域产业竞争力评价的三级指标体系，一级指标由产业发展环境、产业发展成本和产业发展能力三部分组成；二级指标由政府服务能力与水平、市场发育程度、基础设施、资源利用程度、规模、结构、效益、人力资本、技术进步、经济集约化程度组成；三级指标则由二级指标下共计 54 个指标组成。

三　国内外产业竞争力的评价与分析述评

从上述产业竞争力的评价与分析中可以看到，国内外相关方面的研究已经取得了比较丰硕的成果，形成了各具特色、科学合理、内容相对完整、具备可操作性的评价和分析分法，极大地丰富了产业竞争力评价和分析的理论与实践。但是，这些研究成果总体上还存在以下一些问题：首先，已有的大多研究成果相对侧重指标体系的构建，对指标权重取值和数据预处理的方法讨论较少，实证检验方面还有待于进一步加强。其次，由于产业竞争力评价与分析的方法各异，产业竞争力决定模式及影响因素不统一，难以判断不同方法之间孰优孰劣，也难以建立一个被广泛接受的评价指标体系，这有待从产业竞争力评价的目的及标准出发进行界定。实际上，竞争力评价的模式和方法本身还存在统一性，如 WEF 和 IMD 的竞争力评价方法是目前世界上影响最大并被广泛接受的评价方法，然而，这种方法的实施与运用需要投入的人力、资金成本非一般个人及组织能够担当，而且也有学者对它们的评价方法设计及适用范围提出了一定的质疑。最后，已有的研究成果大多集中在产业竞争力应用研究方面，而在产业竞争力理论和实证方面的研究还比较缺乏，需要进一步进行系统、科学的把握。

第八章　企业竞争力评价模型与分析

第一节　企业竞争力的内涵与特点

一　企业竞争力的内涵

自 1960 年 Stephen H. Hymer 在《民族企业的国际经营：一项对外直接投资的研究》中第一次提及企业竞争力（Firm Competitiveness）以来，企业竞争力已经成为企业界和学术界研究的热门话题。对企业竞争力的称谓很多，包括“企业国际竞争力”“企业核心能力”“企业核心竞争力”等，其具有多层次的含义，兼具动态和静态的特征。在不同的历史时期、不同经济形态下其含义有着不同的侧重点。不同的学者结合竞争力的不同来源给出了不同的定义，主要包括环境观、资源观、能力观、知识观以及综合性观点。

（一）环境观

环境观侧重于从企业外部市场结构分析企业竞争优势的来源。典型的代表人物是迈克尔·波特，其先后发表了《竞争战略》《竞争优势》《国家竞争优势》，其竞争力理论主要由企业竞争定位理论、企业基本竞争战略和价值链理论构成。企业要获得竞争优势就必须选择长期盈利的产业，可以选择总成本领先、差异化和集聚三种战略来使企业获得竞争力。世界经济论坛（1985）也指出企业竞争力是指企业在目前和未来，在各自的环境中比它们国内和国外的竞争者更有价格和质量优势来进行设计、生产并销售货物以及提供服务的能力和机会，其强调企业竞争力受环境的影响，质量和价格是企业竞争力的关键，企业竞争力既是一种能力也是一种机会。世界经济论坛和瑞士洛桑国际管理学院认为企业竞争力既取决于企业内部效率，又取决于国内、国际和外部环境，具体包括变革因素、变革过程、环境、企业自信心和工业序位结构五大要素[①]。我国学者罗国勋（1999）也指出企业竞争力是企业和企业家在适应、协调和驾驭外部环境的过程中成功地从事经营活动的能力[②]。

（二）资源观

资源观认为企业竞争力由软资源和硬资源组成，软资源包括管理资源、文化资源、环境资源、信息资源；硬资源包括资本资源、人力资源、设施资源、科技资源、原料资源。其把注意力从企业外部转移到企业内部，其典型的代表人物包括 Rumelt 和 Wernerfelt。企业竞争力主要解决两个问题：一是如何获得竞争优势；二是如何保持竞争优势。沃纳菲尔特、巴尼和潘罗斯认为企业资源差异能够产生收益差异，企业间资源差异的存在导致了企业竞争优势的差异。企业具有的价值性、稀缺性、不可复制性以及企业能以低于价值的价格获取的资源是企业获得持续竞争优势以及成功的源泉，企业的竞争力就是其独有的特殊资源。[③] Wernerfelt（1984）、Barney（1991）认为企业在资源和能力上的异质性决定了企业在绩效上的差异。Tailan（1994）提出了当资源具备了稀缺性、难以模仿性、难以替代性以及能够创造价值后，就成为了“战略性资源”。

（三）能力观

企业能力理论可以追溯到 1920 年，马歇尔指出技能、知识和协调的增加推动企业的进化。能力观认为资源只是生产的投入要素，几乎没有生产能力，是生产活动要求资源进行组合和协调，企业是一个能力体系，企业有一种特殊的智力资本，企业拥有的能力的差异

---

① 林本初、冯莹：《企业竞争力的一般理论及其定量分析》，《当代经济科学》1999 年第 6 期。

② 罗国勋：《二十一世纪：中国中小企业的发展》，社会科学文献出版社 1999 年版。

③ Barney J. B.，“Strategic Factor Market：Expectation，Luck，and Business Strategy”，*Management Science*，Vol. 42，1986，pp. 1231 - 1241.

是企业持久竞争优势的源泉，积累、保持和运用能力开拓产品是企业长期竞争优势的决定性因素。能力理论体现了企业竞争力的内生性和动态性，能够确保拥有它的企业成功地从事生产经营活动，尤其促使企业以自身特定的方式更有效地解决生产经营活动中的各种现实难题。

国外研究中，科恩等（Cohen & Zyman，1989）指出企业竞争力是指企业能够在建立和保持市场地位的同时获得利润的能力。普拉哈拉德和哈默尔（C. Pranhald & G. Hamel，1990）指出企业竞争力是企业内部所具有的独特的、难以模仿的、有价值的核心技术和技能①。美国《产业竞争力总统委员会报告》（1996）认为，企业竞争力是指在自由良好的市场条件下，企业能够在国际市场上提供好的产品、好的服务，同时又能提高本国人民生活水平的能力。日本东京大学教授藤本隆宏（1997）从竞争力形成的角度入手，认为企业竞争力是一个历史范畴，可以从三个层次进行考察：静态能力、改善能力、进化能力②。静态能力是指企业实际上已经达到的竞争力水平；改善能力是指不断维持和提高竞争力的能力；进化能力是指建立前两者能力的能力③。美国哈佛大学肯尼迪政治学院企业与政府研究中心的 Spence（2002）指出，企业竞争力是指一国企业在国际市场上可贸易的能力④，贸易流向、技术开发管理、一般的产业政策和特殊的产业政策、国内管理政策、垄断竞争等对企业竞争力有深刻的影响。联合国贸发会议（UNCTAD）认为，企业竞争力可以从以下角度进行考察：①单独企业在可持续基础上保持或提高其市场份额的能力；②企业降低成本或提供物美价廉产品的能力；③来源于利润率的竞争力。前世界经济论坛常务理事长葛瑞理教授认为：企业竞争力就是企业和企业家设

---

① G. Hamel, C. K. Prahalad, *Competing for the Future*, Harvard Business School Press, 1994.

② 杨宏林：《基于主成分分析的企业竞争力模糊评价模型研究》，《当代财经》2004 年第 4 期。

③ 藤本隆宏：《生产系统的进化论》，经济日报出版社 1997 年版。

④ A. M. Ichael Spence, Heather A. Hazard, "International Competitiveness", *Ballinger Publishing Company, U. S*, Vol. 5, 2002, pp. 75 – 83.

计、生产和销售产品和劳务的能力，其产品和劳务的价格和非价格的质量等特征比竞争对手具有更大的市场吸引力。

国内研究中，《中国国际竞争力发展报告》联合课题组认为企业竞争力是企业或企业家们在各种环境中成功地从事经营活动的能力。范晓屏（1999）认为企业竞争力是企业在激烈的市场竞争中以特有的竞争方式、在不断有效地争夺市场份额、挑战竞争对手、寻找有利地位、扩张经营领域、实现经营效益等方面所表现出的一种状态与能力。张志强和吴健中（1999）认为企业竞争力是企业在市场竞争中，在有效利用甚至创造资源的基础上，与竞争对手相比，在产品设计、生产、销售等经营活动领域以及在产品的价格、质量、服务和满足消费者需求等方面，为企业创造利润，进而促进企业持续发展的能力。它包括企业现实的市场竞争能力、企业潜在的和未来可能拥有的市场竞争能力三部分，企业竞争力的核心是比较生产力，而竞争的实质是比较生产力的竞争。韩中和（2000）指出企业竞争力是面向市场和顾客，合理地运用企业内部的经营资源，提供市场和顾客所需要的产品和服务，在与竞争对手的角逐中建立竞争力的能力。姜青舫（2001）指出企业竞争力是指企业通过有效手段以较低成本生产并销售能较好满足消费者需求的产品，以使他人市场份额不断向自己转移，并进而实现利润最大化的一种能力[①]。李显君（2001）认为企业竞争力是指厂商在竞争的市场环境中，通过配置或者创造企业资源，在占有市场、实现价值、维持发展等方面与同业其他厂商在市场竞争中的比较能力。刘国权和吴作斌（2002）指出企业竞争力是一种在可持续基础上比其他竞争者更加有效地提供商品或者服务以价格或者非价格要素满足顾客需求的能力。这些基本能力包括创新能力，开发和利用新产品、新服务、新工艺的能力，以最低成本生产最高质量产品和服务的能力，有效适应环境变化的组织自调整的能力[②]。陈支武（2007）指出企业竞争力是指在市场经济条件下，企业作为竞争主体，在生产经

① 姜青舫：《企业竞争力数理分析》，《科研管理》2001 年第 4 期。
② 刘国权、吴作斌：《国际竞争力理论及其发展》，《行政论坛》2002 年第 7 期。

营过程中，通过企业内部的能力资源与企业外部环境的相互作用，使其呈现出比竞争对手在要素市场获取资源以及在产品市场销售产品方面更强的能力。

（四）知识观

从知识观的角度论述企业竞争力，认为企业竞争力来源于企业知识，具有内生性，由于知识是流动变化的，企业竞争力是动态的，企业获得竞争力的方法是在企业内部构建一个能够有效地吸收、保持、共享和转移知识活动的微观机理①。美国竞争力委员会主席乔治·M. C. 菲什认为，企业竞争力是指企业具有较竞争对手更强的获取、创造、应用知识的能力②。

（五）综合性观点

除此之外，更多的学者是从综合的视角界定企业竞争力的。

瑞士洛桑国际管理学院（IMD）将企业竞争力划分为生产效率、劳动成本、公司绩效、管理效率、战略和文化五个方面，从竞争力来源或者影响因素的角度描绘竞争力概念。世界经济论坛（WEF，1985）从企业的最终目标和国家福利出发，认为企业国际竞争力是：企业在目前和未来，在各自的环境中比其他国内外的竞争者更有价格和质量优势进行设计生产并销售货物以及提供服务的能力和机会。1994 年又把企业竞争力定义为：一个公司在世界市场上均衡地生产出比其他竞争对手更多的财富的能力和机会③。这一定义强调了企业竞争力受环境、价格和质量的影响，指出了竞争力的来源，企业竞争力既是一种能力，又是一种机会。彭丽红（2000）认为企业竞争力就是在一定环境中支撑企业持久生存与发展的力量，这种力量来自企业持续拥有的、有价值性的、稀缺的超群性和独特性资产形成的产品或服务优势，决定企业竞争力的因素主要包括资源、能力与环境等。胡大立（2001）将企业竞争力定义为作为独立经济实体的企业，在市场竞

① 徐全军：《企业竞争力理论基础述评》，《经济体制改革》2004 年第 5 期。

② 包昌火等：《企业情报与企业竞争》，华夏出版社 2001 年版，第 176 页。

③ 曹远征、孙安琴：《国际竞争力的概念翻新，世界龙虎榜重新排名》，《经济日报》1995 年 8 月 23 日。

争过程中，通过自身要素的优化及其外部环境的相互作用，在有限的市场资源配置中占有相对优势，进而处于良性循环的可持续发展状态能力，该定义更为明确地突出和强调了企业内部要素与外部环境要素之间的相互作用对企业竞争力的意义①。金碚（2001）认为企业竞争力是指在竞争性市场中，一个企业所具有的能够持续地比其他企业更有效地向市场（消费者，包括生产性消费者）提供产品或服务，并获得盈利和自身发展的综合素质②。

综上所述，企业竞争力应该是一个综合的概念，指在竞争性市场条件下，企业通过培育自身的资源、能力和知识，获取外部可获得的资源，并加以综合利用，在为顾客创造价值的基础上，实现自身价值的综合性能力。企业竞争力从传统的重视自然资源到意识到信息、知识、创新等对企业竞争力的重要作用，其内涵得到不断的拓展和延伸。有四个基本含义：①企业竞争力是在竞争性的市场条件下进行的，即所涉及的产业必须是竞争性、开放性的市场，因为在垄断性、封闭性的市场中，企业竞争力无从谈起；②企业竞争力是一个比较性的概念，这种竞争力的差异是通过企业之间的生产率或工作效率来衡量的；③企业竞争力是企业的综合素质，会受很多因素的决定和影响，包括资源、能力、知识、环境等，这些因素相互作用从而从整体上对企业的生存状态产生影响；④企业竞争力的最后目标是实现企业的盈利和价值，而这必须建立在为顾客创造价值的基础上，因此，两者在很大程度上具有同一性。

二 企业竞争力的特点

（1）系统性

从企业竞争力的内涵中可以看出，作为企业竞争力的构成应该是企业各个组成要素综合的产物，包括资源、能力、市场、知识、环境等，企业整体竞争力能否得到提升取决于企业对这些资源的综合配置能力。因此，企业竞争力凸显出了系统的观点，系统中的各个要素处

---

① 胡大立：《企业竞争力》，经济管理出版社2001年版，第12页。

② 金碚：《论企业竞争力的性质》，《中国工业经济》2001年第10期。

于相互依存、相互促进、相互制约的有机统一体中，应从系统的开放性、动态性、非均衡性方面对企业竞争力进行分析[①]。

（2）营利性

企业竞争力提升的实质在于使企业在市场占有率、创造价值率以及持续发展等方面占据优势，进而实现利润最大化。因此，企业竞争力体现出了企业营利性的特点。

（3）相对性

在企业竞争力概念的表述中，强调了企业与其所处的环境以及竞争对手之间的关系，因此，企业竞争力是一种比较能力或比较生产力，是通过相比较所显现出来的优势和劣势，这种比较是其相对位势的比较。

（4）动态性

首先，企业竞争力不是一成不变的，它随着外部环境的变化而变化，市场结构和竞争行为的变化对企业竞争力的影响最为显著。依据企业在市场中生产产品的差异化程度、竞争对手的数量、进入门槛的高低等可以将市场结构分为完全垄断、寡头、垄断竞争以及完全竞争四种类型，在不同的市场结构下，企业的竞争力不同，它可能会随着竞争对手竞争实力的增强而发生相应的转化。其次，企业所选择的成长战略，如纵向一体化（包括前向一体化和后向一体化）、横向一体化、同心多元化、市场渗透等都会影响企业的竞争力水平。最后，企业内部因素如企业管理体制、组织形式、人力资源、企业文化等也在不断变化过程中。因此，企业竞争力的含义具有动态性的特点。

（5）复杂性

企业竞争力受企业规模、组织结构、资本、技术、知识、人员、理念、创新、战略、管理、营销等诸多因素影响。因此，对竞争力的评估极为复杂困难。

---

① 马庆喜、方淑芬：《企业竞争力理论及其评价研究》，《商业研究》2005年第4期。

第二节　企业竞争力评价原则及指标体系

一　企业竞争力评价原则

（1）全面性原则

企业竞争力的概念具有多层次性，因此，竞争力的评价应该能够全面体现竞争力的内涵，充分考虑内外部环境，能够多角度、多方面考察企业竞争力。这些指标不仅要反映出企业当前的生产经营状况，而且要能够反映企业生产长远的发展变化趋势。因此，这些指标既包括财务性指标如销售收入、产值等，也包括非财务性指标如劳动、原材料投入等，既包括相对指标也包括绝对指标，既包括共性指标也包括个性指标，从而达到对企业竞争力的全面认识。

（2）系统性原则

企业竞争力评价指标体系的构建，应该坚持系统性原则，关注指标项之间的关联性，以使体系中的所有指标能够组成一个有机整体，系统地反映出企业的竞争力水平①。

（3）重要性原则

不同的指标将反映不同的内容，并且对于某项具体的经济活动所起的作用和影响也有较大的差别，选取指标时，应该考虑对竞争力影响的重要性，即对竞争力的贡献程度，做到所选指标不是很多，但是严格区分主次，取舍得当，突出反映企业竞争力。

（4）可操作性原则

在对企业竞争力指标体系进行构建的过程中，要求所构建的指标能够反映可操作性原则，即指标体系能够通过量化的标准从数量关系上反映竞争力的形成、现状和发展潜力。因此，指标的选择应该能够进行量化，这样才有利于问题的分析说明。

---

①　刘根荣、付煜：《中国流通产业区域竞争力评价》，《商业经济与管理》2011 年第 1 期。

（5）可比性原则

由于综合分析法中常常用到横向、纵向的比较，所选择的指标应该有明确的、统一的口径，可以对不同地区、不同时间企业的竞争力进行比较。

（6）动态性原则

竞争力的发展是一个复杂的、动态的以及不断持续变化的过程，因此，企业的竞争力总是处于不断的变化、成长中。因此，所选取的指标不仅要能反映企业过去和现在的竞争力状况，更要能反映企业未来竞争力的发展变化趋势，以便进行预测和采取相应的对策。

（7）科学性原则

在指标设计过程中，所设计的指标必须符合经济管理理论，能够适应环境和发展的水平，与企业生产经营活动的实际情况相吻合，具有概念准确、含义清楚、计算范围明确、计算方法科学、操作方便等特点，能够系统科学地反映企业竞争力的全貌，能够在某一方面揭示对企业竞争力具有重大影响的一些项目。①

（8）目的性原则

企业竞争力评价指标体系的目的是衡量企业竞争力的状况，找出企业竞争力强弱的原因，从而提出有针对性的改善企业竞争力的对策和建议，进而提高企业竞争力。因此，指标的设计和选择应该紧紧围绕测量的目的来展开。

二　企业竞争力评价步骤

通常地，企业竞争力评价包括以下几个步骤：

（1）收集竞争力测量指标

通过文献阅读等方式收集整理已有的理论和实践评价指标，归纳总结出各指标体系的应用前提、共性和差异。

（2）初步确定指标

根据前期的收集结果，结合所要分析的行业特点，构建初步的竞争力测量评价模型，确定相应的具体评价指标。

---

① 范林根：《企业竞争力的形成与提升》，上海财经大学出版社2009年版。

（3）问卷试调研

设计调查问卷，选择一些基本对象发放问卷，进行初步调研。

（4）统计分析问卷

对回收的问卷结果进行选择，剔除无效样本，然后采用相关软件对数据进行检验、统计分析。

（5）确定指标权重

根据统计分析结果，确定各个指标权重。

（6）讨论指标的合理性

根据软件分析结果和已有的指标进行对比，讨论相应指标的合理性。

（7）确定最终的测量评价指标

如果软件分析得到的结果合理，则确定最终评价指标，否则根据数据处理结果，修改相应的指标，重新进行分析。

三　企业竞争力评价指标体系

（一）企业竞争力评价指标体系概述

20 世纪 90 年代以来，企业竞争力评价逐渐引起人们的重视，主要侧重于经济效益评价，不同学者建立了不同的指标评价体系。原国家体改委经济体制和管理研究所联合承担的国家自然科学基金“八五”重点资助项目中认为，企业竞争力评价指标体系包括宏观政策、市场环境、领导权威、职工凝聚力、发展力、应变力、竞争力以及盈利能力。

中国企业联合会从 1996 年开始专门组织力量研究开发全国企业竞争力指标体系。评估指标包括定性指标和定量指标，包括经济效益、财务状况、管理水平、科技进步、员工素质、对外开放程度和社会效益七大指标，这些指标又有进一步的细分，如表 8－1 所示。在评估中取每一项指标的定量和定性得分的平均值，再通过加权计算得出各企业竞争力的总分。

表 8－1　　中国企业联合会企业竞争力评价指标体系

指标要素	具体指标	指标要素	具体指标
经济效益	销售收入（营业收入）（万元） 利润总额（万元） 缴税总额（万元） 销售收入近两年平均增长率（%） 缴税总额近两年平均增长率（%） 总资产贡献率（%） 资本收益率（%） 销售利润率（%） 成本费用利润率（%） 资本增值率（%） 人均利税总额（万元/人·年） 全员劳动生产率（%） 员工平均年收入增长率（%） 所有者权益报酬率（%）	财务状况	净资产（万元） 净资产近两年平均增长率（%） 资产负债率（%） 流动比率（%） 速动比率（%） 存货周转率（%） 应收账款周转率（%） 总资产周转率（%） 无形资产（万元） 资产总额（万元） 年现金净流量（万元） 流动资金周转率（%）
管理水平	主导产品国内市场占有率（%） 安全事故率（%） 万元产值综合能耗（吨标准煤/万元） 近两年万元产值综合能耗降低率（%） 能源消耗额占生产成本的比重（%） 销售人员占全体员工的比重（%） 管理人员占全体员工的比重（%） 产销率（%） 主导产品合格率（%） 期间费用占总成本的比重（%） 制造费用占生产成本的比重（%） 近三年文化设施投资与企业基建、技改投资总额的比重（%）	科技进步	设备新度（%） 设备利用率（%） 设备折旧率（%） 近三年技术开发费用占销售收入的比重（%） 近三年技术改造费用占销售收入的比重（%） 技术改造投入收益率（%） 从事科研开发人员占企业全部员工的比重（%） 近三年新产品销售额占销售总额的比重（%） 近三年科研成果转化率（%） 企业拥有的专利技术数量（项）

续表

指标要素	具体指标	指标要素	具体指标
员工素质	具有中高级职称人员占企业员工的比重（%） 具有技师职称人员占企业员工的比重（%） 具有大专以上学历人员占企业员工的比重（%） 员工教育培训费占总销售额的比重（%） 员工年人均接受培训时间（小时）	对外开放程度	近三年企业利用外资金额（万元） 近两年产品出口创汇平均增长率（%） 国际销售比率（%）
社会效益	近三年环保措施投资占技改投资的比重（%） 近三年企业为当地社会提供就业人数占企业员工的比重（%） 参加社会保险人数占企业员工的比重（%） 缴纳国税、地税情况（%） 社会贡献率（%）		

资料来源：《企业管理》（2000 年 12 月）和中国企业联合会内部资料。

世界经济论坛和瑞士洛桑国际管理学院是最早进行竞争力研究的机构，其将竞争力指标分为 381 项，其中 249 项为统计指标（硬指标），其余 132 项为软指标，主要通过调查问卷的方式获得，1991 年，其又将这些指标划分为八大类，包括国内经济实力（30 个）、国际化程度（45 个）、政府作用（46 个）、金融环境（27 个）、企业管理（37 个）、科研开发（25 个）和国民素质（43 个），各要素基本的评价原则如表 8 –2 所示。

表 8 –2　　世界经济论坛和瑞士洛桑国际管理学院企业竞争力评价指标体系

要素	指标个数	主要原则
国内经济实力	30	生产率反映短期的增加值
		长期的竞争力需要资本投入
		一个国家的繁荣是其过去业绩的反映
		市场竞争力能够促进业绩改进
		国内竞争越激烈，国内企业在国外越有竞争力

续表

要素	指标个数	主要原则
国际化程度	45	国家贸易中的成功是国内竞争力的反映（消除贸易障碍）
		经济对外开放会增加一国的经济绩效
		在全球范围内投资布局会使市场增值空间扩大
		出口方向常常和国内经济增长相联系
政府作用	46	国内干预应当最小化，除非为企业创造竞争环境
		政府应当提供一个可预测、风险小的宏观经济环境
		政府应当能够灵活地改变其政策以适应环境变化
金融环境	27	活跃的金融活动使创造价值的活动更加容易
		一个良好发展的、融入国际社会的金融业能够支持一个国家竞争力的提高
企业管理	37	价格与质量之比的竞争力反映了一国企业的管理能力
		基于长远考虑的管理能够增强竞争力
		经营有效性和应变能力是管理能力的法宝
		创业精神是经济起步的基础
		经营业务一体化和差异化是公司成熟阶段的管理技术
科研开发	25	有效地、创造性地应用现有技术会建立竞争优势
		基础研究和创新活动的投资所创造的新知识对经济发展的成熟阶段非常重要
		在研发方面的长期投资有可能增强企业的竞争力
		在研发领域的非国防投资对国家的竞争力贡献大于国防研发投资
国民素质	43	技术熟练的劳动力增加国家竞争力
		劳动态度影响国家的竞争力
		竞争提高生活质量

资料来源：hpp：//www.imd.ch/wey，2001 年 3 月。

中国社会科学院工业经济研究所的专家以及《中国经营报》共同提出了一种评价方法，共有 16 个指标。前 10 个指标是显示性指标，反映了企业的规模、业务增长、盈利水平、持续盈利能力、资本实力、资本盈利和增值能力、资金利用效率、劳动效率、价值创造能力、出口竞争力等，也反映了市场份额、成长性、融资能力、负债的影响、人才竞争中的优势等。第 11、第 12、第 13 个指标反映了企业发展的潜力，其中，第 11 个指标反映了企业的技术实力和投资与提高竞争力的融资能力，第 12 个指标反映了潜在的技术竞争力和技术密集程度，第 13 个指标反映了自主知识产权及技术优势。如表 8 - 3 所示。

表 8 - 3　　《中国经营报》企业竞争力评价指标体系

指标名称	指标性质与主要含义	可反映的其他含义或者影响
销售收入	规模	市场份额
近三年销售收入年平均增长率	业务增长	市场份额、成长性
利润总额	盈利水平	规模
近三年利润总额年平均增长率	持续盈利能力	成长性
净资产	资本实力	融资能力
净资产利润率	资本盈利和增值能力	负债的影响
总资产贡献率	资金利用效率	负债的影响、融资能力
全员劳动生产率（或者劳动效率）	劳动效率	销售收入及冗员
总收益率	价值创造能力	人才竞争中的优势
出口收入占销售收入比重	出口竞争力	国际化
近三年技改投资与信息化建设投资占销售收入的比重	技术实力	投资与提高竞争力的融资能力
R&D 占销售收入的比重	潜在的技术竞争力	技术密集程度
拥有专利数	自主知识产权	技术优势
公众评价（人气指数）	品牌影响力	广告效果
财经记者评价	企业家及管理水平	不可直接计量的因素
行业分析师	资本市场表现	不可直接计量的因素

王伯安（1997）指出企业竞争力包括企业生存能力、企业发展能力以及外部条件影响。其中，企业生存能力包括技术装备能力、产品竞争能力、企业盈利能力、企业营运能力、经营安全能力。企业发展能力包括技术开发能力、资金增值能力、资金筹措能力、职工凝聚能

力。外部条件影响包括价格偏离系数、宏观政策影响、社会负担占利润比重、企业离退休人员比例。

金碚（2001）构建了包括测评性和分析性两类指标的竞争力评价指标体系，测评性指标分为两类，一类是可以直接计量的指标，另一类是难以直接计量的指标。对不能直接量化的指标，用一些间接计量指标来反映，即通过对一些特殊人群的问卷调查来实现。分析性指标一般能够更详细具体地反映企业的实际竞争力状况。如表 8－4 所示。

表 8－4　金碚的企业竞争力评价指标体系

指标类型	指标构成	作用	数据获得
测评性指标	直接计量指标 显示性指标 潜力性指标	反映竞争力的结果	统计资料
	间接计量指标	反映不可量化的因素	对特殊人群问卷调查的统计分析
分析性指标	多种类、多层次的指标	反映竞争力的原因，即决定竞争力的因素	统计资料及对比分析

胡大立（2001）基于多因素评价方法，设计了 12 大要素 70 个指标，主要包括营运能力、经营安全能力、获利能力、市场控制力、信息技术水平、技术创新能力等，如表 8－5 所示。

表 8－5　胡大立的企业竞争力多因素评价指标体系

评价要素	评价指标	评价要素	评价指标
营运能力	存货周转率、应收账款周转率、流动资产周转率、总资产周转率	组织结构	组织结构的合理性、组织外向拓展能力、均衡率、生产能力有效利用率
经营安全能力	自有资本构成比率、产权比率、流动比率、速动比率、资产负债率、已获利息倍数	人力资本	企业高级管理人员综合素质指数、员工平均受教育程度、员工的观念素质综合指数、员工的信息技术水平、顾客受教育程度、顾客的信息技术水平、人均利税率、人力资本开发成本率、人力资本开发成本利润率

续表

评价要素	评价指标	评价要素	评价指标
获利能力	销售利润率、总资产报酬率、资本收益率、净资产收益率、每股收益、市场占有率、市场覆盖率、市场应变能力	企业文化	聚合力、企业文化适应性、企业文化建设投资率
市场控制力	市场拓展能力、国际化销售密度、企业社会形象、营销能力、顾客忠诚度	资本运营能力	附加经济价值 EVA、资本保值增值率、固定资产使用率、规模—单位成本函数、企业融资率、企业资信度、留存盈余比率/股利支付率
信息技术水平	信息技术拥有率、信息技术无保障率、信息技术使用率、信息技术投资收益率、信息技术投入增长率、人均技术装备水平、设备先进程度	知识管理能力	知识管理的环境指数、知识收集能力指数、知识运用能力指数、知识传播能力指数
技术创新能力	能源消耗利润率、原材料消耗利润率、技术创新投入率、技术开发人员比率、新产品开发成功率、新产品产值率、新工艺产值率、专利水平	外界环境关联水平	企业经营权利系数、社会责任成本率、社会贡献率、社会积累率、政府经济政策对企业的影响

资料来源：胡大立：《企业竞争力论》，经济管理出版社 2001 年版，第 80—105 页。

张金昌（2002）认为企业竞争力主要由利润、资产、销售收入、销售成本、销售数量、销售价格等因素决定①。即竞争力 = 盈利能力 = 利润/资产 = （销售收入 - 销售成本）/资产，其中销售收入 = 销售数量 × 销售价格。

肖智（2002）认为企业竞争力评价指标体系包括六大因素：①企业总体经济实力要素；②人力资本要素；③科技开发要素；④经济信息资源利用水平；⑤技术创新能力；⑥企业偿债能力。如表 8 - 6 所示。

① 张金昌：《国际竞争力评价的理论和方法》，经济科学出版社 2002 年版。

表 8-6　　肖智的企业竞争力评价指标体系

基本要素	具体指标
企业总体经济实力要素	物耗利税率、工资利税率、资金利税率、固定资产投资率、产品质量价格比
人力资本要素	职工教育、职业技术培训费占销售额比重、管理人员中管理专业大学生所占比重、职工人数中大学生所占比重
科技开发要素	科技开发经费占销售额的比例、职工中科技人员所占的比例、新产品投入率、新产品产值率
经济信息资源利用水平	应用经济信息的总量指标、经济信息的经济效益综合指标
技术创新能力	新产品替代率和开发率、技术进步项目收益率、新技术带来的成本降低额、新技术带来的劳动生产率提高率
企业偿债能力	资产负债率、现金净流量比率、长期负债率

资料来源：肖智、冉松况：《21 世纪企业竞争力评价指标体系》，《统计研究》2002 年第 5 期。

李友俊（2002）将企业竞争力评价指标体系分为四大能力指标：生存能力指标、发展能力指标、抗风险能力指标以及科技开发能力指标，如表 8-7 所示。

表 8-7　　李友俊的企业竞争力评价指标体系

一级指标	二级指标	计算公式或者指标内涵
生存能力指标	市场占有率	某类产品销售量/市场同类产品销售量
	全员劳动生产率	工业总产值（增加值）/全部职工平均人数
	成本费用利润率	利润总额/成本费用总额
	销售利润率	利润总额/成本销售收入
	产品销售率	工业销售产值/工业总产值
发展能力指标	资本保值增值率	期末所有者权益总额/期初所有者权益总额
	企业资信度	金融部门对该企业的信用评估等级
	设备新度	期末固定资产净值/期末固定资产原值
	环保设施投资占技改投资比重	环保设施投资/技改总投资
	利用外资金额	根据企业外商投资金额汇总而得

续表

一级指标	二级指标	计算公式或者指标内涵
抗风险能力指标	资产负债率	期末负债总额/期末资产总额
	流动资产周转率	产品销售收入/流动资产平均余额
科技开发能力指标	从事科研开发人员占全员比值	从事科研开发的人数/全部人员的人数
	科技成果转化率	转化的科研成果数量/科研成果总数
	企业拥有专利数量	根据企业获得专利的数量统计而来

资料来源：李友俊等：《企业竞争力的模糊评价》，《大庆石油学院学报》2002 年第 1 期。

聂辰席（2003）认为企业综合竞争力评价指标体系由企业生产要素投入、企业产出水平、企业财务效益、企业资产运营状况、企业负债和偿债能力、企业发展潜力、企业国际竞争力和企业服务能力等构成。

王建华（2003）建立了 9 大类指标体系，包括经营环境评价、产品市场竞争力、企业战略能力、企业生产能力、市场能力、技术能力、营运能力、财务能力、可持续发展能力。

贾玉花（2003）将企业竞争力指标体系分为显在指标和潜在指标。其中，显在指标包括商品服务市场、资金市场、外部环境；潜在指标包括技术素质、人员素质和管理素质。如表 8－8 和表 8－9 所示。

表 8－8　　贾玉花的企业竞争力显在指标体系

外部状态	评价指标	指标计算公式	指标的作用
商品服务市场	产品市场相对占有率	销售收入/主营业务相同的上市公司的销售收入之和	反映企业的经营规模和产品受顾客接受的程度
	销售收入增长率	（当年主营业务收入－上一年主营业务收入）/上一年主营业务收入	反映企业主营产品在市场中受顾客接受程度的发展态势
	流动比率	流动资产/流动负债	反映企业的短期偿债能力

续表

外部状态	评价指标	指标计算公式	指标的作用
资金市场	股东权益比例	净资产/平均净资产余额	衡量企业在清算时保护债权人利益的程度
外部环境	净资产收益率	净利润/平均净资产余额	反映股东收益水平
	社会贡献率	营业税金及附加+所得税	反映企业向政府上缴的物质财富

资料来源：贾玉花、纪成君、王红亮：《企业竞争力及其综合评价》，《辽宁工程技术大学学报》（社会科学版）2003 年第 1 期。

表 8-9　　贾玉花的企业竞争力潜在指标体系

企业内部素质	评价指标	指标计算公式	指标的作用
技术素质	人均技术装备程度	固定资产平均原值/员工平均人数	反映人均占有生产工具的多少
	设备技术水平	固定资产净值/固定资产原值	反映当前固定资产技术水平
	固定资产增长率	（年末固定资产－年初固定资产）/年初固定资产	反映企业硬件设施规模的增长情况
人员素质	技术人员比例	技术人员数/员工总数	反映企业员工的技术水平
	员工的学历程度	大专及大专以上学历员工人数/全部员工人数	反映企业员工的平均受教育程度
	全员劳动生产率	销售收入/员工平均人数	反映人均创收能力
	存货周转率	销售收入/存货平均余额	反映存货管理水平
管理素质	应收账款周转率	销售收入/总资产平均余额	反映营收账款管理能力
	总资产周转率	销售收入/总资产平均余额	反映企业运用资产赚取收入的能力
	销售净利率	净利润/销售收入	反映销售收入的收益水平

张晓文（2003）将企业竞争力评价指标分为能力资源、能力制度与机制、能力状态三大类（见表 8-10）。

表 8－10　　张晓文的企业竞争力评价指标体系

基本要素	评价要素	评价指标
能力资源	人力资源	具有中高级职工人员占企业职工的比重；具有大专以上学历人员占企业职工的比重；企业经营班子在职工中的威望度
	装备状况	主要装备的技术水平
	财务状况	资产负债率；流动比率；速动比率；年现金净流量
	信息资源	企业信息网络对经营决策的支持作用；企业对同行业发展情况的了解；企业对竞争对手的了解
能力制度与机制	财务状况	企业品牌知名度；本企业文化对自身发展的作用
	制度与管理创新	法人治理结构的规范运行程度；企业法人代表的决策创新能力
	科技创新	近三年技术开发费用占销售收入的平均比重；近三年新产品销售额占销售总额的平均比重；从事科研开发人员占企业全部职工的比重；企业拥有核心技术的竞争优势
	营销创新	市场占有率；国际销售额占销售收入的比重；企业营销网络建设情况
	规模能力	资产总额（万元）；销售总额（万元）；净利润（万元）
能力状态	成长能力	销售收入近三年平均增长率；净利润近三年平均增长率；净资产近三年平均增长率
	盈利能力	净资产收益率；销售利润率

资料来源：张晓文、于武、胡运权：《企业竞争力的定量评价方法》，《管理评论》2003年第1期。

包学松（2006）将影响企业竞争力的评价要素分为企业运营模式、税收、政策支持性、投资与融资、成本与价格、营销能力、质量可靠性、产品服务以及技术能力九大类，如表 8－11 所示。

表 8-11　　包学松的企业竞争力评价指标体系

目标	评价要素	评价指标体系
企业竞争力	企业运营模式	经营观念、管理人员激励机制、员工激励机制、产权约束、责任约束、管理者职业风险约束机制
	税收	税收优惠、增值税/所得税/附加税、退税额
	政策支持性	还贷政策、折旧政策、分摊政策、政府其他优惠政策与法规
	投资与融资	单位投资额、资本金占总投资比例、分摊利息、银企关系
	成本与价格	原料供应稳定性、原料组成、单耗/物耗/能耗、人工费用、人数（生产工人/管理人员/离退人员）、原料及成品运输费用、销售费用、分摊杂费
	营销能力	销售渠道覆盖面、销售网畅通程度、价格制定的灵活性、促销有效性、促销频率、促销费用
	质量可靠性	产品颜色、产品纯度、强度和韧性、可加工性、兼容性
	产品服务	客户对产品的满意度、售前服务、售中服务、售后服务
	技术能力	新产品创新意识、技术开发能力、规格与牌号/牌号转换、研究开发人员人数、大专学历以上人数、中高级职称人数、技术设备先进程度、技术熟练程度

资料来源：包学松：《竞争力经济学概述》，国家行政学院出版社 2006 年版。

李卫东（2009）将企业竞争力评价指标体系分为企业环境指标、企业资源指标、企业能力指标和企业知识指标，如表 8-12 所示。

表 8-12　　李卫东的企业竞争力评价指标体系

评价指标	指标要素
企业环境指标	宏观经济社会环境
	产业环境
	与其他组织间的关系
企业资源指标	有形资源
	无形资源
企业能力指标	外部能力（市场能力、社会能力）
	内部能力（盈利能力、成长能力、资源利用能力）

续表

评价指标	指标要素
企业知识指标	知识采集（信息技术投资额、数据库建设水平）
	知识共享（企业员工培训和教育覆盖率、员工平均培训、教育时间、员工平均培训教育支出、经验和新方法数据库建设）
	知识创新（企业平均有效专利数、企业新产品数量）
	知识应用（企业新产品产值占全部总值的比重、知识型员工人均创造价值量）

资料来源：李卫东：《企业竞争力评价理论与方法研究》，中国市场出版社 2009 年版。

（二）企业竞争力评价指标体系的构建

结合上述各企业竞争力评价指标体系可以发现各机构或者是学者在构建指标体系时考虑的角度不同，使得指标体系框架设计不同，内容差异也较大，综合现有的各种企业竞争力评价指标体系，本书认为企业竞争力指标体系的构建是以反映企业生产、经营活动的各项财务指标、统计指标为核心，因此，本书所构建的企业竞争力指标评价体系主要包括企业竞争基础实力、盈利能力、经营安全能力、资产营运能力、技术创新能力、持续发展能力、品牌影响力七个方面。

（1）企业竞争基础实力

企业竞争基础实力反映企业维持竞争水平的一些基本构成要素，包括人力、物力和财力。人力方面包括员工总数、员工的学历程度、员工的技术水平、全员劳动生产率、企业高级管理人员综合素质指数、人力资本开发成本利润率等；物力方面包括企业资产总额、净资产总额、无形资产总额、设备技术水平、信息技术拥有率、信息技术无保障率、信息技术使用率、信息技术投资收益率、信息技术投入增长率、平均投资强度、投资规模、固定资产使用率；财力方面包括利税总额、人均利税总额、销售总额及利润总额、主导产品市场占有率、市场覆盖率等。

（2）盈利能力

盈利能力方面的指标包括销售利润率、总资产报酬率、资本收益率、资金利润率、净资产收益率、资本保值增值、每股盈利等。

其中，销售利润率反映企业全部产品的综合盈利能力，它是利润总额占产品销售净额（销售收入）的比重；总资产报酬率反映企业运用自己实际占有和支配的资产所能获利的程度，用来衡量企业所有经济资源运用效率的高低，它是利润总额与利息支出之和占平均资产总额的比重；资本收益率反映以企业实收资本为基础的盈利程度，它是净利润占实收资本的比例；净资产收益率反映股东权益的收益水平，是衡量股份制企业盈利能力的指标，它是净利润占年末股东权益的比重；每股盈利反映普通股每股所获盈利额，是衡量股份制企业盈利能力的指标，它是净利润与优先股股息之和占发行在外的加权平均普通股股数的比重。

（3）经营安全能力

经营安全能力包括自有资本构成比率、产权比率、资产负债率、流动比率、速动比率、已获利息倍数等。

其中：

自有资本构成比率 = 自有资本合计数/资本总额

产权比率 = 负债总额/股东权益

资产负债率 = 负债总额/资产总额

流动比率 = 流动资产/流动负债

速动比率 = （流动资产 - 存货）/流动负债

已获利息倍数 = 税息前利润/支付利息额

（4）资产营运能力

资产营运能力包括应收账款周转率、存货周转率、流动资产周转率、总资产周转率等。

其中，存货周转率是企业在一定时期内存货资产的周转次数，是反映企业购、产、销平衡效率的一种尺度，也是衡量企业销售能力和分析存货是否适度的主要指标，存货周转率等于销货成本占平均存货的比例。应收账款周转率反映企业一定时期内应收账款的回收效率（周转速度），应收账款周转率等于销售额占应收账款平均余额的比例。流动资产周转率用于考察企业流动资产的运转效率，流动资产周转率等于销售收入占平均流动资产余额的比例。总资产周转率反映总资产的利用情况，即单位投资发挥的效益如何，总资产周转率等于销售收入占总资产平均余额的比重。

（5）技术创新能力

技术创新能力包括设备先进程度、技术创新投入率、R&D 经费比率、技术开发人员比率、专利水平、新产品开发成功率、新产品产值率、新工艺产值率等。

其中，设备先进程度反映企业现有技术水平，它是期末达到国内先进水平以上设备数占期末全部设备数的比例；技术创新投入率反映企业在技术创新活动中的资金投入情况，它是技术创新活动总费用占企业产品销售额的比例；技术开发人员比率反映企业在技术创新活动中的人力投入，它是经常从事 R&D 的技术人员总数占年平均职工数的比例；新产品开发成功率即从创新结果角度反映企业技术创新实力的强弱，它是能够到达市场的新产品数占开发的新产品总数的比例；新产品产值率是从创新结果角度反映企业技术创新实力的强弱，它是创新产品销售额占企业产品销售额的比例；新工艺产值率即从创新结果角度反映企业技术创新实力的强弱，它是由于工艺创新而增加的产值占企业产品销售额的比例；专利水平即从创新结果角度反映企业技术创新实力的强弱，它是某时刻企业申请专利数占某时期企业专利数的比例。

（6）持续发展能力

持续发展能力是反映了企业持续发展的一些指标，包括产品销售方面、企业经营社会责任方面、组织拓展方面，如销售收入增长率、利润增长率、净资产增长率、积累增长率、企业经营权利系数、社会贡献率、社会积累率、组织外向拓展能力等。

其中，企业经营权利系数反映企业参与市场经济活动的独立性。社会贡献率反映企业对社会整体或劳动者群体做出的贡献。社会积累率反映企业对国家财政所做出的贡献。组织外向拓展能力反映企业在发展与其他企业协作关系方面的实力。

（7）品牌影响力

品牌影响力包括企业品牌知名度、顾客对企业产品满意度、顾客对企业发展信心、产品返修率、企业被投诉次数等。

其中，产品返修率等于企业年返修产品价值金额占销售额的比例；企业被投诉次数反映顾客对企业服务的满意程度。

此外，若是国际型企业，还应该考虑其跨国经营的能力，即企业在产品开发、生产、营销及售后服务方面在国际市场上求得生存的能力。包括产品国际市场占有率、出口产品品质指数、国际市场营销能力、企业利用外资水平等。

表 8-13　企业竞争力评价指标体系

企业竞争力	指标体系
企业竞争基础实力	员工总数、员工的学历程度、员工的技术水平、全员劳动生产率、企业高级管理人员综合素质指数、人力资本开发成本利润率、企业资产总额、净资产总额、无形资产总额、设备技术水平、信息技术拥有率、信息技术无保障率、信息技术使用率、信息技术投资收益率、信息技术投入增长率、平均投资强度、投资规模、固定资产使用率、利税总额、人均利税总额、销售总额及利润总额、主导产品市场占有率、市场覆盖率
盈利能力	销售利润率、总资产报酬率、资本收益率、资金利润率、净资产收益率、资本保值增值、每股盈利
经营安全能力	自有资本构成比率、产权比率、资产负债率、流动比率、速动比率、已获利息倍数
资产营运能力	应收账款周转率、存货周转率、流动资产周转率、总资产周转率
技术创新能力	设备先进程度、技术创新投入率、R&D 经费比率、技术开发人员比率、专利水平、新产品开发成功率、新产品产值率、新工艺产值率
持续发展能力	销售收入增长率、利润增长率、净资产增长率、积累增长率、企业经营权利系数、社会贡献率、社会积累率、组织外向拓展能力
品牌影响力	企业品牌知名度、顾客对企业产品满意度、顾客对企业发展信心、产品返修率、企业被投诉次数
其他能力	产品国际市场占有率、出口产品品质指数、国际市场营销能力、企业利用外资水平

第三节　企业竞争力评价模型

在企业竞争力指标体系构建的基础上，不同学者构建出了不同的企业竞争力评价模型，如SWOT模型、PEST模型、五力模型、九力模型、Oral竞争力评价模型等。

一　SWOT模型

SWOT模型是战略管理的一个工具，是企业根据自身的既定条件，找出存在的优势、劣势、面临的机会以及市场威胁等，进而总结出企业发展的竞争力。其中，“S”代表优势（Strengths），表示企业的能力与资源较竞争对手强的地方；“W”代表劣势（Weekness），表示企业的能力与资源不如他人的地方；属于内部因素。“O”代表机会（Opportunities），“T”代表威胁（Threats），表示企业面临环境中已经出现或者是即将出现的一种变动趋势或者事件，机会与威胁是相对的，对于部分企业来说环境中的变化可能是一种机会，对于另一部分企业来说则可能是一种威胁。这种方法的使用在于构造SWOT矩阵，如图8－1所示，并对矩阵的不同区域赋予不同分析意义，这种方法

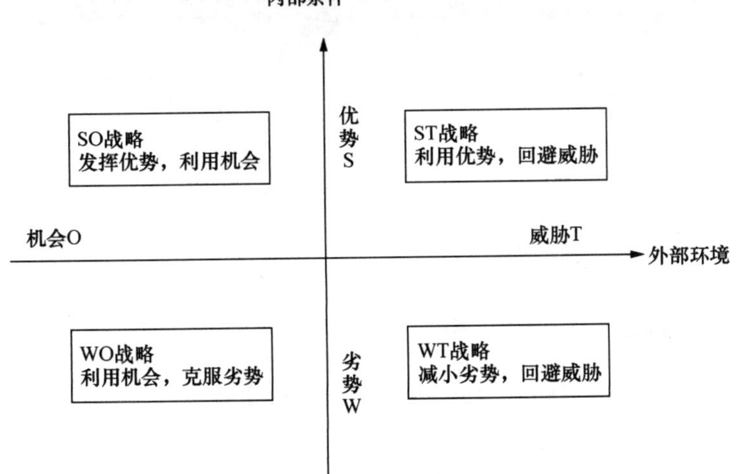

图8－1　企业竞争力的SWOT模型

能够较为客观且准确地分析企业的内外部环境，其优点在于用系统的思想将一些似乎独立的因素相互匹配起来进行综合分析，使得企业战略计划的制定更加科学全面，有利于领导者和管理者在企业的发展上做出较为准确的决策和规划。

SWOT 分析的主要目的在于对企业的综合情况进行客观公正的评价，以识别各种优势、劣势、机会和威胁因素，从而拓宽思路，正确地制定企业战略，在 SWOT 分析中一般要考虑的要素，见表 8－14。

表 8－14　企业竞争力评价的 SWOT 模型

	潜在内部优势（S）	潜在内部劣势（W）
内部环境	产权技术 成本优势 竞争优势 特殊能力 产品创新 具有规模经济 良好的财务来源 高素质的管理人员 公认的行业领先者 买主的良好印象 适应力强的经营战略 其他	设备老化 战略方向不同 竞争地位恶化 产品线范围太窄 技术开发滞后 营销水平低于同行业其他企业 管理不善 战略实施的历史记录不佳 不明原因导致的利润率下降 资金拮据 相对于竞争对手的高成本 其他
	潜在外部机会（O）	潜在外部威胁（T）
外部环境	纵向一体化 市场增长速度 可以增加互补产品 能争取到新的用户群 有进入新市场的可能 有能力进入更好的企业集团 在同行业中竞争业绩优良 扩展产品线满足用户需要 其他	市场增长较缓 竞争压力增大 不利的政府政策 新的竞争者进入行业 替代产品销售额正在逐步上升 用户讨价还价能力增强 用户需要与爱好逐步转变 通货膨胀递增 其他

资料来源：方振邦、徐东华：《管理思想百年脉络》，中国人民大学出版社 2012 年版，第 210 页。

二　PEST 模型

PEST 是对企业所处宏观环境进行分析，其中，P 代表 Political（政治）、E 代表 Economic（经济）、S 代表 Social（社会）、T 代表 Technology（科技）。这四个方面强调了从外部的角度对企业竞争力所处的环境所进行的对比分析，如图 8-2 所示。

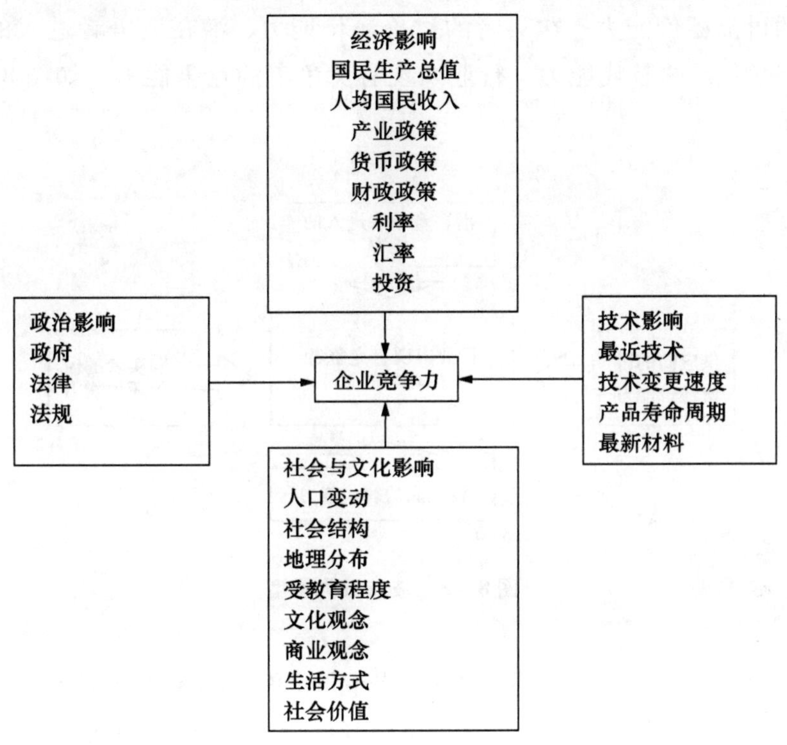

图 8-2　企业竞争力的 PEST 模型

政府对企业的行为会产生重大的影响，一个国家或者地区的政治制度、体制、方针政策、法律法规等都会影响企业的经营行为。

经济环境包括企业所面临的产业环境和竞争环境，如国民生产总值、人均国民收入、产业政策、货币政策、财政政策等。

社会与文化环境包括人口变动、文化观念、社会价值、社会结构等。

技术环境指当前社会技术总水平及变化趋势，技术变迁、技术突破对企业的影响，以及技术对政治、经济社会环境之间的相互作用的表现等。

三 五力模型

五力模型是波特用来分析企业所在行业中竞争特征的一种有效工具，可以有效分析企业在不同行业中所处的竞争环境。五力包括供应商的讨价还价能力、购买者的讨价还价能力、潜在竞争者进入的能力、替代品的替代能力、行业内现有竞争者的竞争能力。如图 8 - 3 所示。

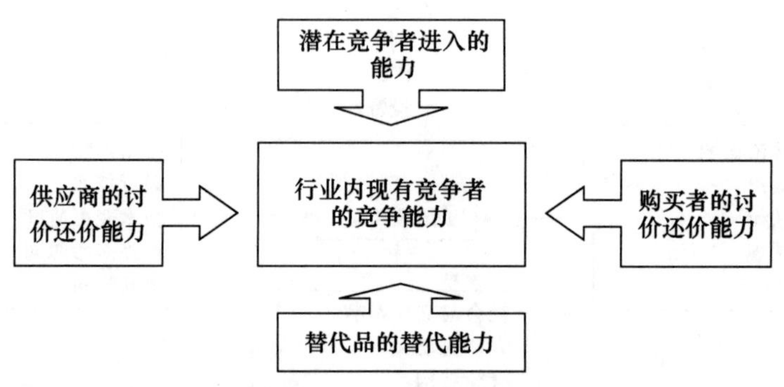

图 8 - 3 波特五力模型

（1）供应商的讨价还价能力（Supplier Bargaining Power）

供方通过其提高投入要素价格与降低单位价值质量的能力，来影响行业中现有企业的盈利能力与产品力。

（2）购买者的讨价还价能力（Buyer Bargaining Power）

购买者主要通过其压价与要求提供较高的产品或者服务质量的能力，来影响行业中现有企业的盈利能力。

（3）潜在竞争者进入的能力（Potential New Entrants）

新进入者在给行业带来新生产能力、新资源的同时，将希望在已被现有企业瓜分完毕的市场中占据一席之地。

（4）替代品的替代能力（Threat of Substitute Product）

两个处于不同行业中的企业可能会由于所生产的产品互为替代品，从而产生相互竞争行为。

（5）行业内现有竞争者的竞争能力（The Rivalry Among Competing Sellers）。

五力模型从产业的角度分析了企业竞争优势，并可帮助其选择对己有利的竞争战略。

四　九力模型

在资源观的基础上，出现了分析企业竞争力的九力分析模型，其中，属于企业外部属性的竞争力包括“品牌力”（Power of Brand）、“研发力”（Power of Researching）、“营销力”（Power of Marketing）、“创造力”（Power of Producing）和“产品力”（Power of Product）；属于企业内部属性的竞争力包括“资源力”（Power of Sources）、“决策力”（Power of Decision - Making）、“执行力”（Power of Executing）、“整合力”（Power of Integrating）。

（1）品牌力

是指对企业所拥有的品牌在市场上的稳定性、在同行业中的地位、所受到的支持度、受保护的程度以及发展趋势等所进行的综合评价。

（2）研发力

是指企业在研究与开发新产品的时间、资金、技术和人员等方面所拥有的相对优势。

（3）营销力

是指企业在营销体系、范围、人员、潜力等方面的综合实力。

（4）创造力

是指企业创造产品的技术、设备、厂房、人员等方面的整体力量。

（5）产品力

是指企业产品在质量、外观、价格等方面为消费者所赞誉的程度。

（6）资源力

是指企业所拥有的自然资源、资金资源、政府资源、人力资源的多寡与程度。

（7）决策力

是指企业的领导人、中高层管理者在日常企业管理中做出重大决策时的速度与效度。

（8）执行力

是指企业管理机构信息传达的通畅程度以及决策执行的有效程度。

（9）整合力

是指企业在树立其整体形象、整合其各种资源方面的能力。

五 Oral 竞争力评价模型

以上均是定性分析企业竞争力的评价模型，加拿大学者 Muhittin Oral 构建了一个对企业竞争力进行评价的模型，这一模型不仅可以定量描述企业的总体竞争力，也可以识别出企业的优势与劣势。

Muhittin Oral 把企业竞争能力定义为三个基本因素的函数，如式 8－1 所示：

企业竞争能力 $=f$（行业优势、成本优势、政治经济环境优势）　　（8－1）

其中，行业优势是外部指标，表示企业在获取资源及经营管理上相对竞争者所具有的优势；成本优势是在目标市场上企业相对于竞争者在投入的成本上所具有的优势；政治经济环境优势对于竞争能力有直接的影响，具体包括利率、税收、通信、能源交通、基础设施、供应能力、对外贸易协议、进出口配额等。

Muhittin Oral 在建立概念模型的基础上，又根据相对定位、潜量定位、当前定位、经营优势、战略优势、行业优势、成本优势、竞争能力 8 个指数把概念模型转换成正规模型。

所谓相对定位，指如果本企业拥有对手所拥有的一切资源时所能达到的产出，用 R 表示；潜量定位指当企业现有设施和资源全部高效地利用起来以后，所能获得的最大产出，用 Fp 表示；当前定位指公司计划的或实际的产出，用 F_A 表示。

有了上述定位后，Muhittin Oral 定义了如下各种参数来评价一个企业相对于竞争者的经营状况：

经营优势是衡量企业综合经营及市场营销绩效的内部指标，用于度量企业的生产率，用 θ 表示且 $0 \leqslant \theta \leqslant 1$。

经营优势：

$$\theta = \frac{F_A}{F_P} \tag{8-2}$$

战略优势：

$$\theta_P = \frac{F_P}{R_P} \tag{8-3}$$

如果 $\theta_P > 1$，则指本企业的潜力比竞争对手大。

行业优势：

$$\theta_A = \frac{F_A}{R_A} \tag{8-4}$$

如果 $\theta_A > 1$，表示公司在争取和管理资源上较对手更具优势。

乐观优势：

$$\theta_O = \frac{F_P}{R_A} \tag{8-5}$$

悲观优势：

$$\theta_S = \frac{F_A}{R_P} \tag{8-6}$$

乐观优势和悲观优势是战略优势和行业优势的派生。

单纯靠战略优势和行业优势并不能保证一个企业持久成功，除非公司具有各项投入的成本优势，他给出了相对于竞争对手的成本优势计算公式：

$$\prod = \frac{\sum P_{ir} Q_{ir}}{\sum P_{if} Q_{if}} \tag{8-7}$$

式中，P_{ir} 与 P_{if} 分别为竞争者和本公司的第 i 项投入的价格或者成本，Q_{ir} 与 Q_{if} 分别为竞争者和本公司生产并运输一个单位的产品到市场所需要的第 i 项输入的量，$\prod$ 为对手与本企业的成本之比，如果 $\prod > 1$，则表示在考虑全部投入的情况下，在单位原材料购买成本和各项投入的利用方面，本企业处于较有利的地位，如果相对于所有的竞争者而言，都有$\prod >1$，则表明本企业具有绝对的成本优势。

Muhittin Oral 进一步定义了四种不同概念下的成本优势，即：

实际成本优势：

$$\prod_A = \frac{\sum P_{ir} Q_{ir}}{\sum P_{if} Q_{if}} \tag{8-8}$$

潜量成本优势：

$$\prod_P = \frac{\sum P_{ir}^* Q_{ir}^*}{\sum P_{if}^* Q_{if}^*} \tag{8-9}$$

式中，P_{ir}和P_{ir}^*分别代表竞争对手资源i的实际的与潜在的价格或成本，P_{if}和P_{if}^*分别为本企业资源i的实际的与潜在的价格或成本，Q_{ir}和Q_{ir}^*分别表示竞争对手生产和运输一单位产品到市场所需要资源i的实际的与潜在的量，Q_{if}和Q_{if}^*分别表示本企业生产和运输一单位产品到市场所需要的实际的和潜在的量，有了以上定义和公式，就可以定义一个企业在目标市场上相对于竞争对手的竞争能力。

Muhittin Oral 以公式的形式分别定义了四种竞争能力：

实际竞争能力：

$$L_A = \theta_A \prod_A \tag{8-10}$$

潜在竞争能力：

$$L_P = \theta_P \prod_P \tag{8-11}$$

乐观竞争能力：

$$L_O = \theta_O \prod_O \tag{8-12}$$

悲观竞争能力：

$$L_S = \theta_S \prod_S \tag{8-13}$$

就一个企业实际竞争能力L_A而言，$L_A>1$表示本企业比竞争对手更有竞争力，L_A越大，公司的竞争力越强。竞争优势$L_A>1$的原因可能在于本企业具有行业优势（$Q_A \geqslant 1$），也可能在于其具有较大的成本优势$\prod_A>1$，或者两者兼而有之。

第四节　企业竞争力评价方法

结合上述竞争力评价模型，给出了不同的竞争力评价的定量方法，如功效系数法、综合指数法、主成分分析法、层次分析法、聚类分析法、因子分析法、数据包络分析法等。

一　功效系数法

功效系数法又称为功效函数法，它是根据多目标规划原理，对每一项评价指标确定一个满意值和不允许值，以满意值为上限，以不允许值为下限，计算各指标实现满意值的程度，并以此确定各指标的分数，再经过加权几何平均进行综合，从而评价被研究对象的综合状况。假设有 n 个被评价的企业，这些企业的某一评价要素中有 p 个评价指标，第 i 个被评价企业的该项评价要素的第 j 个指标原始数据值记为 x_{ij}（$i=1, 2, \cdots, n; j=1, 2, \cdots, p$），第 j 个评价指标的不允许值记为 s_j，第 j 个评价指标的满意值记为 h_j，其方法如下：

（1）确定评价要素和评价指标的权数

由于本指标体系为多层次的，所以既要求各评价要素的权数之和为1，又要求评价要素内部各项评价指标的权数之和为1。可采用专家咨询主观定权的方法或层次分析法确定权数，当采用专家咨询主观定权的方法时，聘请本领域若干专家，请他们提出各指标重要程度意见，经多次循环，直到大多数专家意见比较一致为止（指标越重要，其权值越大）。

（2）定量评价指标的归一化处理

按照：

$$z_{ij} = \frac{x_{ij} - s_j}{h_j - s_j} \times 40 + 60 \tag{8-14}$$

将拟度量的评价指标转化为标准值。其中 z_{ij} 为第 i 个被评价企业该项评价要素第 j 项评价指标的标准值，在式（8－14）中，各指标满意值取所评价企业评价指标的先进水平。对于不允许值，反映竞争基础实力和技术创新能力的各项指标，其值取所评价企业实际值的最低水平；反映资产营运能力的各项指标，其值取满意值的1/3；反映盈利能力的资本保值增值率，其值取1；反映盈利能力的其余各项指标和反映持续发展能力的各项指标，其值取零；反映经营安全能力的三个指标值的变化方向是由满意值向两个方向发展，所以不允许值为上限和下限，当实际值<满意值时，采用下限做不允许值，当实际值>满意值时，采用上限作为不允许值。

（3）计算评价要素分值

若评价指标相对于评价要素的优先权数为：$W=(w_1, w_2, \cdots, w_p)$，式中 $\sum_{j=1}^{n} w_j = 1$，则按照加权几何平均法 $z_i = \prod_{j=1}^{p} z_{ij}^{w}$，可计算出该评价要素分值 z_i。

（4）计算综合竞争力分值

在计算出所有评价要素的分值后，按照评价要素相对于评价目标的权数，仍用加权集合评价法公式即可得出综合竞争力分值，根据综合竞争力分值大小进行排序，数值大的企业竞争力比数值小的企业竞争力强。

二　综合指数法

综合指数法同功效系数法有相似之处，在确定各项评价指标的指数时，对于正指标直接用报告期和基准期对比；对于逆指标，先求其倒数，然后用上述相同的方法进行对比，算出“个体指标”。在计算评价要素的评价分值及综合竞争力指数时，按照加权算术评价法计算出各要素的平均指数以及综合平均指数。在判断企业竞争力强弱时，假设有甲、乙两企业，如果综合平均指数接近于1，则说明甲乙两企业的竞争力无明显差别；如果综合平均指数大于1，则说明甲企业优于乙企业；如果综合平均指数小于1，则说明甲企业劣于乙企业。综合平均指数与1的离差越大，说明不同企业的差异越明显，故能依据综合平均指数的大小，进行企业间竞争力比较。

三　主成分分析法

主成分分析法的基本思想是通过研究指标体系内在结构关系，从而将多个指标转化为互不相关的、包含原来指标大部分信息（85%以上）的少数几个指标（主成分）。这样一方面减少研究总体指标的个数——即降维，另一方面由于各个综合指标（主成分）之间是独立的，可以减少指标提供信息的交叉和冗余，对于分析评价是有利的。另外，它所确定的权数是基于数据分析而得到的指标之间的内在结构关系，有较好的客观性。

假设有 n 个被评价的企业，这些企业的某一评价要素中有 p 个评价指标，第 i 个被评价企业的该项评价要素中有 p 个评价指标，第 i 个被评价企业的该项评价要素的第 j 个指标值记为 x_{ij}，则 n 个评价企业的该项评价要素 p 个评价指标构成原始数据矩阵为 $X=(x_{ij})_{n\times p}$，其计算步骤如下：

（1）原始数据的标准化处理

标准化数据变化方法即将同一变量减去其均值再除以标准差：

$$x_{ij}^{*}=\frac{1}{s_j}(x_{ij}-x_j) \quad (8-15)$$

$$x_j=\frac{1}{n}\sum_{i=1}^{n}x_{ij} \quad (8-16)$$

$$s_j=\sqrt{\frac{1}{n-1}\sum_{i=1}^{n}(x_{ij}-x_j)^2} \quad (8-17)$$

（2）计算指标数据的相关系数矩阵

$R=(r_{jk})_{p\times p}(j=1,2,\cdots,p;\ k=1,2,\cdots,p)$，$r_{jk}$为指标 j 与指标 k 的相关系数：

$$r_{jk}=\frac{1}{n-1}\sum_{i=1}^{n}x_{ij}^{*}\cdot x_{jk}^{*} \quad (8-18)$$

（3）计算相关系数矩阵 R 的特征值、特征向量、贡献率和累计贡献率

选择 m 个主成分，令 R 的 p 个非负特征值 $\lambda_1\geqslant\lambda_2\geqslant\cdots\geqslant\lambda_p$，对应于特征值 λ_k 的特征向量为 $L_k^T=(l_{k1},l_{k2},\cdots,l_{kp})$，则 λ_i 的贡献率为：

$$a_k=\frac{\lambda_k}{\sum_{i=1}^{p}\lambda_i} \quad (8-19)$$

前 m 个特征值的累积贡献率为：

$$\sum_{i=1}^{m} \frac{\lambda_i}{\sum_{j=1}^{p} \lambda_j} \tag{8-20}$$

当累积贡献率≥85%时的 m 即为要确定的主成分个数，确定相应的主成分的线性组合公式为：

$$Y_{ik} \sum_{j=1}^{p} l_{kj} x_{ij}^{*} \quad (k = 1,2,\cdots,p; i = 1,2,\cdots,n) \tag{8-21}$$

（4）计算评价要素的评价值

应用公式 $F_i = \sum_{k=1}^{m} a_k Y_{ik}$ 计算第 i 个企业该评价要素的评价值。

（5）计算企业竞争力综合评价指数——主成分得分

应用上述步骤计算出所有评价要素的评价值，从而构成评价要素矩阵，以此矩阵为原始数据矩阵，重复上述步骤操作，即可得出主成分得分，根据主成分分值大小排序，数值大的企业竞争力要比数值小的企业竞争力强。

四 层次分析法

层次分析法（Analytic Hierarchy Process，AHP）是由美国运筹学家萨蒂（Saaty）于20世纪70年代初，应用网络系统理论和多目标综合评价方法研究美国国防部课题时所提出的一种层次权重决策分析的方法，它指的是将一个复杂的多目标决策问题作为一个系统，将目标分解为多个目标或者准则，进而分解成为多指标的若干层次，通过定性指标模糊量化方法算出层次单排序（权数）和总排序，以作为目标（多目标）、多方案优化决策的系统方法。其典型的特点在于在对复杂的决策问题的本质、影响因素及其内在关系进行深入分析的基础上，可以利用较少的定量信息使得决策的思维过程数学化，从而为多目标、多准则或者无结构特性的复杂决策问题提供便捷的决策方法。其步骤如下：

（1）建立递阶层次结构

应用AHP解决问题时，在充分认识所要分析的系统以及问题之后，把系统中涉及的子问题或者元素划分为不同的层次，再标明上一层与下一层之间的联系，从而形成一个多层次的结构模型。最上层为目标层，指问题的预定目标，通常只有 1 个因素；最下层为方案层或者对象层，指促使目标实现的措施；中间可以有一个或者几个层次，通常为准则层或者指标层，指促使目标实现的准则。

（2）构建判断矩阵

判断矩阵是层次分析的关键，在评价指标体系递阶层次结构建立之后，上下层之间元素的隶属或者支配关系就被确定了，假定上一层次 A 对下一层次的元素 B_1，B_2，…，B_n 有支配关系，可以建立总系统 A 层次下之间的两两比较判断矩阵 $A=(b_{ij})_{n\times n}$，B_{ij}的含义是针对 A 而言，元素 b_i 相对于 b_j 的重要程度，采用1－9 标度法。如表8－15所示。

表8－15　层次分析法的判断矩阵

重要性标度	含义
1	表示两个元素相比，具有同等重要性
3	表示两个元素相比，前者比后者稍重要
5	表示两个元素相比，前者比后者明显重要
7	表示两个元素相比，前者比后者强烈重要
9	表示两个元素相比，前者比后者极端重要
2，4，6，8	表示上述判断的中间值
倒数	若元素 i 与元素 j 的重要性之比为 a_{ij}，则元素 j 与元素 i 的重要性之比为 $a_{ji}=1/a_{ij}$

（3）层次单排序及一致性检验

层次单排序是通过计算判断矩阵，确定对于上一层次的某个元素而言，本层次中各个元素的相对重要性（权值）排序的过程。

具体步骤为：计算判断矩阵 A 的每一行所有元素的乘积 M_i，计算 M_i 的 n 次方根$\overline{W_i}$，对向量$\overline{W_i}$进行正规化处理，得到排序权重 W_i，计算最大特征根值，计算判断矩阵的一致性指标 $CI=\frac{\lambda_{\max}-n}{n-1}$，$CI=0$，

即 $\lambda_{max}=n$，表示判断矩阵完全一致，CI 值越大表示判断矩阵的一致性越差，求出随机一致性比例 $CR=CI/RI$，其中 RI 为判断矩阵的平均随机一致性指标。

（4）层次总排序及一致性检验

求出一致性指标 $CI=\sum_{j=1}^{n}b_jCI_j(j=1,2,3,\cdots,n)$ 及随机一致性指标 $RI=\sum_{j=1}^{n}b_jRI_j(j=1,2,3,\cdots,n)$，若 $CR=CI/RI<0.10$，则认为层次总排序的结果具有满意的一致性。

（5）指标的规范化和同趋势化处理

指标的规范化就是通过技术处理，消除指标间数量级差异过大和具有量纲的指标，使各指标在同一层次中具有可比性，可采用的方法是对指标进行指数化处理，即用同一指标数列中的最大值去除数列中的每一个指标，得到的商即为规范化处理后的指标值。而指标的同趋势化就是将指标进行整理变换，使所有指标转化为正向指标，具体处理方法可以采用指标转置的方法，即大小值和求补法。

（6）评价排序

按照层次分析法所确定的权重对处理后的指标数值进行综合评价，按照评价得分进行排序，得分越高表明该企业竞争力越强；反之越弱。

五 聚类分析法

聚类分析法也称为群分析、点分析法，它是在企业竞争力评价分析中，按照事物之间彼此不同的属性对不同企业的竞争力状况进行分类，将具有相似属性的事物聚为一类，使同一类事物具有高度的相似性，然后综合判断出企业竞争力的相对强弱。聚类分析法中常用的方法包括直接聚类法、最短距离聚类法和最远距离聚类法。

六 因子分析法

因子分析法是假设大量观测变量背后隐藏着少数几个维度，这些维度被称为“公因子”，因子分析的基本目的就是用少数几个因子去描述许多指标或因素之间的联系，即将相关比较密切的几个变量归在同一类中，每一类变量就成为一个因子（之所以称其为因子，是因为它是不可观测的，即不是具体的变量），以较少的几个因子反映原资料的大部分信息。运用该方法，可以方便地找出企业竞争力的主要因素，以及它们的影响力（权重）。

七 数据包络分析法

数据包络分析法（Data Envelopment Analysis，DEA）由Charnes、Coopor和Rhodes于1978年提出，该方法的原理主要是通过保持决策单元（Decision Making Units，DMU）的输入或者输出不变，借助于数学规划和统计数据确定相对有效的生产前沿面，将各个决策单元投影到DEA的生产前沿面，并通过比较决策单元偏离DEA前沿面的程度来评价它们的相对有效性。DEA方法是根据多项投入指标和多项产出指标，利用线性规划的方法，对具有可比性的同类型单位进行相对有效性评价的一种数量分析方法。它能充分考虑对于决策单元本身最优的投入产出方案，因而能够更理想地反映评价对象自身的信息和特点，同时，对于评价复杂系统的多投入多产出分析具有独到之处。如柴小青（1998）用改进的DEA方法对兵工企业竞争力进行了评价分析，提出了基于交叉评价原理的DEA方法、限制要素权重取值范围的DEA模型、基于投入要素约束的DEA模型。

八 综合评价法

上述不同方法在对同一资料进行评价时结果可能会存在差异，每一种方法也各有优缺点，很难找到一种完美的方法，由于企业竞争力评价本身就是用主观的方式揭示客观的事实，因此，也只是相对客观地反映企业竞争力的真实状况。为避免一种方法所带来的片面性，也可以运用综合评价法对企业竞争力做出评价。

假设共有 m 种评价方法对 n 个企业进行企业竞争力评价，评价结果为 K_{ij}（$i=1, 2, \cdots, m$; $j=1, 2, \cdots, n$）。

（1）运用几种评价方法得出若干企业的竞争力评价结果

（2）利用肯达尔（Kendall）一致性系数对各种评价结果的一致性进行检验

当 $n \leqslant 7$ 时，检验统计量肯达尔一致性系数 $S = \sum_{i-1}^{n} R_i^2 -$

$\frac{1}{n}(\sum_{i=1}^{n} R_i)^2$ ，其中，$R_i = \sum_{j=1}^{m} K_{ij}$ ，当 $S > S_a$ 时，说明这几种评价结果一致，其中 S_a 表示 a 水平下肯达尔一致性系数的临界值；当 $n > 7$ 时，检验统计量 $x^2 = m(n-1)T$，其中 $T = \frac{12\sum_{i=1}^{n} R_i^2}{m^2 n(n^2-1)} - \frac{3(n+1)}{n-1}$ ，$R_i = \sum_{j=1}^{n} K_{ij}$ ；当 $x^2 > x_{\frac{\alpha}{2}}(n-1)$ 时，说明这 n 种评价结果一致，其中 $x_{\frac{\alpha}{2}}(n-1)$ 可由卡方分布的临界值表查得。

（3）选择组合方法

组合这 m 种评价结果得出组合评价结果，当各种评价方法的结果经检验具有一致性时，可能组合得出最终的评价结果，如果在一致性检验中出现不一致性，则应该对各种方法进行两两一致性检验，将所有一致性的方法放在一起，对样本资料、评价结果及方法特点进行分析，选取出既客观、符合实际又具有一致性的几种方法，然后将各种方法的最后得分进行标准化处理后，再进行组合评价，组合的方法很多，如平均值法、Borda 法、Copeland 法、模糊 Borda 法等，可根据不同情况加以选择。

除此之外，在评价过程中经常用到的方法还包括 TOPSIS 系统分析法、灰色关联分析法、人工神经网络评价法、标杆测定法等，如表 8－16 所示。

表 8－16　不同评价方法的比较分析

方法	评价原则	优点	缺点	用途
功效系数法	通过对指标的无量纲化处理，根据功效系数来评定方案的优劣	计算简便、结果简明直观	未考虑各指标间的关系	一般性系统评价
综合指数法	对原始数据进行无量纲化处理，并确定各指标指数的统一量化比较，然后再加权平均	简单易行，可对同行企业进行评价	对不同行业企业无法进行比较	适用于同行业企业的对比

续表

方法	评价原则	优点	缺点	用途
主成分分析法	相关的经济变量间存在着起支配作用的共同因素，可以对原始变量相关矩阵的内部结构进行研究，找出影响某个经济过程的几个不相关的综合指标来线性表示原来变量	全面性、可比性、客观合理性	因子负荷符号交替使得函数意义不明确，需要大量的统计数据，没有反映客观发展水平	对评价对象进行分类
层次分析法	针对多层次结构的系统，用相对量的比较，确定多个判断矩阵，取其特征根所对应的特征向量作为权重，最后综合得出总权重，并进行排序	可靠度比较高，误差小	评价对象的因素不能太多	成本效益决策、资源分配次序、冲突分析等
聚类分析法	计算对象或者指标间距离或者相似系数而进行系统聚类	可以解决相关程度大的评价对象	需要大量的统计数据，没有反映客观发展水平	企业分类评价，地区发展水平评价
因子分析法	对原始变量相关矩阵或者协方差阵内部结构进行研究，找出隐含在原始变量中的共同因子	全面性、可比性、客观合理性	因子负荷符号交替使得函数意义不明确，需要大量的统计数据，未反映客观发展水平	反映各类评价对象的依赖关系，并应用于分类
数据包络分析法	以相同效率为基础，按多指标投入和多指标产出，对同类型单位的相对有效性进行评价，基于一组标准来确定相对有效前沿生产面	可以评价多输入、多输出的大系统，并可用窗口技术找出单元薄弱环节并加以改进	只表明评价单位的相对发展指标，无法表示其发展水平	用于较多企业的竞争力评价、企业效率评价等

续表

方法	评价原则	优点	缺点	用途
综合评价法	通过对不同属性组合的总体进行打分，然后根据组合分析方法算出各属性特征的权重，再进行综合评价	可以对不同属性组合的总体进行评价，而不用对各属性打分	需要大量数据	可用于企业竞争力评价、新产品评价等
TOPSIS 法系统分析	根据各被评估方案与理想解和负理想解的距离来排列方案的优劣次序	几何意义明确，计算操作清楚	未考虑各指标间的关系	一般性系统评价
灰色关联分析法	企业竞争力评价系统，系统具有信息不完全或者灰色的特征，用被评事物的各项指标值构成的序列对样本进行评价，无量纲化后形成矩阵，构造出最优样本，计算各样本与最优样本的关联度，关联度越大则越好	可处理灰色信息，计算量小，数据要求低	精度不高	应用领域广泛
基于粗糙集理论的评价方法	粗糙集理论是一种处理模糊性和不确定性的新型数学工具。其传统建模过程主要包括对数据的预处理、连续属性的离散化、数据简化、发现依赖关系、归纳生成和分类识别等多种方法	处理模糊性和不确定性，客观性高	处理较复杂，工作量大	用于股票数据分析，专家系统、经济金融与工商领域的决策分析等，适于处理不确定信息
人工神经网络评价法	模拟人脑智能化处理过程的人工神经网络技术，网络通过 BP 算法、学习或者训练获取知识，并存储在神经元的权值中，再通过联想把相关信息复现出来，它能够揣摩提炼评价对象本身的客观规律，对相同属性的评价对象进行评价	网络具有自适应能力、可容错性，能够处理非线性、非局域性与非凸性的大型复杂系统	精度不高，同时需要大量的训练样本等	可用于企业竞争力评价、复杂系统评价等

续表

方法	评价原则	优点	缺点	用途
标杆测定法	在世界范围内寻求最佳实践，确认最佳做法，并为自己提出改进方案的一种方法	方法成熟，操作性强，全面系统，可找出差距，确定最佳做法	理论性不强，工作量大	适合案例研究，用于不同区域、行业、国家间的评价
模糊评价法	引入隶属函数，实现把人类的直觉确定为具体函数，并将约束条件量化表示，进行数学求解	可克服传统数学方法中“唯一解”的弊端，根据不同可能性得出多个层次的问题解，具有可扩展性，符合现代管理中的“柔性管理”思想	不能解决评价指标间相关性所造成的信息重复问题，隶属函数、模糊相关矩阵等的确定方法有待于进一步研究与探讨	应用领域包括消费者偏好识别，决策中的专家系统，证券投资分析，银行项目贷款对象识别等，拥有广泛的应用前景
物元分析法	物元分析的数学基础是可拓集合论，用关联函数表示元素和集合的可变属性，通过物元变换和可拓域的计算，求得给定问题的相容度，用于判断和评价	可以解决评价对象的指标存在不相容性和可变性的问题	只适用于定量评价，计算量较大	适合分类评价
集对分析法	在一定的问题背景下，对一个集对所具有的特性展开分析，把分析得到的特性作同异反刻画，即分析两个集合在哪些特性上具有相同的特性，即“同”联系，在哪些特性上具有相反的特性，即“反”联系，而在其余的特性上既无同一性又无对立性，即“差异性”联系	计算简便，工作量小	精度不高	用于不同企业的竞争力定量评价

尽管学者们提出了诸多可行的企业竞争力的评价方法，但是这些方法还存在如下不足：首先，这些评价方法的具体适用性研究较少，由于不同评价方法的机理不同，不同评价领域其适用度存在较大差异，加之评价对象存在多样化的区别，因此，并不是所有的评价方法都适用于同一对象。其次，使用这些评价方法对不同企业进行评价时，得到的结果可能存在不一致性。最后，在目前的研究中，绝大多数的研究都是在已有的评价方法上针对具体的问题构造出一种新的方法，然后再举一个例子来证明这个评价方法的有效性，理论研究与实际应用相互脱节，在此基础上，李卫东（2008）提出了一个组合评价的分析方法。

组合评价的思路有两种：第一种思路是基于对象属性指标的组合赋权法，即采用某种单一方法对一个具有多属性指标的对象进行评价，将不同指标赋予不同权数，从而实现组合。一般可以采用建立最优化数学模型来确定评价指标的组合权重。第二种思路是关于评价方法的组合研究，是利用多方法对相同的对象系统形成性结果进行不同组合，具体来说包括两种方法：一是对评价排序结果进行组合的方法，如平均值法、Borda 法和 Compeland 法等；二是对评价值进行组合的方法，包括简单的组合评价方法、基于方差最小化技术的组合法、基于博弈论的组合赋权法和基于粗糙集理论的组合评价法。①

① 李卫东：《企业竞争力评价理论与方法研究》，中国市场出版社 2009 年版。

参考文献

[1]《马克思恩格斯选集》，人民出版社 1995 年版。

[2] 马克思：《资本论》(1—4)，人民出版社 1994 年版。

[3] 毛泽东：《毛泽东选集》(1—4)，人民出版社 1991 年版。

[4] 邓小平：《邓小平文选》(1—3)，人民出版社 1989 年版。

[5] [俄] 列宁：《帝国主义是资本主义的最高阶段》，人民出版社 1959 年版。

[6] [英] 亚当·斯密：《国富论》，商务印书馆 1992 年版。

[7] [英] 马歇尔：《经济学原理》，朱志泰译，商务印书馆 1997 年版。

[8] [英] 张伯伦：《垄断竞争理论》，商务印书馆 1958 年版。

[9] [英] 罗宾逊：《不完全竞争经济学》，商务印书馆 1964 年版。

[10] [美] 熊彼特：《资本主义、社会主义和民主主义》，商务印书馆 1979 年版。

[11] [美] 迈克尔·波特：《竞争优势》，陈小悦译，华夏出版社 1997 年版。

[12] [美] 迈克尔·波特：《国家竞争优势》，李明轩、邱如美译，华夏出版社 2002 年版。

[13] [美] 迈克尔·波特：《竞争论》，高登第译，中信出版社 2003 年版。

[14] [法] 吉恩·泰勒尔：《产业组织理论》，马捷译，中国人民大学出版社 1997 年版。

[15] 包昌火：《竞争战略与竞争优势》，华夏出版社 2002 年版。

[16] 陈孟熙主编：《经济学说史教程》，中国人民大学出版社 2002

年版。
[17] 陈秀山:《现代竞争理论与竞争政策》，商务印书馆1997 年版。
[18] 方振邦、徐东华:《管理思想百年脉络》，中国人民大学出版社 2012 年版。
[19] 黄硕风:《综合国力新论：兼论新中国综合国力》，中国社会科学出版社 1999 年版。
[20] 金碚:《中国工业国际竞争力——理论、方法与实证研究》，经济管理出版社 1997 年版。
[21] 金碚:《竞争力经济学》，广东经济出版社 2003 年版。
[22] 倪鹏飞:《中国城市竞争力理论研究与实证分析》，中国经济出版社 2001 年版。
[23] 陶绯、谢朝斌:《竞争论》，辽宁人民出版社 1990 年版。
[24] 王秉安、陈振华、叶穗山:《区域竞争力理论与实证》，航空工业出版社 2000 年版。
[25] 汪涛:《竞争的演进——从对抗的竞争到合作的竞争》，武汉大学出版社 2002 年版。
[26] 王与君:《中国经济国际竞争力》，江西人民出版社 2000 年版。
[27] 张金昌:《国际竞争力评价的理论和方法》，经济科学出版社 2002 年版。
[28] 赵彦云、曹远征:《1996 中国国际竞争力发展报告》，中国人民大学出版社 1997 年版。
[29] 赵彦云:《中国国际竞争力研究发展报告（2001）——21 世纪发展主题研究》，人民出版社 2001 年版。
[30] 赵彦云:《中国国际竞争力研究发展报告（2003）——区域竞争力发展主题研究》，人民出版社 2003 年版。
[31] Barney, J. B., "Firm Resources and Sustained Competitive Advantage", *Journal of Management*, Vol. 17, 1991, pp. 99 - 120.
[32] Charles E. Snow, "Research on Industrial Illumination: A Discussion of the Relation of Illumination Intensity to Productive Efficiency", *Tech Engineering News* 8, November 1927, p. 272.

[33] Chandler, A. D. , *Scale and Scope: The Dynamics of Industrial Capitalism, Cambridge, Mass: The Belknap Press of Harvard University Press, 1990.*

[34] Dierickx, I. and Cool, K. , "Asset Stock Accumulation and Sustainability of Competitive Advantage", *Management Science*, Vol. 35, 1989, pp. 1504 – 1514.

[35] Hall, R. , "A Framework Linking Intangible Resources and Competencies to Sustainable Competitive Advantage", *Strategic Management Journal*, Vol. 14, 1993, pp. 607 – 618.

[36] Hamel, Gary and A. Heene, *Competence – based Competition*, New York: John Wiley&Sons Ltd. , 1994.

[37] Hansen M. T. , "The Search – transfer Problem: The Role of Weak Ties in Sharing Knowledge Across Organization Subunits", *Administrative Science Quarteily*, Vol. 44, No. 1, 1999, pp. 82 – 111.

[38] IMD & World Economic Fourm (14), Sep. 1994.

[39] IMD World Competitiveness Yearbook 2013.

[40] Jay Barney, "Looking lnside for Competitive Advantage", *Academy of Management Executive*, 1995, Vol. 9, No. 4.

[41] Lippman, S. A. and Rumelt, R. P. , "Uncertain Imitability: An Analysis of Interfirm Differences in Efficiency under Competition", *The Bell Journal of Economics*, Vol. 13, 1982, pp. 418 – 439.

[42] Michael E. Porter, *Competitive Strategy: Techniques for Analyzing Industries and Competitors*, The Free Press, N. Y.

[43] M. H. Meyer & J. M. , "Utterback: The Product Family and the Dynamics of Core Capability", *Sloan Management Review*, 1993, Spring, pp. 29 – 47.

[44] C. Oliver, "Sustainable Competitive Advantage: Combining Institutional and Resource – based View", *Strategic Management Journaul*, Vol. 18, 1997, pp. 697 – 713.

[45] Penrose, E. T. , *The Theory of the Growth of the Firm* (*Originally*

Published 1959）, Oxford: Basil Blackwell, 1972.

[46] Prahalad, C. K. and Hamel, G., "The Core Competence of the Corporation", *Harvard Business Review*, Vol. 66, 1990, pp. 79 -91.

[47] Rumelt, R. P., "Towards a Strstegic Theory of the Firm", in R. B. Lamb (ed.), *Competitive strategic Management*, *Englewood Cliffs*, NJ: Prentice - Hall, 1984.

[48] Ray S. Cline, *World Power Trends and U. S. Foreign Policy for the* 1980.

[49] Stalk, G., E. Vans, P. and Schulman, L. E., "Competing On Capabilities: The New Rules of Corporate Strategy", *Harvard Business Review*, 1992a, March - April: pp. 57 -69.

[50] Tamura, R., "Income Convergence in an Endogenous Growth Model", *Journal of Political Economy*, 1991.

[51] Uzzi, Brian, "Social Structure and Competition in Interfirm Networks: The Paradox of Embeddedness", *Administrative Science Quarterly*, Vol. 42, 1997.

[52] Zhao, Bei, *Embeddedness and Competitiveness*: *Regional Clusters in China*, Ph. D. dissertation, University of Hong Kong, Online Outstanding Thesis of 2003.

后 记

竞争是推动市场经济发展的不竭动力，任何一个区域想要在激烈的市场竞争中求得生存和发展，就必须具有能够占据优势的竞争力，这就使竞争力研究成为过去和当前经济理论界、学术界的热门话题。20 世纪 80 年代以来，随着竞争的全球化和信息化，各种要素资源不仅在国内，而且在世界范围内频繁流动，资源的重新配置导致国与国之间的竞争越来越激烈，竞争范围已从到不同国家内各个子区域之间延伸到国与国之间。进入 21 世纪后，随着经济全球化进程的进一步加快，资源在全球范围内配置的格局促使各种市场主体之间的竞争趋向国际化，任何一个市场主体和经济区域都必须勇敢地面对竞争、积极参与竞争并在竞争中取得胜利。特别是在当前和今后一个时期，世界各国要继续应对国际金融危机及其后续影响，保持经济又好又快发展，最根本的就是增强综合国力，不断提升国家的国际竞争力。历史已经证明：只有不断增强各国综合国力，才能不断提升该国的国际影响力和竞争力。

2006 年 1 月，福建师范大学与国务院发展研究中心《管理世界》杂志社、福建行政学院等单位联合成立了全国经济综合竞争力研究中心，国务院发展研究中心《管理世界》杂志社下设竞争力部，在福建师范大学设立分中心，福建师范大学原校长、博士生导师李建平教授兼任中心主任。十余年来，该中心以建设有中国特色社会主义的基本理论和党的基本路线为指导，以竞争力研究为特色研究方向，围绕省域经济综合竞争力、环境竞争力、国家创新竞争力、低碳经济竞争力、创意经济竞争力、人才竞争力等领域开展研究，已形成了三大系列——“中国省域经济综合竞争力蓝皮书”“中国省域环境竞争力绿皮书、国家创新竞争力黄皮书”和五大“产品”——《中国省域经济综合竞争力蓝皮书》《中国省域环境竞争力绿皮书》《二十国集团（G20）国家创新竞争力黄皮书》《世界创新竞争力黄皮书》和《全球环境竞争力绿皮书》，共30多部研究著作。这些成果已引起了各级政府、学术界和新闻界的广泛关注，产生了积极的社会反响。

十余年来，在从事竞争力理论与实践研究的艰难旅程中，我一直怀揣着一个“梦想”，就是希望能够研究出版一部竞争力理论的系统性研究专著，为构建有中国特色竞争力经济学尽点绵薄之力。2010年，我主持申报的国家社会科学基金青年项目“竞争力理论的百年流变及其在当代中国的发展”获得立项资助，该项目（项目编号：10CJL006）的成功申报，激发了我继续加强竞争力理论问题研究的热情。在随后的三年多里，我和全国经济综合竞争力研究中心福建师范大学分中心的团队成员在借鉴国内外研究者相关研究成果的基础上，紧密跟踪竞争力的前沿研究动态，着力在马克思主义经济学、西方经济学和管理学三个学科体系中寻找竞争力的理论源泉，并对竞争力评价方法做了概括梳理，为构建有中国特色竞争力经济学做出了一定的努力。为此，我也向对本书的顺利完成做出重要贡献的叶琪博士、李军军博士、林寿富博士、王珍珍博士、陈伟雄博士、陈洪昭博士、郑蔚博士表示由衷的感谢。2012年7月至2015年4月，我有幸进入中国社会科学院理论经济学博士后科研流动站继续深造，在站期间，我积极听取老师们的谆谆教导和引导，大大充实和完善了这项研究。在此，我也特别感谢博士后指导教师程恩富教授的悉心指导，许建康教授、胡乐明教授、邱海平教授、张旭教授、谢富胜教授对本研究也提出了十分宝贵的意见和建议，一并向他们表示深深的敬意和谢意！可以说，本书的出版是上述各位老师、同人和同事的智慧结晶。

行文至此，我还要特别感谢我的研究生导师——福建师范大学原校长、博士生导师李建平教授，回首至今二十年我在福建师范大学学习、工作和从事学术研究的经历，先生的教诲，始终成为我学术前行的指路明灯；先生的关怀，也始终温暖着我的心田。正是这种纯洁和真挚的师生情谊，推动着我不断去攀登、去探索、去求知。多年来，我坚持以我勤勉的求索实践来回报恩师的教诲。谨以此书的出版，再次向先生表达我深深的谢意和感激之情！多年来，我全身心投入到学习、研究和工作之中，无暇顾及家庭，家庭的所有担子都由我的家人承担，对于他们，我除了惭愧、内疚之外，再也无法用其他的言语来表达我的心情了。在此，由衷地感谢我的妻子——肖蕾女士，这些年来为了支持我的工作她担负起所有的家务劳作；感谢我所有的家人，感谢他（她）们默默地支持我，为我分忧解难，让我能全身心投入到教学、科研和管理工作之中；感谢我的儿子带给我欢乐与欣慰；也对所有关心我的朋友们致以诚挚的谢意！

本书直接或间接引用、参考了其他研究者的相关研究文献，对这些文献的作者表示诚挚的感谢。

中国社会科学出版社的责任编辑王曦博士为本书的出版提出了很好的修改意见，付出了辛苦的劳动，在此向她表示由衷的谢意。

由于时间仓促，本书难免存在疏漏和不足，敬请读者批评指正。

黄茂兴

2017 年 2 月 6 日